深圳市第三批第四批

市级非物质文化遗产代表性项目名录

深圳市第三批第四批

市级非物质文化遗产项目代表性传承人名录

深圳市文化广电旅游体育局 主编

文物出版社

谱写深圳非遗工作新篇章

深圳市文化广电旅游体育局局长　张合运

　　非物质文化遗产是文化遗产体系的重要组成部分。新世纪以来，我国的非物质文化遗产保护工作经历了由单项抢救性保护到全面系统性保护的过程，特别是自 2011 年 6 月 1 日起施行《中华人民共和国非物质文化遗产法》，标志着我国非物质文化遗产保护进入依法、科学的阶段。这是我国非物质文化遗产保护工作适应并融入国际非物质文化遗产保护发展潮流的必然趋势。十八大以来，以习近平同志为核心的党中央对文化遗产工作高度重视，习近平总书记多次对文化遗产工作做出重要指示批示。党的十九大做出了"中国特色社会主义进入新时代，我国社会主要矛盾已经转化为人民日益增长的美好生活需要和不平衡不充分的发展之间的矛盾"等重大政治论断，文化遗产工作在决胜全面建成小康社会，夺取中国特色社会主义伟大胜利的事业中担当十分重要的角色。这为非物质文化遗产保护工作指明了方向。

　　我国自古以来就有保护非物质文化遗产的传统，但当代意义上的非物质文化遗产保护却是以 2001 年我国的昆曲艺术被联合国教科文组织公布为"人类口头和非物质遗产代表作"为发端，以 2003 年文化部、财政部、国家民委和中国文联联合启动实施的"中国民族民间文化保护工程"为标志，该工程将历时 17 年，预期至 2020 年完成。

　　2005 年 3 月，国务院办公厅印发《关于加强我国非物质文化遗产保护工作的意见》，意见指出非物质文化遗产既是人类历史发展的见证，又是珍贵的、具有重要价值的文化资源；非物质文化遗产与物质文化遗产共同承载着人类社会的文明，是世界文化多样性的体现；我国非物质文化遗产所蕴含的中华民族特有的精神价值、思维方式、想象力和文化意识，是维护我国文化身份和文化主权的基本依据；加强非物质文化遗产保护，不仅是国家和民族发展的需要，也是国际社会文明对话和人类社会可持续发展的必然要求。意见明确了非物质文化遗产保护工作的方针："保护为主、抢救第一、合理利用、传承发展"；工作原则："政府主导、社会参与，明确职责、形成合力，长远规划、分步实施，点面结合、讲求实效"。同年 12 月，国务院又印发了《关于加强文化遗产保护的通知》，通知要求积极推进我国非物质文化遗产保护工作。这两个文件的印发，对于唤起全民族对祖先留下的宝贵的非物质文化遗产的保护意识、全面推进我国非物质文化遗产保护工作发挥了重要作用。

　　十多年来，在文化部和广东省文化厅的关怀指导下，深圳市委、市政府高度重视非物质文化遗产保护工作，坚决贯彻国务院关于非物质文化遗产保护的十六字方针，真抓实干、认真落实名录体系建设等一系列非遗保护工作，取得了一定成绩。主要有以下几个方面：

一、非物质文化遗产名录体系建设日趋完善

根据 2005 年国务院办公厅印发的意见和通知要求以及 2006 年文化部《关于加快建立我国非物质文化遗产名录体系的通知》精神，自 2008 年以来，深圳市人民政府先后公布了四批市级非物质文化遗产代表性项目名录。目前，全市共有各级非物质文化遗产代表性项目名录 160 项，其中国家级 7 项，省级 28 项，市级 24 项，区级 101 项。

深圳市文广体旅局还组织专家对每一个非物质文化遗产代表性项目的保护单位以及该项目代表性传承人予以认定。我市现共有代表性传承人 137 人，其中国家级代表性传承人 3 人，省级代表性传承人 18 人，市级代表性传承人 30 人，区级代表性传承人 86 人。

非物质文化遗产代表性项目名录的评审，代表性项目的保护单位以及代表性传承人的认定，初步搭建起我市非物质文化遗产保护体系的框架，体系建设日趋完善，为我市非物质文化遗产保护工作奠定了良好的基础。

二、非物质文化遗产传承、传播工作开展有序

为加强非物质文化遗产的传承传播工作，全市已建成非物质文化遗产传承传习所 18 家，"非遗"博物馆（展馆）7 家；10 人以上传承培训平均每个项目 10 场／年；创设我市非物质文化遗产传播品牌项目"我们的节日：欢乐闹元宵"和"非遗进校园、进社区"非物质文化遗产展演展示活动。欢乐闹元宵已连续举办了十一届；八年来共开展非遗进社区、进校园超过 160 场次。非遗传播品牌活动的创设及开展极大地推动了我市非物质文化遗产的保护工作。

市非遗保护中心每年还指导全市各区开展一系列本土民俗文化活动，如盐田区"沙头角鱼灯节"，龙华区"麒麟文化节"，南山区"辞沙祭妈祖大典""开丁节""侯王诞祭典"，宝安区"西乡北帝三月三庙会"等。

为配合"文化和自然遗产日""国际博物馆日"等活动，由深圳市文广体旅局主办，深圳博物馆（市非物质文化遗产保护中心）和深圳市文物考古鉴定所承办，深圳市宣传文化事业发展专项基金资助的深圳市"文化遗产日""国际博物馆日"的系列活动早已深入人心，全市各区文化部门组织辖区内的非遗项目开展展演展示活动，共同为推动我市非遗的传承、传播发挥了积极作用。

三、非物质文化遗产保护基地建设初见成效

2012 年 1 月，广东省文化厅公布了第一批广东省非遗传承基地，我市国家级项目平乐中医正骨疗法和省级非遗项目福永醒狮舞位列其中，挂牌单位分别是深圳平乐骨伤科医院和宝安区福永街道醒狮训练中心；2013 年 4 月，深圳职业技术学院被列入第一批广东省非物质文化遗产研究基地名单，成为深圳首个列入广东省非物质文化遗产研究基地名单的研究机构；2015 年 12 月，永丰源的红釉彩瓷"满堂红"烧制技艺被列入第二批广东省生产性保护示范基地；2016 年，塘朗小学被深圳市非物质文化遗产保护中心授予"客家山歌传播基地"，成为首家被授予非遗传播基地的学校。

这些不同类别的非遗保护基地利用自身优势，整合相关资源，开展形式多样、内容丰富的活动，充分发挥了基地作用，如深圳职业技术学院在文博会期间举办非遗展演、展示，成为文博会分会场的亮点；将非遗课程列为素质教育内容，邀请代表性传承人为学生传授技艺；组建学生社团"非遗保护社"，普及非遗知识；与深圳市非物质文化遗产保护中心合作，共同举办非遗品牌活动。塘朗小学将客家文化与艺术引进校园，传播客家文化精髓及人文精神、塑造学校的艺术文化教育特色，为传承、传播非物质文化遗产发挥了重要的作用。

四、规范专项资金使用管理、提高专项资金使用效率

为进一步规范和加强我市非物质文化遗产保护补助经费的管理，提高资金使用效益，根据《中

华人民共和国非物质文化遗产法》《广东省非物质文化遗产条例》《国家非物质文化遗产保护专项资金管理办法》和《广东省非物质文化遗产保护专项资金管理暂行办法》，结合我市近年来非物质文化遗产保护工作实践，2015 年 11 月，深圳市财政委员会、深圳市文化广电体育旅游局联合印发了《深圳市非物质文化遗产保护补助经费管理暂行办法》，对我市各部门职责、非遗补助经费的开支范围、补助经费的申报和管理、补助经费的监督与绩效评价等均作了详细规定，对提高补助资金的使用绩效，保证专项资金的合理有效使用，规范我市非物质文化遗产保护经费的管理发挥了积极作用。

五、重视对非物质文化遗产的资料收集和整理研究工作

我市非常重视对非物质文化遗产项目资料收集和整理研究工作，不断挖掘和调查与非遗有关的潜在资源，逐步整理编辑我市本土非遗的历史文化资料。已正式刊行的成果有：深圳市文化局、深圳市非物质文化遗产保护中心主编的《深圳市第一批市级非物质文化遗产名录》；深圳市文化广电体育旅游局主编的《深圳市第二批市级非物质文化遗产代表性项目名录、深圳市第一第二批市级非物质文化遗产代表性传承人名录》；深圳市非物质文化遗产保护中心资助、廖虹雷编著的《深圳民俗寻踪》；深圳市史志办公室审定、廖虹雷编著的《深圳民间节俗》；天后宫博物馆编辑的《赤湾天后宫》《赤湾天后宫志》《妈祖传》《赤湾妈祖文化》；万丰粤剧团编辑的《万丰粤剧史话》；光明新区编辑的《陈仙姑的故事》；大鹏街道文体中心编印的《大鹏山歌》；石岩街道文体中心编辑的《石岩客家山歌》《石岩民间故事》《应人石传说》；观澜街道文体中心编辑的《观澜百年客家山歌》等。这一系列成果，基本反映了我市非遗资料整理和研究现状。

此次由深圳市文化广电旅游体育局主编的《深圳市第三批第四批市级非物质文化遗产代表性项目名录、深圳市第三批第四批市级非物质文化遗产代表性传承人名录》，汇集了第三批市级代表性项目名录 13 项、代表性传承人 18 人；第四批市级代表性项目名录 7 项、代表性传承人 7 人。该书是我市非遗保护工作者辛勤劳动的集体成果，资料全面翔实，文字和图片内容丰富，对保存和研究我市非物质文化遗产具有重要价值。

虽然我市的非物质文化遗产保护工作取得了一定的成绩，成效显著，但不可否认的是，我们的非遗保护工作仍然存在诸多不足。一是随着非遗保护实践的不断深入，对非遗本身及非遗传承规律的认识仍在深化中，各种有效的保护措施还在探索拓展中，政策和制度建设尚需进一步充实完善；二是区一级管理和保护机构不健全，工作人员流动性大，队伍不稳定，专业能力不强；三是部分保护单位宣传展示多，传承活动较少，科学研究更少，面上的活动开展比较多，而对非遗项目的科学研究和传承发展等纵向的、理论性的工作重视不够，投入较少；四是一些项目自身造血功能不足，长期依赖政府补助，一些适合开展"生产性或产业化保护"的项目，因本身缺乏创新能力和市场拓展能力，仍然处于小作坊式的初级阶段；五是非遗保护体系建设需进一步加强，目前我市只有深圳职业技术学院被列入第一批广东省非物质文化遗产研究基地名单，福永醒狮舞、平乐郭氏正骨医术被列入第一批省级传承基地，但尚未有市级甚至区级的研究基地、传承基地以及传播基地。凡此种种，要求我们认真学习、深刻领会习近平总书记关于弘扬中华优秀传统文化的一系列重要论述，贯彻落实中共中央、国务院有关文件精神，在中国特色社会主义新时代条件下传承弘扬优秀传统文化；坚持古为今用、推陈出新，坚持有鉴别地对待、有扬弃地继承，努力实现传统文化的创造性转化、创新性发展，使之与现代文化相融相通。

当前和今后一个时期，深圳市非物质文化遗产保护工作的指导思想是：以习近平新时代中国特色社会主义思想为指引，在文化部和广东省文化厅的指导下，在市委、市政府的领导下，认真贯彻落实2017年5月文化部召开的全国非物质文化遗产保护工作会议精神和2017年11月全省非遗专题培训会议精神，以能力建设为核心，以融入现代生活为导向，进一步完善法律法规体系和监督评估制度，继续搭建各种传承和展示平台，努力扩大社会参与度，巩固抢救保护成果，扩展壮大传承人群，提高保护传承水平，推动非遗事业可持续发展。

首先，要完善工作制度、健全保护体系。为了进一步提高我市非遗保护工作的科学化、规范化水平，解决在非遗保护实践中遇到的实际问题，我局将加大非遗保护制度建设力度，推动《深圳市非物质文化遗产管理办法》《深圳市非物质文化遗产研究基地、传承基地、传播基地认定与管理办法》尽快颁布施行，完善非遗保护政策体系。

其次，要强化针对管理者和传承人的"双能力"建设，加强对非物质文化遗产的科学研究。深圳市文化广电旅游体育局将以"强基础、增学养、拓眼界"为基本要求，以"保护传承实践，保护传承能力，保护传承环境"为根本，周密安排培训计划，制定培训内容，对全市各区非遗工作者进行管理能力建设培训，对代表性传承人开展传承能力建设培训。在加强"双能力"建设的基础上，做好田野调查，恪守学术伦理，注重历史和比较研究，加大科学研究力度，力争推出更多具有学术分量的研究成果。

再次，注重档案工作，建立、健全非遗项目档案。要集中一段时间，对现存的非遗档案工作及相关成果进行全面摸底和系统梳理，去粗存精、纠错正误、补充完善，对代表性项目的内容与表现形式、流变过程、核心技艺和传承实践情况进行全面、真实、系统的记录。

第四，持续做好做实与各级学校、社会团体的合作。集聚全社会力量，发挥各自优势，互补长短，形成良好的非物质文化遗产保护保护社会氛围。要指导深圳职业学院加强研究基地建设，重点开展与深圳大学传统体育类非遗保护合作，指导中小学校开展行之有效的传播活动，继续与社会团体合作开展形式多样、内容丰富、人民喜闻乐见的非遗活动。

最后，全力打造非遗传承传播的系列活动品牌。在继续办好文化和自然遗产日、欢乐闹元宵等系列品牌活动的基础上，充分发挥全市各区非遗活动的骨干力量，创造性地开展各类活动，为我市非物质文化遗产的传承、传播提供更好更多更广阔的展示交流平台，推动我市非物质文化遗产保护工作朝着可持续、良性方向发展，从而促进我市非物质文化遗产保护事业大繁荣大发展。

习近平总书记在十九大报告中指出："文化兴国运兴，文化强民族强""深入挖掘中华优秀传统文化蕴含的思想观念、人文精神、道德规范，结合时代要求继承创新，让中华文化展现出永远魅力和时代风采。"非物质文化遗产与物质文化遗产一样，承载着我们民族的认同感和自豪感，代表着我们国家悠久历史文化的"根"与"魂"。保护和传承文化遗产，就是守护民族和国家过去的辉煌、今天的资源、未来的希望。我们坚信，在深圳市委、市政府的正确领导下，在全市文化遗产工作者的共同努力下，深圳市文化遗产事业必将拥有更美好的未来，为全面建成小康社会，夺取新时代中国特色社会主义伟大胜利，实现中华民族伟大复兴的中国梦贡献自己的力量。

深圳市人民政府办公厅

深府办函〔2013〕149 号

深圳市人民政府办公厅关于公布深圳市第三批市级非物质文化遗产代表性项目名录的通知

各区人民政府，市政府直属各单位：

《深圳市第三批市级非物质文化遗产代表性项目名录》已经市政府同意，现予公布。

请各区（新区）、各部门要高度重视非物质文化遗产保护工作，认真贯彻落实"保护为主、抢救第一、合理利用、传承发展"的工作方针，进一步做好我市非物质文化遗产保护与管理工作。

市政府办公厅
2013 年 12 月 18 日
（电子）

深圳市第三批市级非物质文化遗产
代表性项目名录

（共计 13 项）

序号	项目类别	项目名称	申报区域
1	传统舞蹈类(III) 共 2 项	南山醒狮舞	南山区
2		平湖纸龙舞	龙岗区
3	传统戏剧类（IV） 共 1 项	潮俗皮影戏	大鹏新区
4	传统体育、游艺与杂技类（VI） 共 2 项	咏春拳	罗湖区
5		肘捶	罗湖区
6	传统美术类(VII) 共 3 项	剪纸艺术（田氏）	罗湖区
7		棉塑（肖氏）	宝安区
8		潮彩	龙岗区
9	传统技艺类（VIII） 共 2 项	安琪广式月饼制作技艺	龙华新区
10		深圳传统小食制作技艺	宝安区
11	传统医药类（IX） 共 2 项	平乐郭氏正骨祖传秘方 和配制秘方	罗湖区
12		不孕不育症中医疗法	福田区
13	民俗类（X） 共 1 项	西乡北帝三月三庙会	宝安区

深圳市人民政府办公厅

深府办函〔2015〕152 号

深圳市人民政府办公厅关于公布深圳市
第四批市级非物质文化遗产
代表性项目名录的通知

各区人民政府、市政府直属各单位:

根据《中华人民共和国非物质文化遗产法》、《广东省非物质文化遗产条例》,现批准"螳螂拳(华林)"等 7 个项目列入我市第四批市级非物质文化遗产代表性项目名录,并予公布。

各区(新区)、各部门应按照国家和省相关法律法规要求,认真贯彻"保护为主、抢救第一、合理利用、传承发展"的指导方针,科学规划,进一步做好我市非物质文化遗产保护和管理工作。

附件:深圳市第四批市级非物质文化遗产代表性项目名录

市政府办公厅
2015 年 10 月 12 日

附件

深圳市第四批市级非物质文化遗产
代表性项目名录（共7项）

序号	项目类别	项目名称	申报区域
1	传统体育、游艺与杂技类（VI）共1项	螳螂拳(华林)	宝安区
2	传统美术类(VII)共2项	贺氏剪纸	宝安区
3		剪影	南山区
4	传统技艺类（VIII）共2项	喜嫁礼饼(合成号)制作技艺	宝安区
5		张氏传统灯笼制作技艺	龙岗区
6	传统医药类（IX）共2项	道家龙门派（嗣广）点穴牵顿脊椎整复术	福田区
7		李氏筋伤点穴推拿术	福田区

深圳市文体旅游局文件

深文体旅〔2014〕282 号

市文体旅游局关于批准公布我市第三批市级非物质 文化遗产项目代表性传承人名单的通知

各区文化行政主管部门：

为加强我市非物质文化遗产项目传承人队伍建设，根据《广东省非物质文化遗产条例》，我局组织市非物质文化遗产保护专家评议通过了叶恩麟等人（共 18 名）为第三批市级非物质文化遗产项目代表性传承人，并向社会公示，公示期满无异议。现将我市第三批市级非物质文化遗产项目代表性传承人名单予以批准，同时在"深圳市文体旅游局"网站上向社会公布。

请各区文化行政主管部门督促并宣传告知辖区内各代表性传承人严格遵循《广东省非物质文化遗产条例》要求，切实履行保护职责，做好非物质文化遗产的保护和传承工作。

附件：深圳市第三批市级非物质文化遗产项目代表性传承人名单

深圳市文体旅游局
2014 年 6 月 6 日

深圳市文体旅游局　　　　　　　2014 年 6 月 9 日印发

附件

深圳市第三批市级非物质文化遗产项目代表性传承人名单

序号	项目类别	项目名称	保护单位	姓名	性别	民族	出生年月	工作单位及职务（职称）
1	民间文学	应人石的传说	石岩街道文化体育中心	叶恩麟	男	汉	1937年8月	宝安区统战部离休干部
2	传统音乐	观澜客家山歌	观澜办事处文化体育中心	房运良	男	汉	1940年3月	离退休干部
3	传统舞蹈	上川黄连胜醒狮舞	新安街道文化体育中心	黄兴良	男	汉	1953年9月	宝安区上合村退休干部
4		坪山麒麟舞	坪山办事处文体服务中心	黄耀华	男	汉	1958年3月	无
5		平湖纸龙舞	深圳市平湖股份合作公司	刘口华	男	汉	1954年1月	深圳市平湖股份合作公司
6		龙岗舞龙	龙岗街道文体服务中心	邱荣昔	男	汉	1981年1月	深圳市龙岗区龙岗社区应急兵分队
7	传统戏剧	湖岭皮影戏	人鹏新区非物质文化遗产促进会	蔡劲针	男	汉	1965年3月	皮影期刊社长
8	传统体育、游艺与杂技	咏春拳	深圳市精武文化体育发展有限公司	方向东	男	汉	1966年7月	深圳市精武文化体育发展有限公司总经理
9		螳螂拳	深圳市罗湖区文化馆	何海林	男	汉	1944年8月	深圳市海林舍尚文化传播有限公司
10	传统美术	稻草编（肖氏）	宝安区民间文艺家协会	罗晓琳	女	汉	1970年9月	宝安区电申心编辑
11		剪纸艺术（田氏）	深圳市罗湖区文化馆	田利	女	汉	1966年4月	无
12		潮彩	深圳市斯达高瓷艺有限公司	詹培明	男	汉	1948年12月	深圳市斯达高瓷艺公司高级工艺师
13	传统技艺	深圳市上梅林实业股份有限公司	罗桂芳	女	汉	1957年6月	社区
14		深圳私房小食制作技艺	深圳市合成号食品有限公司	陈淦忠	男	汉	1970年2月	深圳市合成号食品有限公司董事长
15	传统医药	平乐郭氏正骨相传秘方和配制方法	深圳平乐骨伤科医院	李郑林	男	汉	1958年12月	深圳平乐骨伤科医院
16		赤脚不白中医疗法	深圳瑞友中医馆	张瑞友	男	汉	1945年1月	深圳瑞友中医馆
17		沙井蚝生产习俗	沙井街道文化体育中心	陈沛忠	男	汉	1946年6月	深圳市宝安沙井水产公司经理
18	民俗	西乡北帝三月三庙会	西乡街道文化体育中心	黄前光	男	汉	1959年5月	西乡文化艺术管理委员会工作

深圳市文体旅游局文件

深文体旅〔2016〕54 号

市文体旅游局关于批准公布我市第四批市级非物质文化遗产项目代表性传承人名单的通知

各区文化行政主管部门：

为加强我市非物质文化遗产项目传承人队伍建设，根据《广东省非物质文化遗产条例》，我局组织市非物质文化遗产保护专家评议通过了曾润棠等人（共 7 名）为第四批市级非物质文化遗产项目代表性传承人，并向社会公示，公示期满无异议。现将我市第四批市级非物质文化遗产项目代表性传承人名单予以批准，同时在"深圳市文体旅游局"网站上向社会公布。

请各区文化行政主管部门督促并宣传告知辖区内各代表性传承人严格遵循《广东省非物质文化遗产条例》要求，切实履行保护职责，做好非物质文化遗产的保护和传承工作。

附件：深圳市第四批市级非物质文化遗产项目代表性传承人名单

深圳市文体旅游局
2016 年 1 月 29 日

附件

深圳市第四批市级非物质文化遗产项目代表性传承人名单

序号	项目类别	项目名称	保护单位	代表性传承人				工作单位及职务（职称）	从艺年限	备注
				姓名	性别	民族	出生年月			
1	传统舞蹈	福永醒狮舞	深圳市宝安区福永街道文化体育中心	曾润潆	男	汉	1954.04	福永体育德醒狮团教练	52年	
2	传统美术	贺氏剪纸	深圳市贸贸文化艺术有限公司	贺虹	女	汉	1966.08	深圳市贸贸文化艺术有限公司董事长、总经理	44年	
3		剪彩	深圳市鹏绣中华发展有限公司	刘明治	男	汉	1961.05	无	34年	
4	传统技艺	萃缘礼饼（合成号）制作技艺	深圳市合成号食品有限公司	陈桂林	女	汉	1967.12	深圳市合成号食品有限公司总经理	30年	
5		张氏传统灯笼制作技艺	深圳市景观荣彩绝照明科技有限公司	张进林	男	汉	1966.09	深圳市景观荣彩绝照明科技有限公司总经理	37年	
6	传统医药	道家龙门派（明门）点穴术颐养椎整复术	深圳市中医院	朱北广	男	汉	1955.08	深圳市中医院主任中医师	40年	
7		李氏筋伤点穴推拿术	深圳颐和门诊部	李志荣	男	汉	1952.12	深圳市颐和门诊部主治医师	40年	

目录

深圳市第三批第四批市级非物质文化遗产代表性项目名录

深圳市第三批第四批市级非物质文化遗产代表性传承人名录

深圳市第三批第四批

项目名录

市级非物质文化遗产代表性

传统舞蹈

南山醒狮舞
平湖纸龙舞

南山醒狮舞

保护单位：深圳市南山区文化馆

❀ 所在区域及其地理环境

南山区位于深圳市西南部，北依羊台山，西濒珠江口，东临深圳湾，与香港隔海相望、一桥相连，陆域面积 187.5 平方公里。南山区背山靠海，北高南低，北部为山丘盆地，中部为低丘台地，南部为低丘平地；主要山丘有羊台山、塘朗山、大南山、小南山；主要海湾有妈湾、赤湾、蛇口湾；岛屿有内伶仃岛、大铲岛、孖洲岛、大小矾石岛；主要河流大沙河纵贯全区南北，全长 18.8 公里，是深圳市第二大河。全区设南头、南山、西丽、沙河、蛇口、招商、粤海、桃园 8 个街道和 105个社区。 2016 年末，南山区常住人口 135.63 万人，其中户籍人口 81.02 万人，非户籍人口 54.61万人。

南山区也是深圳市旅游基地，拥有世界之窗、欢乐谷、锦绣中华、海上世界、新安古城、青青世界、野生动物园、南头古城等主题公园和著名景点。区内气候温和，属亚热带海洋性气候，平均气温 20℃左右，平均降雨量约 1948 毫米，平均降水天数 150 天。常年主导风为东南风，秋冬寒露风对本区影响较大，夏秋季台风较大，年平均 1 ~ 3 次，阵风最大十二级。

❀ 分布区域

平湖纸龙舞流行于原平湖村，即现在的平湖社区一带。

❀ 历史渊源

秦始皇统一六国以后，岭南地区正式纳入中央集权国家的版图。公元前 215 年，南山区属南海郡番禺县辖地。晋成帝咸和六年 (331 年) 设立东官郡，辖西自珠江口西岸，东至福建交界的大片地域，郡治设在宝安县 (即今南头一带)，下设 6 县。唐至德二年 (757 年) 将县城迁至涌 (今东莞市)，并将县名改为东莞，此后八百年，一直属东莞县，南头从行政和经济中心变为海防交通的要塞。明万历元年 (1573 年) 设新安县，县城设在南头城；1913 年，因与河南省新安县重名，县名复为宝安。1953 年宝安县城从南头迁往深圳，南头成为宝安县辖下的一个公社。1983 年成立深圳市南头管理区，1990 年成立南山区。

醒狮表演是深圳市南山区的一项传统民间舞蹈活动，南山醒狮源于广东醒狮。

据南山原居民、82 岁高龄的郑绍辉、郑启中两位老人以及其他老人回忆并口述，清朝末年，向南村有一支麒麟队，郑绍辉的爷爷就在其中舞麒麟，后来其父亲也加入其中。20 世纪 30 年代，村人觉得舞狮更威武、好看，就将麒麟队改为醒狮队，开始舞狮，由东莞的莫勤师傅教舞狮和莫家拳，另有来自广西南宁的周力生师傅教授舞狮、锣鼓和武术。当时，村里有三头狮子，分别为白狮、红狮、黑狮，俗称桃园三结义的刘（白狮）、关（红狮）、张（黑狮）。

南头城在1937年就有一支20多人的醒狮队，由香港师傅任教，舞的是红、黑双狮，并配有刀、叉、剑、棍、拳术表演，逢年过节在南头城和附近各村表演；南园村在抗日战争胜利以后成立了一支百余人的醒狮队，舞的是青面獠牙狮，造型十分凶猛威风，反映了南园村在南头一带的显赫地位。另外，一起表演功夫的人也很多，气势浩大，在南头一带颇有影响。这些醒狮队在1953年前后相继停止活动。大新村在1963年前后成立醒狮队，在本村和附近一带表演，但1966年因"文化大革命"开始而停止活动。1972年，原南山大队副书记梁旭兴在南园村驻点，与村党支部书记吴伟泰联手，办起了醒狮队，但于1976年停止活动，1979年恢复至1986年因禁止鸣放鞭炮，又停止一段时间，直到1998年才开始了经常性的舞狮活动。大新村于1983年恢复舞狮活动，在1992～1997年停止，从1998年起恢复，直至现在。向南村于1983年恢复舞狮活动，从2006年起，醒狮队更加壮大，表演更加精彩。

进入新世纪以后，南山区文化部门对本土民间舞蹈十分重视，大力扶持，使得向南、南园、大新几支醒狮队活动增多，表演能力加强，经常在南山各地表演，受到群众的广泛欢迎，使这一宝贵的民间舞蹈在本地区得以传承与发展。

❀ 基本内容

南山醒狮作为一种喜庆和祈福的活动，深受群众喜爱，随着时代的变迁，舞狮活动被赋予了更丰富的文化内涵。年节嫁娶、宅第落成、开张庆典，常敲锣打鼓，舞狮助兴。

一、醒狮的"开光点睛"

南山的醒狮均从佛山等地购入，因人们对醒狮蕴含的神性和灵性充满敬畏，凡新狮初舞，都要按照传统的俗规，举行一个庄重的"开光点睛"仪式。仪式一般要选择一个良辰吉日，在侯王庙（向南村）、吴氏宗祠（南园村）或天后庙（大新村）进行，在天亮前结束，也有在中午进行的。"点睛"仪式现场庄严肃穆，一般由醒狮队师傅主持，由村中德高望重的老者执行"点睛"。"点睛"前，所有参与者都要用沙田柚叶子泡的水净手。随后全体人员上香拜神，师傅绕狮子三圈，号下三道灵符贴在狮角两侧靠近后脑三寸处，据说这是防止妖魔鬼怪跟踪。这时"点睛"正式开始。由老者抓起一只公鸡，挤出鸡冠血滴入旁边的朱砂盆，再用朱砂红笔在匍匐于地的醒狮上按照眼睛、额头、鼻、嘴、耳、腰身、后脚的顺序进行"点睛"。被"点睛"后的醒狮开始在地上蠕动，随后突然腾起，舞动身姿，行三拜九叩大礼。这时全场欢腾，锣鼓齐鸣，鞭炮大作。醒狮迈着轻快的步伐来到村中的榕树下，采榕树的叶子或事先挂好的生菜，俗称"采青"。"采青"前，狮子的嘴要用红绳封好，又用红绸捆住角，称"封红挂角"。狮子"采青"时要肃静，不能发出声音。"采青"后，狮子再行三拜九叩礼，锣鼓再度响起，至此整个"开光"仪式结束。

南山醒狮展演

醒狮表演前的祭拜仪式

二、醒狮表演前的仪式

醒狮表演前要先选择一块空地，烧香拜神，以赋予狮子灵气。传统的舞狮中，"大头佛"扮演着重要角色。舞狮前，"大头佛"和狮子先睡觉，待三更鼓声响起，"大头佛"和狮子起身，"大头佛"带着狮子巡场地一圈，向东南西北四角行三拜九叩礼。礼毕，"大头佛"和狮子返回原地继续睡觉。待鼓声五响（代表五更天亮），"大头佛"先行起身洗刷，然后开门拜神，拿着葵扇拍打狮子，狮子则故作拘泥态，擦洗嘴脸伸懒腰，随后，威猛而神勇的狮子跃然起舞。

三、醒狮舞表演套路

醒狮队备有多面各式旗帜。舞者一律穿灯笼裤，上衣穿圆领短袖衫，伴奏乐队以打击乐为主，配有大鼓、大小锣、大小钹，加上威风凛凛的狮子，其场面十分热闹、富有气势。

舞狮的鼓法有"三星""七星"之分。表演时，醒狮根据不同的锣鼓点节奏做出不同的动作招式。

舞狮的基本步法注重马步，多以四平大马为主，配以跳跃步法、麒麟步法、交叉步法、弓步、丁步、虚步、靠步、反步、杂步等多种步法。狮头与狮尾协调配合，狮子的动与静同鼓乐的节奏相配合。鼓乐节奏明朗，轻重快慢有序，与舞狮动作环环相扣，相映成趣。

狮头在表演时一般运用眼睛的闭合和口形的张合来表示喜、怒、哀、乐的感情。有时，还用颤抖来表达狮子愤怒的情绪。

舞狮一般要表现出狮子喜、怒、哀、乐、醉、动、静、疑、猛等不同的表情和神态，同时还配合各种技巧和程式化的表演，包括："出洞"、"上山"、"巡山会狮"、"采青"、"舞柱"、"入洞"等，其中以"采青"和"舞柱"的内容最为丰富。"采青"又为分采"高青"、"水青"、"地青"、"蟹青"、"桥青"、"登青"等类型；"舞柱"为技艺表演，有"上楼台"、"戏球"、"耍花灯"等。

向南醒狮表演常以梅花桩、高桩设计，象征三山五岳的跨度。每"山"间隔1.4米，最宽可间隔1.8米，桩高可达2.8米。表演时狮头狮尾一一跨过，登高下低，身手敏捷，时而高高跃起，时而低头朝下、卧底表演，在高桩上做出各种高难动作。

南园醒狮表演狮子登高，可上三张乒乓台再加一张八仙桌之高，两组高桌之间相隔4米，用竹梯相连，狮子可表演"过桥""桥上睡觉""桥上金鸡独立""桥上头朝下喝水"等技巧。

✳ 相关制品及其作品

醒狮表演所需道具、鼓乐和服饰如下：

一、道具

1. 狮头，宽0.6~0.8米，高0.5~0.6米，重约5~8斤，由民间艺人用竹、木扎成框架，再用布或纸裱糊装饰。狮头、狮身均精心装饰，并配以各种各样的颜色。狮头鲜丽、醒目，狮子的耳朵、眼睛、尾巴可以转动，下巴能张合。狮身由黄、红、黑、白、蓝等大块布料缝制，一般长 3 米，宽 1.2 米，缀以闪闪发光的珠鳞片。这样的装饰，使整个狮子显得威武轻盈、灵气生动，舞动起来灵活飘逸、威风凛凛。

2. 醒狮队各种旗帜。

3. 表演桩一套、桌子、梯子。

二、伴奏乐器

1. 大鼓 1 个，鼓面直径 80 ～ 100 厘米（附大鼓支架）。

2. 大小锣各 1 个。

3. 大小钹各 2 对。

三、服饰

1. 醒狮队统一穿着印有某某醒狮队字样的圆领短袖衫或宽松武术服装，下穿灯笼裤。

2. 腰带为红色或黄色。

南山醒狮跳高桩

✿ 传承谱系

一、向南村

代 序	姓 名	性 别	出生年份	传承方式	备 注
第一代	莫 勤	男	1868 年	师传	已故
	郑锦祥	男	1870 年	师传	已故
	郑合安	男	1872 年	师传	已故
	郑应昌	男	1872 年	师传	已故
第二代	周力生	男	1918 年	师传	已故
	郑民康	男	1923 年	师传	已故
	郑日财	男	1926 年	师传	已故
	郑绍辉	男	1926 年	师传	
第三代	郑 云	男	1931 年	师传	
	郑美齐	男	1969 年	师传	
	郑俊新	男	1973 年	师传	
	郑帅鹏	男	1976 年	师传	
第四代	陈杰荣	男	1949 年	师传	
	陈超淇	男	1948 年	师传	
	郑杰新	男	1972 年	师传	
	郑伟新	男	1983 年	师传	

代　序	姓　名	性　别	出生年份	传承方式	备　注
第五代	钟志军	男	1969 年	师传	
	郑未晓	男	1994 年	师传	
	郑思灏	男	1996 年	师传	
	占嘉杰	男	1997 年	师传	

二、南园村

代　序	姓　名	性　别	出生年份	传承方式
第一代	吴汝权	男	1923 年	师传
	吴锦富	男	1928 年	师传
	吴富强	男	1927 年	师传
	吴旭太	男	1925 年	师传
第二代	陈正其	男	1953 年	师传
	吴旭华	男	1953 年	师传
	吴锐堂	男	1948 年	师传
	吴旭昌	男	1953 年	师传
第三代	刘贵稳	男	1965 年	师传
	麦宝琪	男	1957 年	师传
	吴伟光	男	1960 年	师传
	吴美田	男	1954 年	师传
第四代	吴旭权	男	1968 年	师传
	曾其稳	男	1969 年	师传
	林振光	男	1971 年	师传
	曾国军	男	1971 年	师传

三、大新村

代　序	姓　名	性　别	出生年月	传承方式	备　注
第一代	杨忠贤	男	1920 年	师传	已故
	冯贤仔	男	1926 年	师传	已故
第二代	陈松新	男	1951 年	师传	
	龙玉培	男	1947 年	师传	
第三代	杨东升	男	1978 年	师传	
	陈作彪	男	1982 年	师传	

❀ 主要特征

一、具有浓厚的民俗气息

南山醒狮作为一种喜庆和祈福活动，对舞狮的礼仪十分讲究，每逢春节、元宵节、侯王诞祭典、端午节、重阳节、祭祖活动，都要舞狮助兴，增添祥瑞之气。另外，醒狮队还经常参加企业开张、重大庆典、新宅落成、迎亲嫁娶等活动，增加喜庆色彩。这些都体现了中国人自古以来逢喜庆好热闹的传统，具有浓厚的民俗气息。

二、具有深厚的文化内涵

舞狮是一项综合性的民间传统舞蹈活动，包含了美术、音乐、舞蹈等艺术门类。醒狮的制作亦十分讲究，造型生动、夸张，着色绚丽、多彩，狮子形象威猛、活泼、可爱。狮头由竹、木扎成框架，再用布或纸裱糊装饰，狮身由轻质丝锦制作，重量轻，便于舞动，体现了民间艺人的精巧手艺和独有的美术观念。伴奏锣鼓搭配得当，高低音俱全，音响协调，节奏多变，是民间音乐的一个重要组成部分。舞狮表演手、眼、身、法、步样样俱全，既有相对固定的程式，又有不断多变的技巧，还有独特的神韵，是民间传统舞蹈中的奇葩。

三、具有显著的健身作用

舞狮含有武术的动作，节奏强烈，动作矫健，对技术和体力都有一定的要求，仅基本功就得练习几个月，长期坚持，能增强体质和身体的协调功能，有很好的健身作用。

各个醒狮队的表演各有特色。向南醒狮队以走梅花桩、高桩为招牌绝活，南园醒狮队以高台表演为拿手好戏，大新醒狮队则以灵活多变的表演为看家本领。

❈ 重要价值

一、历史价值

醒狮表演活动与社会生活紧密相连，某一历史阶段的醒狮舞表演在一定程度上反映了社会发展状况。从南山区拥有醒狮的 4 个村落来看，醒狮队的兴旺与败落反映了国家的命运和本村状况，这对研究历史有一定的参考价值。

二、文化价值

舞狮在中国传统文化中占有重要位置，全国各地都有舞狮表演，小可到田间、空地、街头表演，大可登上舞台成为精品节目，甚至到世界各地表演。南方北方的舞狮风格大不相同，而同是广东醒狮，各地表演又有所不同。所以，将这宝贵的民间舞蹈艺术传承、发展，具有重要的文化价值。

三、社会价值

醒狮舞在南山区具有广泛的社会基础，深受群众和港澳同胞、海外侨胞的喜爱。在重大节日或庆典活动中表演，除丰富群众的文化生活、增强现场的热烈气氛以外，还具有深厚的民俗意涵，对加强团结，促进交流，推动社会发展具有一定的作用。

四、健身价值

醒狮表演有伏、卧、腾、跃、跳等动作，身段灵活、节奏强烈，同时又配以武术、站桩等招式，既有力量的要求，又有身体协调、身脑并用的要求，是一项很好的健身项目。参加舞狮强身健体，具有很好的健身价值。

❈ 濒危状况

1.随着老一辈的舞狮艺人年龄增大，有的已去世，许多精湛的技艺面临或已经失传。

2.没有相对固定的传承人，参与舞狮的青少年吃苦精神不够，武功基本功不扎实，绝活难以展示。

3.队伍时聚时散，几起几落，经费不足，表演水平难以保持，更难提高。

❀ 保护内容

1.保护具有舞狮技艺的老师傅，鼓励青年人学习，让舞狮传承下去。

2.投入适当资金，组织舞狮人才培训，提高舞狮的表演水平。

3.组织开展更细致深入的非遗普查，将南山醒狮用文字、图片、录像资料等形式完整地保存，并加大宣传力度，使这一民间艺术更好地发展。

❀ 已采取的保护措施

1.南山区文化部门和有关村的股份公司、社区工作站十分重视醒狮队的发展，提供各种便利条件，建立有关南山醒狮完整的档案。

2.成立醒狮队伍，请专业人士辅导，提供基本经费。

3.2009年5月，南山区人民政府将"南山醒狮舞"列入南山区第二批区级非物质文化遗产代表性项目名录。

4.南山区文化局确认郑美齐、吴旭华、杨东升为该项目的代表性传承人，对此项目的保护起到重要作用。

5.2009年5月，被南山区列入第二批区级非物质文化遗产代表性项目名录。

6.2013年12月，被深圳市列入第三批市级非物质文化遗产代表性项目名录。

平湖纸龙舞

保护单位：深圳市平湖股份合作公司

✿ 所在区域及其地理环境

平湖街道位于深圳市龙岗区西北部，东面与北面接东莞市凤岗镇，东南与横岗街道相连，西与龙华新区观澜街道接壤，南与布吉、南湾街道毗邻，是深圳市区至东莞市、龙岗区至宝安区的交汇点，总面积41.86平方公里。平湖街道交通较为便利，南距香港特别行政区25公里，距深圳市区19公里，距离东、西部的盐田港、蛇口港和深圳机场均在一小时车程之内。辖区内有京九、广九两条铁路交通大动脉和机荷、水官两条高速公路以及丹平、东深、平龙、平新等四条对外干道。截至2016年，平湖街道下辖新南、鹅公岭、凤凰、上古木、新木、良安田、山厦、禾花、力昌、平湖、白泥坑、辅城坳等12个社区。常住人口228217人（2010年六普）。

平湖境内地势西北高、东南低，属丘陵地貌，域内丘陵、阶地、台地面积占总面积的74.6%。山丘高度多在海拔60～130米之间，最高的山丘有上木古社区的牛尾岭山，海拔高度为214米。属亚热带海洋性季风气候，年平均气温为22.3℃，夏季以东南风为主，冬季以东北风为主；每年7～9月为台风季节，年平均降雨量为1933毫米；全年无霜期达346天，年平均风速为2.6米/秒。雨量充沛，气候宜人。

✿ 分布区域

平湖纸龙舞流行于原平湖村，即现在的平湖社区一带。

✿ 历史渊源

平湖社区舞龙队合照

平湖墟始建于明朝嘉靖元年（1522 年）。相传平湖的伍屋围村地形像一只螃蟹，刘氏大围村地形像一只蚌，松柏围村地形像一只虾，螃蟹、蚌、虾均是水生动物，必须有湖泊才能成活，人们遂将此地称之为平湖。

平湖龙是指以刘姓为主的平湖村村民所创造的风格独特的纸龙。据《刘氏族谱》记载："上自源明公起，至夏累公十八世事孔甲为相，善能养龙，封御龙氏。"刘氏先民自中原南迁进入江西，后与珠三角地区大部分先民一样由南雄珠玑巷沿珠江水系南下，辗转落户平湖，也将祖先的许多传统文化和民间习俗带到平湖，并由后人传承下来，平湖纸龙舞即是其中之一。

"鱼跃龙门三汲水，龙游渭水万长江。"在平湖纸龙舞起势时，出现的红色门"禹门"上写着这样一副对联，表示平湖纸龙整个舞蹈的过程，就是表演一个古老的神话故事。

相传在上古时期，一条生活在渭水之中的鲤鱼，经过千年修行，又经过三次腾跃大禹治水时劈出的龙门的努力，终于化成一条神采飞扬的金龙。这在舞蹈中表现为，龙在点睛之后起舞时，先在禹门之外首尾相环，不停转动，三次起伏之后，才开始上下翻飞，左右腾挪。

但鲤鱼化龙之后，仍然困在渭水不能远行。这时玉皇大帝派来两名仙童化作金鲤，伴龙游戏，要引导它得道进入龙宫。舞蹈中金龙、鲤鱼在禹门前追逐起舞，随后通过禹门进入有四条"大栋"（栋顶可立"风调雨顺"牌匾或鸡鸭等形态的物品）矗立的场地。

在龙宫的天地中，金龙十分兴奋，围着"龙柱"缠绕上下，盘旋巡游，而鲤鱼则时隐时现，引导它不断前行修道，增强功力。舞蹈中，金龙围着大栋进行"8"字旋转，龙头带领龙身择机起伏，鲤鱼时而两条，时而一条伴龙起舞，时而退场由金龙独舞。

仙童化身的金鲤在完成了引领金龙得道的任务之后，便回天宫向玉皇大帝复命。而金龙经过艰苦的修炼，十分辛苦，于是放慢了节奏，逍遥地左右侧身，翻水休息。舞蹈中，金鲤退出场外，金龙停止舞动，龙头龙身，一起左右放平三至五次。

平湖纸龙受邀到"美丽中国——全国百媒走进龙岗大型采访采风活动"中表演

修炼成功的金龙，功力大增，开始云游四海，造福天下黎民百姓。舞蹈中，金龙四处巡游，驻场表演时游遍全场（俗称游花园），接近围观的四方群众。行进表演时，则一路起舞，向沿途的父老乡亲祈福。每次表演结束，金龙都会随着鼓乐的渐弱，排列好整齐的形态，郑重地向四方的父老乡亲再三祈福致谢后，恭敬退场。

作为龙的传人，几百年来，平湖人都认为自己舞动的纸龙，正是传说中那条法力无边、快乐行善的金龙化身。每年春节前后扎龙、舞龙、化龙汤等活动，就是迎龙、养龙和送龙的真实生活体验，可以为自己求得新一年的风调雨顺、五谷丰登、人畜平安。

在"文革"期间，舞纸龙曾被当作"四旧"来批判，一度停演。在20世纪70年代初期曾改良成布龙进行过复演，1983年之后又停演。21世纪初，失传40多年的平湖纸龙"重出江湖"，成为当地文化发展的金字招牌。

❋ 基本内容

平湖纸龙，是以竹木制骨架，用宣纸（后用牛油纸）做龙头、龙身、龙尾，故称"纸龙"。龙头由嘴部（口含龙珠）、前额、后脑、角、手柄（龙把）等部分组成，体积较大，造型复杂，颜色鲜艳，头角峥嵘，凸显出龙的威风。龙的眼睛可用灯泡装饰，龙须用长约1尺多的紫藤弯曲而成，分别固定在龙嘴两侧。龙身和龙尾所蒙裱的纸上绘有龙的鳞片，鳞片末端贴有金纸，上端贴有银纸。龙身内装有数目不等的灯泡（早年曾用烛盏）供舞夜龙用。龙头和龙尾并不与龙身相连，而由舞技最高者单独舞动，而龙身则环环相扣，紧密相连。舞龙正式开始前，要请村中德高望重的老者给纸龙点睛。"画龙点睛"之后，龙头摆动，龙目闪闪发光，龙鳞熠熠生辉，如在夜间演练，整条龙更是通体透亮，龙马精神、栩栩如生。

平湖龙舞队共需60人，分男女两队，每队约需20人组成。其中鲤鱼2人，龙头龙尾各1人，舞龙身7人。举"风调雨顺"（早期为虾、蟹、鱼鳖等水族）为"大栋"（玉柱）4人，禹门2人，后备及勤杂人员5人，可表演许多动作和造型。舞龙队以狮鼓、大钹、锣作打击乐，以唢呐（鼓手）等为吹奏乐器。故乐队需要8至12人，同时男女不混舞。

执龙头的人是全龙阵的灵魂，龙舞是否生动活泼、紧凑顺畅、引人入胜，都靠龙头带领。龙头走什么路，龙身和龙尾随形似影跟着走。鲤鱼引龙走在龙头的前面，但仍然只是对龙头和整个龙舞起配合作用。驻场表演时，"大栋"（玉柱）立定，鲤鱼与龙互相嬉戏或由龙表演各种舞蹈动作。

在喧闹的鼓乐声中，龙头摆动，舞龙队员各就各位，右手执龙把中央，左手执龙把下端，随着锣鼓的节奏，龙头反复转动，龙身追随晃动，或绕场一周回到原位，或走街串巷，四处巡游。随着锣鼓和乐曲声的轻重缓急、节奏变化舞动起来。舞龙的动作和套路多种多样，其中主要有：

"祥龙献瑞"：舞龙前先行"开盘"礼，舞完后再行"谢盘"礼结束。

舞法是金龙在两条鲤鱼的引领下及锣鼓声中出场，禹门及玉柱（大栋）分列两边，龙头跟随随鼓乐由高向低摆动鞠躬，连续先拜三次。然后，龙身及龙尾跟随做出游动起伏的姿态。拜完后，金龙绕场一圈。

"龙入禹门"：玉柱按东南西北立定成宫殿四条大柱，禹门向南成龙宫大门，两条鲤鱼，逗引金龙入"禹门"。

"金龙缠柱"：龙入禹门后，锣鼓声大振，金龙再追着鲤鱼进入龙宫，并在四柱间追逐穿梭。鲤鱼出场，金龙逐柱缠绕并向上作扑食状。

"游龙戏水"：金龙侧躺于地，随着锣鼓及唢呐声由左向上跃起向第一节龙身作吐水状（称倒水），再到第二、三节龙身，龙尾左右摆动，并连续打"跟斗"数次。金龙翻身由右向上跃起再做一遍。

"龙逛花园"：此时，锣鼓渐息，唢呐吹起，龙舞随即进入由动到静状态，在悠扬的唢呐声中，

平湖纸龙参加"欢乐闹元宵"非遗展演展示活动

游龙左右轻摆，上下起伏，或盘或散，或曲或直，允分表现了龙在花园中的悠闲的心情，乐声渐息。

舞龙全过程完成后，龙头高昂，然后俯身三拜，龙尾随着摆动，锣鼓乐器声息，舞龙结束。

平湖龙舞主要在春节期间表演巡游，由采青始至化龙汤止，历时十五天（由初一到十五）。当年的表演结束后，即将纸龙抬到河流侧畔，举行化龙仪式，将其火化，灰随流水而去，意为祥龙归大海。来年表演时再扎新龙。

❀ 相关制品及其作品

一、制作材料

竹篾、藤、绳、铁丝、纸（包括金纸、银纸、彩纸）、皮毛（包括兔毛、羊毛）、颜料、竹竿等。

二、相关作品

1.纸龙：1条，长约18米，共九节，龙头，龙尾各一节，龙身七节。

2.鲤鱼：2条，长约1米，分三节，鱼头、鱼身、鱼尾各一节。

3.大栋（玉柱）：4条，栋顶立"风调雨顺"牌匾或鸡鸭等形态的物品长约1米。

4.禹门：1个，约高1.5米，宽30厘米，厚20厘米的"门"形框架。

三、伴奏乐器

1.大鼓：一个，鼓面直径80～100厘米（附大鼓支架）。

2.大锣：一个，锣面直径50～60厘米（附大鼓支架）。

3.大钗：一个，钗面直径70～80厘米。

4.唢呐：一支。

❀ 传承谱系

代　序	姓　名	性　别	出生年份	传承方式	备　注
第一代	刘达洲	男	1883 年	师传	已故
第二代	刘寿发	男	1915 年	师传	

平湖少年龙队在平湖凤凰新村广场表演

代 序	姓 名	性 别	出生年份	传承方式	备 注
第三代	刘荣芳	男	1926 年	师传	
第四代	刘颂荣	男	1935 年	师传	
第五代	刘荣康	男	1951 年	师传	
	刘庆辉	男	1943 年	师传	

❀ 主要特征

1. 舞纸龙是平湖地区刘姓先民流传下来的别具特色的集舞蹈、音乐、工艺、美术等多元艺术形式为一体的综合性民间艺术。纸龙的形态、舞龙的乐曲、制龙的工艺等独具风格，表演形式、套路和技艺丰富多彩，观赏性强，场面壮观。

2. 平湖纸龙舞源远流长，文化内涵丰富，有鲜明的民俗文化特征。从新造纸龙的启用到表演结束，都有一套仪式上的规范要求，体现了当地的民俗风情。

3. 平湖纸龙舞具有较强的公众娱乐性和广泛的群众参与性，表演技艺较易掌握，表演内容为大众所喜闻乐见，并有鲜明的强身健体功能和传播优秀传统文化的作用。

❀ 重要价值

一、历史价值

过年舞纸龙习俗，是平湖村民在长期的生活实践中积淀而成的思想精髓，世代相传沉积下来的民俗文化，体现了平湖村民的传统社稷和家国观念，展示了平湖村民对依存自然的原始智慧，承载着平湖村民的历史文化信息和文脉记忆，对人们更真实、更全面、更接近本原地去认识传统历史及民俗文化，具有一定的参考价值。

二、艺术价值

扎纸龙、舞龙、化龙，是平湖村民传统文化艺术创造及艺术形式的展现，较突出地反映了早期平湖村民淳朴的文化思想及民间信仰，以及他们的艺术创作方式、艺术特点、艺术成就，对挖掘和弘扬优秀的传统文化艺术，具有积极的作用。

三、社会价值

舞纸龙的传统习俗，反映和表现了平湖村民思想价值取向、生活习俗等内容，蕴含着平湖村民传统文化的道德观及追求平安祥和的幸福观，它能产生强大的凝聚力，促进人们的共识和认同，对构建和谐社会，建设美好精神家园，具有积极的现实意义。

❀ 濒危状况

随着时代变迁，文化环境及生活模式的改变，传统的平湖纸龙舞经文革期间停演，在七十年代初期复演至1983年，至今已停演二十五年，掌握全套平湖纸龙舞传统舞技的老人大多离世，且参与该活动的人越来越少，传承人和爱好者均出现明显断层。

目前，纸龙（主要是龙头）的制作方法，纸龙舞的乐曲、舞技套路等已濒临失传的境况，为了使舞纸龙的传统习俗得以传承下去，抢救和保护刻不容缓。

❀ 保护内容

1. 保护平湖村民过年舞纸龙习俗的整套活动程序、仪式、套路和文化形态，把舞龙的资料（包括舞龙表演的程序、套路、乐谱等）整理完善、建档保存。

2. 做好纸龙具体制作、舞龙师傅技艺传承人保护工作，并组织舞龙的民间老艺人、师傅进行交流，对青年学艺者进行培训，做好传承工作。

❀ 已采取的保护措施

1. 2008年8月成立了"平湖纸龙抢救申遗领导小组"，对平湖纸龙舞进行了发掘和抢救，现已可以自己制作纸龙，基本舞步及套路已掌握，配乐虽有欠缺，但基本上可进行表演。

2. 成立舞龙队，初定每年培训三个月，接受基本的舞步套路及音乐技艺的训练。

3. 指定专人负责对舞纸龙习俗进行研究和保护，由社区领导班子成员和团支部书记负责协调有关工作，保证舞龙队的训练和参加活动的经费支出。

4. 收集、整理舞纸龙的有关资料，对采访中记录的文字、摄影、录音、图像等资料编辑、剪辑制成光盘存档。

5. 2010年4月，被龙岗区列入第二批区级非物质文化遗产代表性项目名录。

6. 2013年12月，被深圳市列入第三批市级非物质文化遗产代表性项目名录。

7. 2015年11月，被广东省列入第六批广东省非物质文化遗产代表性项目名录。

传统戏剧

潮俗皮影戏

潮俗皮影戏

保护单位：深圳市大鹏新区非物质文化遗产促进会

❈ 所在区域及其地理环境

大鹏新区位于深圳市东南部大鹏半岛，原属龙岗区，2011年12月30日"大鹏新区"揭牌成立，是深圳市最年轻的一个功能新区。其辖区面积为607平方千米，其中陆域面积302平方千米，约占深圳市六分之一，海域面积305平方千米，约占深圳市四分之一，海岸线长133.22千米，约占全市的二分之一。下辖大鹏、南澳、葵涌三个办事处、25个居委会。截至2016年末，全区常住人口14.09万人，比上年末增加0.53万人，增长3.9%。其中，户籍人口3.93万人，非户籍人口10.16万人。

大鹏半岛三面环海，东临大亚湾，与惠州接壤，西抱大鹏湾，遥望香港新界。包括北半岛、南半岛及其间的颈部连接地带，形似哑铃。大鹏半岛属山地性半岛，海拔700～800米，森林覆盖率76%，拥有独特的山海风光其中。其中北半岛的排牙山海拔708米；南半岛七娘山海拔867米。河流短，呈放射状入海。植被为旱中生性亚热带草坡、季风常绿阔叶林和马尾松林，土壤为赤红壤。海岸曲折，滩涂面积少。属亚热带季风性气候。

❈ 分布区域

潮俗皮影戏主要分布于大鹏半岛，福田区、南山区等地也有分布。

❈ 历史渊源

皮影戏又称为"影子戏""灯影戏""皮猴戏"，在潮州一带叫作"纸影戏"。

皮影戏在我国具有十分悠久的历史。有人认为它起源于汉代，也有学者认为它源自中唐。但均未见可靠的文字记载。目前能见到较为完整的关于皮影戏的记述主要是宋代的著作。如宋人张耒所著《明道杂志》中说："京师富家子……甚好看弄影戏，每弄至斩关羽，为之泣下，嘱弄者且缓之。"说明宋代的影戏已能表演完整、生动的三国故事。一些记载宋人生活的著作如《东京梦华录》《梦粱录》《武林旧事》等，都有关于皮影戏演出盛况的记述。

南宋时期，大批中原人口随朝廷南迁，皮影艺术在浙江、福建一带兴盛起来。南宋末年，闽南移民将皮影戏引入广东潮汕地区，并逐渐吸收了潮汕地区的民间音乐、民间戏曲和民俗，特别是吸收了潮剧的说白、唱腔和表演艺术风格，形成了潮俗皮影戏。刊刻于明代嘉靖丙寅年（1566年）的潮剧剧本《荔镜记》第六出《五娘赏灯》中有关于潮州影戏演出的描述："（旦）见鳌山上吹唱都佃，（占）打锣鼓动乐抽影戏。"这应该是现在能见到的关于潮州皮影戏的最早的记述。清乾隆年间编修的《潮州府志·卷十二·风俗》记载了当时潮州风行皮影戏的盛况："夜尚影戏，

价廉工省，而人乐从，通宵聚观，至晓方散。"最初，潮俗皮影戏的影人是用纸做的，以白纸做影幕，所以，潮州一带称皮影戏为纸影戏。在清道光年间汪鼎《雨韭庵笔记》中就有"潮郡纸影戏亦佳，眉目毕现"的记述。

明朝万历年间，皮影戏传入海陆丰地区。大量吸收了正字戏、白字戏等的唱腔和表演形式以及海陆丰当地的民间音乐、习俗，在艺术上较潮州皮影戏发生了较大变化。

据现年84岁、潮俗皮影戏第二代传承人中唯一健在的老艺人黄娘切回忆：清末民初，在陆丰主要有两个戏班：一个是南塘的蔡家班，班主蔡强，师承陆丰皮影艺人陈乃月；另一个就是环林村的卓家班。

卓家班班主为著名艺人卓勤。卓勤祖籍潮阳峡山，后迁入陆丰。其祖、父均精通皮影。卓勤受其熏陶，从小迷恋皮影，自幼向父亲卓妈帕学习皮影艺术，并走上专业艺人的道路。据黄娘切说：卓勤"相貌长得很好，尤其擅长旦角"。因祖籍潮阳，卓勤更注重继承皮影戏的潮俗风貌，保留了较多潮州地方戏曲潮剧的曲牌、唱腔和表演艺术风格。唱腔以轻婉抒情见长，多曼声折转，清丽悠扬，十分感人。所以在观众中流传着一句话："阿勤旦有才貌，看着目汁（眼泪）流"。在音乐唱腔上，保留了潮戏曲牌连缀为主的联曲体和板腔体综合体制，保留了二、三人以上同唱一曲和合唱曲尾的帮腔形式，在汕尾地区的皮影戏中独树一帜形成独立的潮俗皮影流派。

卓勤的儿子卓幼儿幼年即向父亲学习皮影表演技艺，继承了父亲的表演风格和流派。新中国成立前，父子俩常常同台演出。当时的影幕与一张油光纸相若，演出时点豆油火在中间，两个人并排盘腿坐下来操作。影身也都由艺人自己做。最初是用纸做，后来改用牛皮。但加工较粗糙，只是把毛刨掉，不透光，也没有上颜色，黑黑的。操纵杆只有一根，安在影人的半身处，只有猪八戒有两根操纵杆。但是剧目十分丰富，如果每晚演一场，可以连演两三个月不重复，有的戏还是连堂大戏。如《萧光祖》要连演两个晚上，《郭青螺》要连演两三个晚上，《秦雪梅连》要连演三四个晚上。大多是通宵演出，最早也要演到半夜一两点钟。

新中国成立后，在20世纪50年代中期，卓幼儿同黄娘切、蔡娘仔等创立了国营陆丰皮影剧团。这是汕尾地区的第一个专业国营皮影剧团。卓幼儿任团长，剧团人员还有卓家班的卓智伍、卓顺意，还有王兴、彭展、卢月亮等人。除了继续演出传统剧目外，又自己改编、移植了《东郭先生》《宝船》《红军桥》等现代戏。

20世纪60年代，陆丰皮影剧团解散。1975年，剧团恢复，并多次赴京演出。所演剧目有《战恶兽》《鸡与蛇》《龟兔赛跑》《飞天》《鸡斗》《哭塔》等，获得广泛好评。

1980年，蔡劲笋拜卓家班第三代传承人、著名艺人卓顺意为师，学习潮俗皮影艺术，1981年，进剧团任专业演员，并受卓幼儿等名家指导，技艺迅速提高。1984年，应文化部邀请，随同《飞天》剧组进京参加国庆35周年献礼演出，受到时任文化部部长朱穆之的接见；1987年，参加首届中国艺术节，在《鸡斗》剧中扮演主角花公鸡，获演出奖；同年参加广东省首届民间艺术欢乐节，获工作奖，并赴日本演出，获得好评，成为潮俗皮影戏的第四代传承人。

随着改革开放和现代化进程的加速，古老的皮影艺术受到流行音乐、电视剧、网络游戏等新兴艺术形式和现代生活方式的猛烈冲击，观众大量流失，市场迅速萎缩，剧团的生存举步维艰，骨干演员纷纷到深圳打工、定居，皮影剧团名存实亡。

蔡劲笋于1992年迁居深圳后，除经营皮影工艺品外还联络在深圳潮俗皮影戏老艺人，不断地传承皮影艺术。2008年，自筹资金注册成立深圳潮俗皮影剧社。2010年，在大鹏古城博物馆组建了皮影艺术馆，担任负责人。皮影艺术馆一边致力于收集整理传统剧目如《桃花娘过渡》等，一边编演新剧，并注意招收、培养新人。剧社坚持常年公益性演出，特别受到中、小学生们的热烈欢迎。

目前，大鹏古城皮影艺术馆是广东省内唯一尚存的潮俗皮影戏班。

❈ 基本内容

皮影是采用皮革为材料制成的，出于坚固性和透明性的考虑，又以牛皮和驴皮为佳。上色时主要使用红、黄、青、绿、黑等五种纯色的透明颜料。正是由于这些特殊的材质，使得皮影人物及道具在后背光照耀下投影到布幕上的影子显得瑰丽而晶莹剔透，具有独特的美感。

与其他传统戏曲略有不同，潮俗皮影人物被划分为公、婆、生、旦、净、末、丑七个类别，每个人物都由头、上身、下身、两腿、两上臂、两下臂和两手十一件连缀组成，表演者通过控制人物脖领前的一根主杆和在两手端处的两根要杆来使人物做出各式各样的动作。潮俗皮影戏的影人最初是用纸来制作的，到清末民初的鼎盛时期发展到用牛皮制作，但仍用纸来制作背景、舞美及个别临时需要的影人。

潮俗皮影戏的剧目十分丰富。既有幽默风趣的小喜剧，也有整本的正剧，还有连堂大戏。新中国成立前上演的全是传统剧目，其中多是由其他剧种改编、移植的，也有少数原创剧，取材于闽南、潮州一带的民间传说、故事和社会生活。较有名的剧目有《裴仲庆》《乌鸦记》《刘全忠逗花轿》《张四姐下凡》《程婴救孤儿》《杨文广收妖》《罗衫记》《杨果通》《王双福》《祝英台》《李彦贵买水》《洪芝奇》《安大娘》《金如玉》《毛瑞凤》《吕碧英》《毛子用》《肖光祖》《马清秀》以及《西游记》中的《猪八戒坐花轿》《收青狮》《收鲤鱼精》《三打白骨精》《火焰山》等；新中国成立后又编演了《龟兔赛跑》《东郭先生》《宝船》和《红军桥》等新戏。

据黄娘切介绍：按照潮俗皮影戏的规矩，在正式演出前由"大头坎"（影人中的丑角类角色）唱一段快板："锣鼓打来闹嘈嘈，梨园子弟展起头。各事都是翰林造，引得公侯宰相鳌。来呀令，永久要流传。"这一规矩来自潮剧，潮剧也有这个习俗。念完快板后要说今晚请我们来禁什么，如禁止偷吃人家甘蔗、禁止乱砍树木之类。在演出过程中，场与场之间，还要插入一些笑话。过去是由两个人包演一场戏，边演边唱，从操纵、表演到对白、唱腔均由二人完成，现在也有先将唱腔、对白录好，再配合表演的。

潮俗皮影戏在音乐和唱腔方面是吸收和保留潮剧的风格特色最明显的部分，还直接借用了许多潮剧原有的曲牌。如在《张四姐下凡》中所用的［驻云飞］［红衲袄］等潮剧曲牌；在《陈壁娘》《桃花娘过渡》中更是保留了原汁原味的潮剧音乐和唱腔。潮剧是中国闽南语系的主要戏曲之一，是以原潮安县地区的口音演唱的一种地方剧种。潮剧音乐属曲牌联套体，唱南北曲，声腔曲调优美，轻俏婉转，善于抒情。清代中叶以后，它又吸收板腔体音乐，

潮俗传统皮影戏《桃花娘过渡》

显得灵活多姿。这些特点都在潮俗皮影戏的音乐和唱腔中表现出来。

潮俗皮影唱腔的伴奏讲究甜软。伴奏乐器主要有二弦、唢呐、扬琴、锣、鼓等。其中二弦是潮剧特有的领奏乐器，也被潮俗皮影戏用来做主要的伴奏乐器。

潮俗皮影戏的影幕以杉木或毛竹做成框架，蒙上白纸做影幕，所以潮州称皮影为纸影。幕后点一盏豆油灯做光源，左右两边均遮挡起来，后面留一个出入口，两人盘腿在内操作。演出时间过长，温度过高时，纸影幕常会燃烧起来，后来改用白布做影幕。现在影幕已经发展到4米长、2米高，用纸和牛皮分别刻成前景、后景，涂成彩色，分别悬挂在幕布前后，以日光灯做光源，有时还运用幻灯机打出后景，整个舞台非常漂亮，达到理想的舞美效果，使古老的皮影艺术更加适合现代人的欣赏习惯。

演员后台操作

❀ 相关制品及其作品

一、影人

在明末清初时期，潮俗皮影戏的影人是用纸雕刻做成的，到了清晚期逐渐改用牛皮制作。最初的制作较为粗糙。据黄娘切回忆："只是粗粗的削一下，把毛刨掉而已。不透光，也没有上颜色，黑黑的。"当时的影身也很小，只有7寸高。后来，制作工艺越来越精良，变成透明光亮、彩色的，高度达到1.2尺。其角色分公、婆、生、旦、净、末、丑。影人的五官轮廓线均要镂空，后背光打上去显得轮廓分明，关节灵活、口可开合、眼能转动。旦角的两臂还用绸布做成水袖，表演起来惟妙惟肖。

潮俗皮影戏的伴奏乐器及道具

二、伴奏乐器

潮俗皮影戏的伴奏乐器均为民乐。其中弦乐有二弦、秦琴、扬琴等；吹奏乐器有唢呐、笛子；打击乐有锣、鼓、钹、木鱼等。

三、影幕

最初的影幕很小，以杉木或毛竹做框架，蒙上白布或白纸。后来影幕越来越大，发展到4米长、2米高，现在还有用铝合金框架做成的活动影幕，使用很方便。

四、道具和舞美

舞台上的桌、椅等道具用牛皮或纸雕刻做成；舞美设计用纸刻成外景和内景，涂上色彩，悬挂在幕前和幕后，现在还使用了幻灯机，达到了较好的舞美效果。

五、灯光

最初只有一盏豆油灯，1957年改用汽灯，20世纪60年代在通电的乡村演出时逐渐使用电灯，现在根据剧情需要，使用几支至几十支40瓦的日光灯管，有时还加用彩色日光管。

六、皮影戏的代表性剧目

《桃花娘过渡》《张四姐下凡》《陈壁娘》《罗衫记》《九龙海战》《王双福》《祝英台》《东郭先生》《洪芝奇》《安大娘》《哥俩好》《毛瑞凤》《吕碧英》《东东遛狗》《肖光祖》《马清秀》以及《西游记》中的《猪八戒坐花轿》《三打白骨精》《火焰山》《龙宫借宝》等。

❀ 传承谱系

南宋末年，闽南移民将皮影戏引入广东潮汕地区，潮俗皮影戏的形成和成熟最迟当在明朝中晚期。至清末传至卓勤，至少已有两百年以上历史。卓勤之前的传承谱系因无文字记载可考而阙如，在此我们只能以卓勤作为第一代传承人排列其谱系。

代　序	姓　名	性　别	出生年份	传承方式	备　注
第一代	卓　勤	男	1895年	家传	已故
第二代	卓幼儿	男	1929年	家传	
	黄娘切	男	1924年	师传	
第三代	卓顺意	男	1944年	家传	
	卓智伍	男	1931年	家传	
第四代	蔡劲笋	男	1965年	师传	
	卓木羽	男	1970年	家传	
	卓建州	男	1973年	家传	

❀ 主要特征

一、艺术门类上的综合性

皮影戏的演出过程中，既有表演，又有唱腔、对白，还有影人及道具的雕刻制作和舞美的设计制作等，是集文学、音乐、美术、表演和工艺制作等于一身的综合性艺术门类。

二、艺术流派上的地域特征

潮俗皮影戏吸收了潮汕地区的民间音乐、民间戏曲和民俗元素，特别是吸收了潮剧的唱腔和表演艺术风格，并直接沿用了一些潮剧的曲牌，剧中的对白也都使用潮汕方言，具有鲜明的地域特征。

三、艺术形式上的喜剧特征

潮俗皮影戏在演出开场之前，先要由丑角"大头坎"出场说快板，场与场之间还要穿插笑话、串子诗。在正式的剧目中，也有较多的喜剧，如保留节目《鸡斗》《龟兔赛跑》《红军桥》等，演出幽默风趣，富有喜剧特征。

四、灵活、轻便的小型化特征

皮影剧团人员精干，每次演出只需几人即可承担。影人、道具、舞美均为牛皮和纸刻制，小巧轻便。演出场地可大可小，既可在影剧场、会场、广场上演，也可在教室、会议室、社区活动室中演出，具有灵活轻便的小型化特征。

✺ 重要价值

一、历史价值

皮影戏在我国具有十分悠久的历史。早在宋代就已经有了较为完整的关于皮影戏的记述。而且皮影戏源自民间，与百姓的生活联系紧密，反映了各个历史时期丰富多彩的社会生活和民风民俗，对于研究我国的戏剧史、民俗史和社会史都具有重要的价值。

二、艺术价值

皮影艺术是一种综合性的艺术，代代传承不衰，老百姓喜闻乐见，在现代传媒出现以前，老百姓观看皮影戏常常是通宵达旦，不忍离去。特别是潮俗皮影戏吸收了潮剧的唱腔和表演艺术风格，声腔曲调优美，轻俏婉转，善于抒情；影人的操纵表演惟妙惟肖；影人的制作工艺精良，甚至成为一些收藏家的藏品，具有较高的艺术价值。

三、社会价值

经过时间的筛选，现在还继续保留下来的皮影戏传统剧目和新编的现代剧，大多内容健康而又具有较高的艺术性，广受群众欢迎。深圳金丝猴潮俗皮影剧社演出的潮俗皮影戏，因其在维护社会道德与正义、建设和谐社会方面具有教育意义，受到中小学广大师生的欢迎，具有较高的社会价值。

四、经济价值

潮俗皮影戏既具有较高的艺术性，又具有一定的思想教育意义，有其特定的市场地位，具有较高的经济价值。

✺ 濒危状况

1. 随着城市化、现代化进程的加速，现代娱乐方式和新兴艺术品种迅速扩张，人们的生活方式、欣赏习惯和价值观念都发生了巨大的变化，包括皮影戏在内的传统艺术受到冲击，观众流失，市场萎缩，皮影剧团经济拮据，举步维艰，难以坚持正常演出。

2. 潮俗皮影戏的老艺人大多已不在人世，因经济等方面的原因，中年骨干演员纷纷转行，而年轻人对于皮影戏大多不感兴趣，导致皮影艺术后继乏人，濒临着灭绝的危险。

3. 皮影戏是我国戏剧百花园中不可或缺的组成部分，而潮俗皮影戏是其中重要的流派。目前，潮俗皮影戏在潮汕地区已经基本消亡，仅存深圳市大鹏古城皮影艺术馆这一支，亟待保护。

❀ 保护内容

1.进一步全面深入细致地开展调查工作，彻底摸清潮俗皮影戏产生、发展的历史沿革及其内涵等。

2.对普查所获资料进行归类、整理、存档，并形成全面、周详的调查报告。

3.将"潮俗皮影戏"有关文献资料、实物、图片等纳入博物馆进行陈列和收藏。

4.组织力量，对潮俗皮影戏的一些重点剧目的剧本进行收集、整理、保存，并将演出实况完整摄录下来，制成光盘，予以保存。

5.对潮俗皮影戏的演出活动予以支持和保护。

6.保护传承人的传承活动。

7.组织媒体做好宣传报道工作。

❀ 已采取的保护措施

1.在深圳市文化部门及大鹏新区和大鹏古城博物馆的大力支持下，蔡劲笋组织皮影戏艺人在大鹏古城建立了皮影艺术馆，大鹏古城博物馆免费为其提供了办公和排练场地。

2.由深圳市、区宣传文化、民政部门给予经济补助，支持皮影艺术馆开展公益性演出活动，逐步提高演出水平，扩大影响。

3.皮影艺术馆一边致力于收集整理本土传统剧目，一边编演新剧，并注意招收、培养新人，使潮俗皮影戏能够继续传承下去。

4.2013年2月，被大鹏新区列入第三批区级非物质文化遗产代表性项目名录。

5.2013年12月，被深圳市列入第三批市级非物质文化遗产代表性项目名录。

潮俗皮影戏进校园

传统体育、游艺与杂技

咏春拳

肘捶

螳螂拳（华林）

咏春拳

保护单位：深圳市海林至尚文化传播有限公司

✿ 所在区域及其地理环境

　　罗湖区地处深圳中部，面积 78.36 平方公里。东起莲塘，与盐田区相邻；西至红岭路，与福田区相连；南临罗湖桥与香港毗邻；北到特区管理线公路，与龙岗区布吉街道、南湾街道相连；地理坐标为东经 114°04' ～ 114°21'，北纬 22°31' ～ 22°40'。罗湖区地势东北高、西南低，多为丘陵山地和冲积小平原，海拔高度 943 米的梧桐山坐落在辖区东部。罗湖区属亚热带海洋性气候，夏无酷暑，冬无严寒，冬短夏长，常年日照充足，雨水充沛，四季怡人。辖区年平均气温 22℃，年均日照时数为 2060 小时，年降水量 1948 毫米。

　　罗湖区下辖桂园、黄贝、东门、翠竹、东晓、南湖、笋岗、东湖、莲塘、清水河等 10 个街道、115 个社区。2016 年末，罗湖区常住人口为 100.40 万人，其中户籍人口 59.18 万人，非户籍人口 41.22 万人。

✿ 分布区域

　　咏春拳主要分布于深圳市罗湖区。

✿ 历史渊源

　　关于咏春拳的起源，大致有这样几种说法：

　　第一种说法是始创于福建永春县严三娘以地名为拳命名，故名"永春拳"。亦有以严氏名咏春，称之为"咏春拳"者；第二种说法则认为咏春拳创始于五枚师太。五枚是清初的少林派弟子，有说她还是少林白鹤拳高手。由于福建南少林被清政府所焚，她为了避祸，隐居于川滇边界的大凉山，因见蛇鹤相争而创出咏春拳，后来传于严咏春；第三种说法是五枚师太创立咏春拳后，并非直接传予严咏春，而是传了少林弟子苗顺，苗顺传少林俗家弟子严二，严二再传予其女咏春及婿梁傅傅；第四种说法是咏春拳的前身应为清初反清组织"天地会"的一种武技，为河南嵩山少林弟子一尘庵主所创。他首先传给汀昆戏班的武生张五，张五后来遭难赴粤，落脚于南海县佛山镇大基尾的"琼花会馆"，便将咏春拳传与粤剧界诸弟子。后咸丰年间李文茂起义，诸弟子为避祸而将"泳春拳"中的"泳"字改为"永""咏"。粤剧红船中人黄华宝、梁二娣等人学得此拳，又再传给在佛山筷子路开中药店兼行医的梁赞，此后梁赞将咏春拳发扬光大。值得一提的是，咏春拳术自黄华宝起才有了文字记载；第五种说法，咏春拳应为永春拳，得名于福建泉州少林寺的永春殿，乃当年进殿者所习的南派内拳法，全称是少林永春，总教习是少林弟子至善禅师。南少林被焚，至善逃避到佛山，曾一度藏匿于粤剧红船中当伙夫。后因在东莞打抱不平露出行迹，戏班中人便纷纷拜他为师。弟子中有惠州人苏三娘，为戏班中花旦，所学尤精，被人誉为"永春三娘"。后苏三娘将武功传于红船中人黄华宝、梁二娣等人，黄、梁又传佛山梁赞，使永春拳得以在佛山发扬光大；第六种说法是咏春拳源于福建泉州少林寺的鹤拳。鹤拳是南少林嫡传武技之一。严三娘的父亲乃南少林俗家弟子，严三娘学艺于父亲，得一身南少林鹤拳真传。后严三娘下嫁广东并授拳于当地，因三娘来自福建永春县，故称呼其为严永春，称其拳为永春拳。

近现代咏春拳大师叶问（广东佛山人，1893～1972年）在其所撰《咏春拳源流》中，对咏春拳的源起与传承有较为详细的记述。文中说，清康熙年间，河南嵩山少林寺被清廷派兵焚毁，寺中五枚法师出走至川滇边境，遂与自福建远徙此地经营豆腐的严二、严咏春父女相识。后因当地土霸看上严咏春姿色而"恃势迫婚"，五枚法师"因怜其遇，许以传技保身"，严咏春"由是即随五枚返山日悉勤修苦练。技成……"叶问的结论是"综合过去事迹，知咏春派拳术，实宗于五枚法师也"。但叶问仍将严咏春奉为咏春拳先祖。他记述说严咏春"首传技于夫婿梁博俦"，其后梁博俦传给族侄梁兰桂，梁兰桂传粤剧武生黄华宝和"红船"（广东大戏班）船工梁二娣。此时自少林出走的至善禅师恰好混迹于粤剧红船中当伙夫，他将少林绝技"六点半棍"传与梁二娣，少林六点半棍自此成为习咏春拳者必修兵器。梁二娣传技于佛山名医梁赞（广东鹤山人，1826～1901年）。梁赞性好武技，涉猎甚广，自学习咏春以后，他即感到咏春拳在法度、用力、身型和手法上，无一不是上乘之法。凭其苦心钻研和整理，终使咏春拳于晚清期间在岭南一带声名大著。"梁赞深得其奥，达于化境。远近武士慕名来请与较者辄为败，（咏春拳）由是声名鹊起。后来梁赞传与陈华顺（广东顺德人，1849～1913年）"。叶问自述曾与师兄吴仲素、陈汝棉（陈华顺之子）等随陈华顺学拳多年，因此得以与咏春拳一脉相承。叶问1950年赴香港，在港九饭店职工总会内传授咏春拳术，从而一举成名。在港传技20余年，叶问为咏春拳术的发展做出了重大贡献，扬威世界的武打巨星李小龙即为其弟子。现在叶问门人在香港成立"咏春体育会"和"国际咏春总会"等组织，致力于在全世界推广普及咏春拳术，成果显著。以叶问的习拳时间、拳技、人品，其所记述咏春拳的源起及传承，似有相当的可信度。咏春拳的起源之所以有种种说法，原因是多方面的，也与咏春拳的传授特点有关。早年咏春拳师注重个别、独立传授，师傅往往要花大量心血及时间于个别徒弟身上，因此这种传授方式不可能多产。一直以来，咏春拳都只有少数传人，并没有大批招收门徒，直至叶问到香港设馆后，这种情况才有所改变。

与叶问同时代的另一名咏春拳高手姚才对于咏春拳的普及和推广同样功不可没。姚才（1890～1956年），祖籍广东宝安县（现属深圳市），世家弟子。其父姚九枝曾在佛山开设膏、丹、丸、散中成药店。姚才人称"大力才"，腕力惊人，能伸直单臂将一箩谷用绳吊于手腕之上轻易举起。他自小好慕武术，拜阮济云（阮奇山之兄，曾拜郭宝全为师，郭与梁赞是同代咏春师兄弟）门下学咏春拳，在师傅精心培养下，武技大成。及后，阮济云往安南（越南）传授咏春拳。他赏识姚才是练武的好材料，领姚才去吴仲素武馆深造。其时阮奇山、叶问也常往吴仲素武馆请教，三人常交流切磋，当时咏春门人称阮奇山、姚才、叶问为"咏春三雄"。姚祺（1922～1996年）为姚才之子，他自幼随父学艺，浸淫咏春拳技多年，颇有成就。在20世纪40年代，"咏春三雄"常在姚才家中聚会及切磋拳艺，对姚祺加以指点。姚祺还随父到吴仲素教馆深造，被吴仲素视为可造之才，收为入门弟子。姚祺更与有"棍王"之称的李寿鹏（曾拜吴仲素门下学习咏春拳）

交往甚频，因此姚祺的拳艺融合了各咏春高手之精华。姚祺一向以发扬光大咏春拳为己任，他在拳理和手法上有独到心得，在知觉速度、爆发力、"黏手"训练和搏击用竹桩练功方面为武学界所称道。由于梁赞、叶问、姚才、姚祺、李小龙等一代代咏春拳大师、高手的潜心研习及改进，咏春拳已成为一种科学化和人性化的拳术。更由于李小龙将咏春拳之技击武学及技术展现至世界各国，为中华技击学历史写下光辉一页。咏春拳现今是最多外国人（尤其欧美人）研习的中国武术之一，甚至还备受多国警察教官推崇。

何海林（广东南海人，1944～2016年），自小便成为蔡李佛名师、佛山鸿胜馆总教练陈艺林的关门弟子，学习中国南派拳法——蔡李佛拳。1960年，16岁的何海林在佛山被咏春拳宗师姚祺收为首徒。何海林悉心揣摩前辈留下的拳谱、口诀和拳术理论，勤奋演练、研习咏春拳的手法、身法和心法，拳技愈显高深。何海林精通咏春拳的小念头、标指、寻桥、黐手、八斩刀、六点半棍、木人桩等多种拳法及套路；另外，"闭目黐手""掌风熄灯"是他的自家秘技，"竹桩"更是独家秘传。

1984年，何海林于深圳市罗湖区开馆授徒，他在深圳一直致力于推进咏春拳的发展、传承，是深圳地区咏春拳的重要推广人。他被深圳市武术协会任命为市武协咏春拳培训中心主任，并负责该中心的筹办工作。他的执着和热忱，吸引了来自深圳市公安、海关、大学、中学的年轻人登门学拳。他曾多次代表佛山、深圳武协与国内外的武术名家交流、切磋，为中国武术协会咏春拳段位制编委会编委，咏春拳标准套路编辑委员会主任，所授徒弟过万，广布佛山、深圳、香港、澳门、美国等地。在第十届深圳传统武术锦标赛上，何海林的七位参赛弟子获得了八枚金牌。2009年，世界功夫武术段位总会颁授何海林武术九段段位，国际武术联盟授予其"武术教授"荣誉称号。

❈ 基本内容

一、综述

咏春拳为中国南拳中实用性、技击性较强的拳法之一，是一门男女、老少咸宜、攻防俱备、功效显著的拳术。咏春拳术立足于实战，以招式多变、运用灵活、出拳弹性、短桥窄马、擅发"寸劲"为主要特点；攻防技法有中线理念、以手为主、连消带打、近打快攻，要求手、腰、马、心、意、劲整体合一；主要手法有耕、拦、摊、膀、黏、摸、荡、推、托、拉、按、击、撞、标、挂；腿法有蹬、踢、钩、撩、弹；步法有二字拑羊马、转马、进马、腿马、独脚马等为动作标志。

"寸劲"是咏春拳区别于其他各类拳术的显著特点。"寸劲"亦称"弹劲"或"短劲"，这是一种短暂而有爆发性、能于短距离内发出杀伤力击敌之劲力。"寸劲"的获得，必须经过小念头、扯空拳及打沙包等基础锻炼阶段。

咏春拳是一种科学化和人性化的拳术，其长处在于埋身搏击，给人最深刻的印象就是"招法快如闪电"及"手法之防护风雨而不透"。咏春拳前辈们从身体结构、关节活动及流体力学开始研究改进，进而设计了一套由浅入深的训练系统。此法完全脱离了传统八股的五行八卦及象形、神意等玄学虚幻，亦摒弃了中看不中用的花架子招式，追求实际效果。习拳者由单纯的静态气功及手部动作开始，直至意念反应全身总体运动为止，用于攻防的拳法套路及黐手练习往往"人性化"地包纳其中。由于习拳不必拘泥招式、次序，练习者能够保持较高兴致。凶猛的咏春拳术可以上擂台比赛，而一般训练亦可视作长期强身运动。

二、咏春拳理论和心法

咏春拳理论和心法主要为严循中线、朝面追形、连消带打、来留去送、甩手直冲、不消而打等，寻求以最短距离和时间去进攻和防守。详解如下：

1."中线理论"：中线为人体头顶至尾闾（尾龙骨）之线。若将敌我之中线连接便成一个中线平面。若配合"朝面追形"，我方在进攻和防守方面处于绝对有利地位。在进攻方面，我方沿着中线配合"朝面追形"向敌方中线攻击，这是敌我最短之距离，同等拳速，拳轨近者当然较快击中。再者，我方若向敌方左或右攻击，对方很容易卸去我方之力；但若我方向敌方中线攻击，对方则甚难卸力，而且受力较重。在防守方面，我方守中线，配合"朝面追形"及沿着中线平面以分水方法去消解，这也是消法之最短行轨。

2."朝面追形"：与对方面对面者为"朝面"。若不能"朝面"（如对方面向其他方向），我方沿着中线平面追望对方中线之形者是为"追形"。咏春对敌时尽可能正面朝敌，不论敌方环绕着我方走向任何方向，我方必定"朝面追形"向着敌方。其好处是，简化敌方向我方进攻

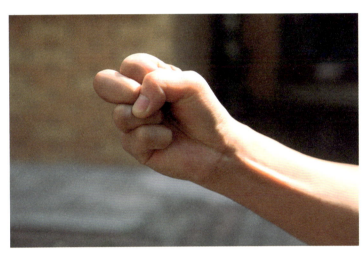

咏春拳基本手势之一——凤眼拳

的来向、较易击中目标及敌方受力较重、双手能同时到达敌方，出手时不用转动肩头，因此出手之影（先兆）会很少，而且左右手很容易互相兼顾。

3."来留去送"："来留"者，对方向我击来之手法。我方除了"消"，最好尽可能将其留住，以便利用咏春桥手相接之感觉将其控制。"去送"者，当敌方强力向我方击来，我方利用手法，把击来之方向改变，令其攻击不能击中我方。若可能，我方应当再加力顺其势，朝改变后的方向"送去"，令敌方失势或招式用老。

4."甩手直冲"："甩手"者，是对方突然将与我相接之桥手撤去（不论向何方向）。每当对方"甩手"，我方应第一时间发招冲出直攻敌方，谓之"直冲"。"来留去送"和"甩手直冲"心法，皆得益于黐手练习。

5."连消带打"：当我方"消"对方之攻击时，在可能范围内我方应同一时期发招攻向对手，这样将会由被动变主动而达到后发制人。

6."不消而打"：当对方进攻时，用身形避开对方后，直接击倒对方的手法。

三、拳法和黐手的功用及训练要点

根据上述理论和心法，咏春拳以日字拳、凤眼拳、柳叶掌为主要手型，创有小念头、寻桥和标指等三套拳术及木人桩、竹桩功法，更配合黐手练习，以训练双方的知觉和反应能力。拳法和黐手的功用及训练要点：

1.小念头：咏春拳最基本的训练动作。目的在于训练基本功、练内功，增强腕力，将手腕练软，使之容易变化无穷而具有内力，同时训练腰马。在技击时，通过消、伏、膀、顿等手法，消除对方的进攻，同时还击对方。

2. 寻桥：以"消"为主的拳法。目的在于增强内力，加强防守，对抗时利用练出来的内力击败对方，主要手法有兹桥手、单膀手、双膀手、拦桥手等，防止左右两面进攻及压制对方，同时配合反攻，在技击中要留意自身的马步，尤其是坐后马与正身马的配合。

3. 标指：是用于进攻及杀伤力极强的手法。标指应用时出手极快，而且连环进攻，自对方的额头起，眼、鼻梁、太阳穴、耳旁、颌部三角、咽喉直至心窝、腋下、软肋等要害部位均为标指击打目标。由于此手法伤害性很大，习拳者若不具备相当武德，或基本功未达到一定程度，师傅往往不会细致传授具体要点。

4. 黐手：为咏春拳必练和对练的过程，咏春拳特别注重知觉和反应。黐手练习的作用是：

（1）锻炼与敌方桥手接触后手腕、手肘之知觉和反应；

（2）锻炼制造和寻找敌方之破绽；

（3）锻炼双手之左右兼顾和腰马并用、身形变化；

（4）锻炼咏春拳心法如"来留去送""甩手直冲""逢桥先占"等；

（5）练习攻防手法与组合；

（6）练习手法与马步之配合。

咏春拳最具实战效用的对抗练习——黐手

黐手是一种极具实战意味的对抗练习方式，其要点是必须将手部的抗击练习视作实战，以此提高快速反应能力，达到搏击中几乎不用思索就可直接用手反击、攻击对方，熟练者甚至可以在闭目、遮眼的情况下也可对练。

5. 练木人桩：所谓木人桩就是用木头造成一个类似人形的器械。训练木人桩是以前咏春拳师傅教授弟子拳术套路后，利用木人桩训练其手法的准确性、过硬性及模拟进攻对方。弟子将木人桩视为对手与之"对练"，以提高实战能力，其最大好处是独自练习时有对练对象，并可以手、肘、拳、掌、脚发力击打"对方"，而与师兄弟对练时则不宜发力，以免误伤。过去所用木人桩只有躯干，没有头部，目前何海林向习拳者提供的是"有头"的木人桩，这是他在此桩原有基础上加以改进的，目的是让弟子在独自练习时更有"实用感"。

四、马步练习

马步是练功夫最重要的基础，各种拳术对马步的动作要求有所不同，作用也不相同。咏春拳的马步主要有：二字拑羊马、转马、进退马、坐后马。

1. 二字拑羊马：当双足构成"二"字后（内八字），由足尖到足跟拉一直线，眼睛从此线向前看去，足尖、足跟、膝、膁关节要连成一直线，从肌肉学上说，此姿势能发挥腿部三重伸展肌的最大力量。站二字拑羊马必须端正平衡，姿势正确，重心沉稳，始能达到"力从地起""腰马合一""六合发力"的要求。

2. 转马：分左、右转马，用脚板转，要拑住，配合手法练习，如披肘等。

3. 进马：擦着地而进，重心在后脚。

4. 退马：擦着地而退，重心在后脚，退马时不可直接把腿拉过，应与进马时走的路线一致。

5.坐后马：把整个人的重心都放在后脚，前脚放轻，好处是避免对方手扫前脚而失去重心及随时作出踢脚的攻击。

咏春拳初级套路多用以上马步，马步运动自如时，"三盘"也就形成。马步练习宜持之以恒，细心体会。

五、咏春拳之手法练习

咏春拳手法具有变化快速、循环多变的特点。如下为手法练习要点：

1.拍手直冲：甲以右箭马与乙相对，乙进步直线拳攻甲头部，甲向左侧圈步进马，同时左手拍手、右手日字拳直击其肋部，前膝拐打乙膝窝处。

要点：圈步拍手与直冲要做到同时到位。

2.枕手直冲：乙进步直线拳攻甲面部，甲摊手摊其来拳，同时进马，左手摊手变枕手、右手护手日字拳直击其头部。

要点：枕手进马、日字拳同时到位，不能脱节。

3.膀手抱拍掌：乙上步直攻甲面部，甲右膀膀其来拳，同时前脚左圈，右手膀手与左手成抱拍掌，拍击对方。

要点：膀手成抱拍时，要充分借助圈步进马的力量。

4.日字拳砍颈掌：甲进步右拳直击乙头部，乙摇头闪躲，同时前拳欲攻甲中线，甲右拳不回收成掌，直砍其颈部。

六、须掌握的重要技法

主要为"六点半"棍、打沙包、小沙包、八斩刀、竹桩、掌风灭灯等技法，它们与主要拳法套路融为一体，也是咏春拳风格的构成要素。

1."六点半"棍：此棍法源自少林。"六点"意指平、拦、抽、刮、圈、点、挞等几种棍法，"半"指半圈。棍的"点"数虽然不多，但都针对敌方的主要躯干部位。在对练时有敲棍、黏棍等棍法，另外

咏春拳必练的兵器（器械）——六点半棍

运用棍桩训练刚劲度和准确度。"六点半"棍为习咏春拳者必修兵器。

要点：手部用劲强调"五寸发劲"，每次出棍都应如此。

2.打沙包：把平时练习进攻的手法及力度运用在沙包上，发力击打。此时学习者借助练习黐手的方法，利用沙包（即对方）冲过来的冲击力，运用马步有效避开对方，还击对方。沙包上还印有人形，击打重点在对方后枕部，因为此处为中枢神经较为暴露部位。此技法的练习目的在于加强进攻能力。

要点：强调"五寸"发力。

3.小沙包：用于练习"抓""拿"的快速反应，配合对方离身应急用。通过对练，可提高眼睛反应的灵敏度，提高手腕的对抗能力。分为"内抓""外抓"等，配合离身接影训练增强

实战能力。

要点：强调手的抓握速度、力度。

4.八斩刀：在持刀防守的同时，变换刀口方向攻击对方，如手肘部上抬即横划，向后即横切，从八个方向严密保护自己身躯，并可令对方防不胜防，用刀来对付其他兵器。此技法亦为咏春拳重要器械技法。

要点：充分运用手腕力量，注意身形马步配合，发挥刀的锋利，在消的同时亦可威胁对方性命。

5.竹桩：在练黏手时不能发劲对打。毛竹的弹力有类似人手的感觉，运用竹桩训练能模拟人手的柔韧性，竹桩有7根竹管，象征来自对手7个不同方向的进攻。练习者可将竹桩视为对方的各个部位，发力击打，提高攻击力度，可手脚并用，以达到实战应效果。

6.掌风灭灯：此技法专门训练出掌的力度和速度，功力深厚者可在相隔近1米处将一、二根点燃的蜡烛一掌"打"灭。

要点：强调出掌快、准、狠，"五寸"发劲。

七、咏春拳拳谱、修炼口诀、技法要诀

咏春拳虽然渊源颇深，但因其传承方式基本上都是口手相传，故相关著述相当稀少。以下所列拳谱、口诀首位传授者暂不可考，敬而记之：

1.咏春拳拳谱：

咏春绝技	源自少林	招无虎鹤	法无五行
只谈线位	力与角度	同门技力	四位三度
以弱胜强	始是功夫	内外相消	并无绝招
蓄劲似蛇	发劲似猫	朝形似鸡	阴阳发力
不行心意	只用精神	来留去送	甩手直冲
梅花五点	手脚互通	门分内外	手有生死
劲发六合	力从地起	发劲在腰	出招在膊
力未还原	切忌出手	寸内发劲	力有对错
发尽散尽	散尽发尽	力有八种	当知分间
真假虚实	蓄谷松散	线有安危	主分内外
顶位定位	得不追手	拳入三关	任我行走
马有五败	十者九坏	演挟跪撑	摊身最惯
敌手行桥	必须落马	蹬腰作势	为抢内门
上不过膊	中不过争	下三路手	以脚消脚
摆放有威	打须有势	三角朝形	线守分明
桥行中线	指尾垂地	正身子午	侧身争底
两点之间	直线最短	转马朝形	以圆化直
敌压三关	以横打直	拳有三尖	掌有三角
有身打身	无身打颈	怕打终打	贪打防空
以攻为守	以守为攻	追形接打	变化无穷
三桩三拳	步手身全	地脚梅花	木人红船
念头主守	寻桥打手	追形之始	求诸标指
旁边辅助	箭槌八种	走马斜角	幡龙跳跃

固定标步　半全起脚　练力之法　阶段五重
松沉稳劲　清脆玲珑　先松后紧　再紧后松
松松紧紧　循环不穷　邪行仇念　正用精神
假想有敌　不可用心　意投于外　一点精神
反复练习　配合由勤　手脚属我　控制随心
升肩耸膊　气提不利　意沉身稳　高低无忌
发力出招　必第一下　手脚发力　与身无关
力无定位　喉咙争膊　嘴不闭气　力发无形
动静无碍　语出如宁　拳争掌膊　也可伤人
中路边栏　抛桥窒手　咏春八手　皆可攻守
标圈伏绑　捆刮耕摊　可从中破　捆手横拦
绑有正错　错非真错　按头屹尾　按尾屹头
中间绑起　有影无形　武欲精通　唯从苦练
先成后化　先化后成　刀切虽齐　墨守成规
艺能巧变　将形补位　因缘各就　殊途同归
虽云定法　变化人为　禅宗绝学　旨在修身
肉身成佛　古今几人　无为无我　无界无终

2.修炼口诀：

念头不正，终生不正。

念头主手（一说守），寻桥主脚（与步）。

标指不出门。（拳法）

来留去送，甩手直冲。

揿头扦尾，揿尾扦头，中间（飘）膀起。

正身子午，侧身以膊（为子午）。

朝面追形，而（追形）不追手，以形补手，以手补形。

力由地起，拳由心发，手不出门（手不离午）。

避实击虚（遇实则卸，见虚即进）。

畏打（终）须打，贪打（终）被打。（不畏打，不贪打）

转马手先行。上马手先行。（转马上马，桩手先行）

留情不出手，出手不留情。（留情不打，打不留情）

不挑不格，消打同时。

3.技法要诀（由何海林回忆当年师傅、师叔等前辈授拳时口传零散要诀整理）：

来留去送　甩手直冲
逢桥先占　摊手亮膀
标指疾击　手变肘攻
钳指钳膝　收肛落膊
连消带打　不消而打
连环进攻　索劲弹力
归肘守中　肘打膝撞
蛇形封手　五寸发劲

近身缠打　离身猛攻

八、相关事项

1.习拳者必须具备武德：一般人学习咏春拳可以没有什么禁忌，但几代宗师都强调习武者必须具备武德，必须遵从保家卫国、强身健体、遵纪守法、除强助弱的宗旨，绝不可轻易出手伤人。比如练习标指，师傅会要求弟子不许"标"对方的眼睛、太阳穴、心窝，以及男人的阴部。师傅平时也会留意弟子在这方面的表现，而且弟子的功夫非练到一定程度，师傅也不会传授容易伤人的标指等秘诀手法。

2.练功要配合练气：习拳者初练时体能付出不是太大，故练习时没有太多禁忌，只要求练功时嘴要半开，不要闭嘴，影响呼吸及伤气，宜保持自然呼吸状态。

3.练功前的准备：准备练功时首先要松弛筋骨，致使练功时总是保持一种欣欣然的心境，可以收到较好的练习效果。

4.不可急于求成，需恒久练习：学习咏春拳要先求形似，再求神似，即先求动作工整准确，放松训练，不要一上手就求打出寸劲的力道而肌肉僵硬。待动作熟练后，有所体认，再加入念力（即意念、内力）练法，以求提高，并最终形成自身的风格。有咏春高手云："约三年后才知其用，七八年功技始有大成"。

❁ 相关制品及其作品

主要是练习用器械：

1.木人桩

木人桩高度分为3个等级，小孩用的约1.2～1.3米，成人用的约1.6～1.7米，较高的约1.8米。造型为"三手一腿"，木人的颈部垫弹簧，下身套一个铸铁圆盘以求立稳，圆盘直径60厘米、厚40厘米，重约100斤；木人身以材质较重的花梨木、酸枝木为主，重约150斤；木人"手"的伸出长度为30厘米，中间的"第三只手"既可训练手，又可训练腿，比两边的"手"还长出3厘米。

2.沙包

缝制沙包的布料为帆布，缝好后高约80厘米，直径30厘米，内灌沙子，重约60～150斤。沙包上还印上人体穴位图，吊离地面约140厘米，供习拳者练习击打用。

3.竹桩

竹桩的底板为2厘米厚的木板，表面再衬3厘米厚的泡沫橡胶。底板钉在墙上，板上立有7根桩手。桩手原为毛竹管做，何海林将之改进为弹性更强的pvc塑料管，这是他的独创。管的直径为2.5厘米，伸出长度为40厘米，呈梅花状分布，上下各两根，中间3根。竹桩的功用是模拟对练时变化的双手。

4.练功用杂木板

杂木板厚约2.5厘米，为边长各105厘米的正方形，外衬泡沫橡胶，使之有回击弹性。用螺钉固定于墙上，模拟"对手"，供习拳者练习标指及其他拳法和脚法的进攻练法。

5.八斩刀

为砍刀形状，长度约47厘米，刀刃宽7.5厘米，重约3.5斤。刀柄带有护手，护手可以方便旋转，帮助刀口打横，迅速改变运刀方向。护手是八斩刀制胜的关键因素。

❄ 传承谱系

据咏春拳姚才支脉传述咏春拳传承谱系图：

代　序	姓　名	性　别	出生年份	传承方式	备　注
第一代	严咏春	女	生于清康熙年间	师传	
第二代	梁博俦	男	不详	师传	
第三代	罗晚恭	男	不详	师传	
第四代	梁　赞	男	1826 年	师传	
第五代	阮济云	男	不详	师传	阮济云为阮奇山之兄
	阮奇山	男	不详	师传	
第六代	姚　才	男	1890 年	师传	曾师从郭宝全
第七代	姚　祺	男	1922 年	师传	高炳、高满、姚锡、霍超等，同为第七代
第八代	何海林	男	1944 年	师传	何海林为姚祺首徒，姚永强、姚汉强、姚忠强、欧泉、黄储、冼昌等，同为第八代
第九代	江铭昌	男	1957 年	师传	现居美国
	陈　敢	男	1946 年	师传	现居新西兰
	何秀永	男	1955 年	师传	现居澳门
	苏国忠	男	1971 年	师传	现居香港
	冯　权	男	1951 年	师传	现居佛山
	何宇明	男	1976 年	师传	现居深圳
	刘伟恩	男	1964 年	师传	现居深圳
	李建新	男	1964 年	师传	现居深圳
	李志成	男	1968 年	师传	现居深圳

❄ 主要特征

一、人文地理特征

根据咏春拳起源传说，其创立、流传，及至形成规模产生巨大影响，路径跨越豫、闽、粤、川、滇等省及港、澳地区，欧美多国，所涉地区、幅员广阔，传统文化积淀丰富。五枚师太、严咏春、黄华宝、梁二娣等人的传艺经历，神奇而神秘，更为福建的泉州、永春，广东的佛山、广州等地披上浓厚的人文色彩，社会学家、民俗学者、武学之士无不心向往之。

二、力学技术特征

咏春拳在力学技术运用上可称科学化和人性化的典范。国人常谓"四两拨千斤"，咏春拳的力量运用使之得到了验证。此拳强调"寸劲"发力，即在五寸距离之内发出强大的击打能力，这在常人，甚至武林中人看来完全不可能，但咏春高手却令人信服地做到了，这是咏春拳区别于其他拳术的显著特点，也是咏春大师们在力学技术运用方面刻苦探究的智慧结晶。

三、心法特征

重视心法是咏春拳的主要特征，拳师往往向弟子强调打拳要时刻应用心法。心法者，既指与对手对打（对练）时，己方的心思、精神，亦指己方对敌方（对手）下一步乃至后几步动作，以极为迅疾之速作出己方的判断及反应，同时也包含让对方很难判断己方的心思，这是因为咏春拳特有的拳法决定了己方的出手之影（先兆）会很少，令对手难于推断己方的拳路及手法。咏春拳的心法运用能力必须经过长期的黐手练习方可建立。

❋ 重要价值

一、历史价值

咏春拳自康熙年间创立（根据叶问大师所记述）至今，已有超过三百多年历史。该拳术的创立与传承，涉及众多历史事件，如河南嵩山少林寺被清廷派兵焚毁，五枚法师和数位僧人因此出走；福建南少林被焚；清初的反清组织"天地会"地下活动；咸丰年间的李文茂起义……同时，还有反映当时社会、市井生活的丰富内容，如严咏春和父亲严二因避人陷害而远徙至大凉山一带卖豆腐；梁赞是民间医生，行医之余还爱好结交武友；姚才的父亲开中成药店；广东大戏班"红船"生活等。研究咏春拳的发展历史，就如同打开了反映其流传之地社会生活的百科全书。

二、文化价值

咏春拳的理论、拳法套路和心法，其传授方式和对武德的推崇，都有传统文化的丰富蕴涵。同时，该拳术既平实又玄奥，是习武人之间、习武人与文化人之间开展交流的很好媒介，而著名拳师在各地的传授、表演活动，也是各地之间进行文化交流和情感沟通的桥梁。咏春拳高手、武打巨星李小龙在美国等地的表演、比武及传授活动，在欧美多国掀起对咏春拳等中国拳术的狂热风潮并至今不衰，极大地促进了中华文化在全世界的传播。

三、实用价值

咏春拳拳法、招式相当内敛，习拳者无须很大的场地，有利于开展学习、传授。此拳见招拆招，面对狂徒恶人招招制胜，习拳者只要学有所成，便可有效防范坏人侵害；如若再具备相当武德，则可在助弱制强、维护社会稳定方面发挥较大作用，目前国内许多高级武警教官以及欧美多国的警察教官纷纷推荐、要求警员学练咏春拳。咏春拳注重训练初学者的意志力和耐力，有利于青年人健康人格的培养，现在国内已有一些大学、中学正在积极筹措开办咏春拳传习班。

四、健身价值

咏春拳要求习拳者在训练前放松全身经络筋骨，在训练过程中逐渐体会气感在全身特别是手部的贯通，这与中国传统医学理论中的一些观点相吻合。学习咏春拳能使人身体健康、精力充沛。此外，由于较长时间进行黐手练习和心法运用训练，能促进人思维敏捷、行动灵活。

❋ 濒危状况

1.由于咏春拳传承人都注重口手相传，自创立以来相关著述甚少，加上拳师在传授中大多强调内力的运用，并不要求学徒动作上的严格规范，这样可能很难防止学员领会错误，出现技术掌握"走偏门"或与其他拳术同质化的情况。

2.咏春拳的练习和表演动作都相当内敛，不似另外一些拳术那样张扬、耐看，因此咏春拳传习活动要形成相当规模难度很大。此外，习拳者要刻苦训练七、八年才能显效，这也会令许多性情浮躁、急功近利的初学者却步。

3.咏春拳的理论、心法与中国传统文化存有交集，要想全面掌握咏春拳术，还必须潜心研究、学习中国传统文化，否则难以成为大家或功力深厚者。但现今习拳者往往只注意学习拳法动作，而对于传统文化的学习兴趣索然，这必然影响习拳者将来的成就，也不利于与武术界和外界的交流。

4.像何海林这样作为姚才支脉的第八代咏春拳传人均年事已高，且与他们成就相若的咏春高手少之又少。现代的生活方式改变着人们的习武观念，但咏春拳的传承、发展需要更多的传人，这是一个比较尖锐的现实矛盾，咏春拳的全面传承和发展仍然面临困局。

❀ 保护内容

1.保护咏春拳技艺；

2.保护重要传承人；

3.保证并扩大咏春拳传授、训练场地；

4.正式成立深圳市武术协会咏春拳培训中心；

5.积极申报市级乃至更高级别保护名录；

6.申报区级、市级代表性传承人。

❀ 已采取的保护措施

1.2013年4月，被罗湖区列入第三批区级非物质文化遗产代表性项目名录。

2.2013年12月，被深圳市列入第三批市级非物质文化遗产代表性项目名录。

3.在罗湖区开办咏春拳馆。

4.积极筹建深圳市武术协会咏春拳培训中心。

5.用文字和光盘全面地将咏春拳师傅传授的拳法、套路、手法、身形、训练场地、器械完全拍照、记录保存下来，初步建立较为完善的档案。

6.扩大习拳者队伍，已积极建议深圳市武警、公安、大学、中学甚至小学建立咏春拳训练班。

肘捶

保护单位：深圳市精武文化体育发展有限公司

❀ 所在区域及其地理环境

罗湖区是广东省深圳市的一个市辖区，地处深圳中部，面积 78.36 平方公里。东起莲塘，与盐田区相邻；西至红岭路，与福田区相连；南临罗湖桥与香港毗邻；北到特区管理线公路，与龙岗区布吉街道、南湾街道相连；地理坐标为东经 114°04' ~ 114°21'，北纬 22°31' ~ 22°40'。地势东北高、西南低，多为丘陵山地和冲积小平原，海拔高度 943 米的梧桐山坐落在辖区东部。罗湖区属亚热带海洋性气候，夏无酷暑，冬无严寒，冬短夏长，常年日照充足，雨水充沛，四季怡人。辖区年平均气温 22℃，年均日照时数为 2060 小时，年降水量 1948 毫米。

罗湖区是深圳经济特区最早开发的城区，也是深圳市的中心城区之一。2015 年，罗湖区下辖桂园、黄贝、东门、翠竹、东晓、南湖、笋岗、东湖、莲塘、清水河等 10 个街道、115 个社区。2016 年末，罗湖区常住人口 100.40 万人，生产总值（GDP）1974.07 亿元，人均 GDP 为 199442 元。

❀ 分布区域

肘捶主要分布在深圳市罗湖区。此外在山东省临清县、湖南省长沙市、广东省揭阳市也有分布。

❀ 历史渊源

肘捶起源于山东省临清县。临清人自古就有尚武习俗，在晚清，肘捶与大鸿拳、梅花拳、二郎拳等，均为当地的著名拳种。肘捶是集太极、八卦、形意为一体的武术门派，因其巧妙融汇了多种肘法、拳法而得名，为晚清时临清县唐元乡瑶坡村张东槐所创。

张东槐（1844 ~ 1901 年），字萌轩。据《临清县志》记载，张家为当时望族，其父在当地行医。他幼承家教，秉性豪放，立志习武，据说少林寺一腐和尚曾传其拳法。张东槐青年时游历四方，以武会友，以易医为理，将太极消长、五行生克之法糅合到拳术中，创建了"临清肘捶十趟捶"，并于 1874 年正式定名。肘捶立意精深、法度严谨、简明实用，创建之初以修身养性为主，拳法以两通为母体，表现形式为"龙光普照""虎威团聚"。

张东槐以肘捶行侠仗义、惩恶扬善而闻名乡里。许多年轻人纷纷慕名前来请求传授这门功夫，肘捶传播于整个鲁西地区。1893 年，习武多年、身手不凡的武举人于跃周和临清捕头刘汝勤都不相信肘捶有如此神威，前来挑战，结果相继落败。二人都被张东槐的为人和功夫折服，最终拜在他的门下，成为肘捶第二代传人。彼时肘捶已流传于山东、河北。

1898 年秋，张东槐家乡附近的冠县，大批拳民以义和拳的名义聚众攻打教堂，史称"梨园屯教案"。江湖上传闻，当时拳民所使用的拳法中，就有临清肘捶。义和团运动被镇压后，临清人

临清肘捶第三代传承人周松山

谈之色变。1901年，张东槐"获疾而终"。据肘捶传人讲述，张很可能是为保护参与教案的弟子而自杀身亡。由于受到义和团的牵连，肘捶的传授受到压制，第二代传人于跃周（生卒年不详）、刘汝勤（1864～1940年），只能在民间秘密授徒，并潜心研习拳法。1931年，于、刘二师将祖师所传"老十趟"每趟二十一捶法精研为"新十趟"每趟十三捶，还依据传统文化之精要增添了一些组合与技法，如手扶太极、脚踏八卦等，强调以内劲通灵于形意来指导习拳意识。之后，刘汝勤再将"新十趟"传予徒弟周松山和侄子刘三星。

第三代传人周松山（字子岩，1896～1984年）在习练肘捶的同时，常与其他拳手切磋武艺，实现了地方拳种和外部拳种的交流。1928年第一届国术考试，32岁的周松山结识了江湖上声望很高的"国考"裁判王芗斋，之后又去上海参加了王芗斋创办的心意拳学习班。由于总结了其他门派心得，回到临清后，周松山的肘捶拳法更加精湛，并将拳技传给两个徒弟——胡世铭（1913～1975年）与张铎（1907～1980年），胡、张二人为第四代传人。肘捶在辛亥革命后曾有短期兴盛，但因随后多年时局动荡、匪患、战乱频仍，肘捶的传授总是在隐秘状态下进行。"文革"时期，肘捶被迫停练。

孟宪海（1952年～　　），是临清肘捶第五代传人之一，自幼习武。1972年，孟宪海拜张铎、胡士铭为师，秘密习拳。四十余年来，他不仅谙熟肘捶各套拳路及器械运用，还认真收集、整理祖师及几代传人留下的捶谱、心得，并公开倡导门内与武术界展开交流，为肘捶的传承、发展作出了贡献。现为临清肘捶研究会副会长。

第六代传人方向东（1966年～　　），自幼酷爱武术，少年时便在江苏省金坛市儒林镇随吉洪宝学习形意拳。1987年，方向东到深圳创业并不时与武友交流、切磋。1988年6月，他在荔枝公园内偶遇孟宪海，经过交谈后方知孟身怀肘捶之绝技，便多次登门向孟求教。三个月后，孟宪海将方向东收为入室弟子。此后二十多年间，方向东或在深圳，或去山东临清，不断接受孟宪海的指导、传授。因得到真传和多年勤奋习拳，方向东目前已掌握了肘捶的全部拳路及心法。

方向东出于对武术的执着与热爱，于2003年5月创建了"深圳市精武文化体育发展有限公司"并在罗湖区租赁800平方米训练场地，公开招生传授肘捶等中国传统武术。是年国庆节，他带领肘捶学员参加了深圳市首届梧桐山登高节武术大会演，这是肘捶首次在深圳公开亮相。2011年，他将公司总部迁至罗湖区梧桐山艺术小镇，室内训练面积达1500平方米。自2003年开始授徒以来，方向东已向多人传授肘捶，林浩彬、林子雷、程键、刘连富、吴立弘等人成为亲传弟子，林浩彬、程键现在也已开场授徒。

❀ 基本内容

一、肘捶的基本形态

1.肘捶在140多年的传承中始终保留着原生态的中国传统文化元素，主要是以"易理"论说拳理。肘捶将太极拳、八卦掌、形意拳等三大内家拳融为一体，兼收并蓄了其他门派的精华而自成一家，以脚踏八卦、手扶太极、内劲通灵于形意而著称。它从太极拳的听、探、顺、化，而知刚、知柔，以达明劲；以八卦掌的走转形式为内容，随走随转、随转随变、随变随打，提高身手快捷的灵活性；以形意拳随时可发混元力展示功力与技法的威猛。它组合了不同的套路，并使套路的每个动作都隐现无常，变化多端。肘捶重在技击，走的是刚猛一派，看起来却颇有些太极八卦的感觉。单练时手形为拳，对练时手形为掌，神秘莫测，也被称为"最神秘的功夫"。

2.肘捶以传统文化中的"五行生克"理念和对现代力学的观点分析，准确把握二人及多人的距离、角度以及空间。切入时力量的发挥包括了弹抖力、刹车力、螺旋力、直力、透力、黏化力等，是肘捶展现母体格斗价值的主要部分。

3.肘捶是依据太极拳的听、探、顺、化，继而粘、连、随、听，明辨对方传来的信息，产生可变、能变、不变、适变的刚柔相兼、虚实并用的谋略。其口诀有"劝君临敌莫慌张，立定妙意把身藏，倘若神动不能静，非是敌人不易伤"，以及"劝君临场莫失机，彼心一动即用之，不可太早与太迟，恰在敌人用力时"等。

二、肘捶的基本套路及训练要点

1.封接两通

除龙光普照外，增加了虎威团聚之式，是两通二式的全部展现。所谓两通，即"一通六合，二通神意，圆通顺达，即为两通"。封接两通是活步练习，它是活步滚车转的继续。甲的龙光普照终了后，收右臂进右腿，身体右转，用左肩胯带动左腿随行，成右弓步，发左捶击打乙的胸部，谓虎威团聚。虎威团聚终了后，收左臂时仍然进右步，打龙光普照。

乙在封格时，连续退步，左右微转身，用左右小臂交替下落，做勒马听风封格甲左右捶。在二人演练中要有章、有节、有序地配合，为肘捶的各路组合打下知进知退的基础。以上所述是"老捶"的封接练习。新捶的封接是：虎威团聚变龙光时，左脚跟并在右足根后，每式皆挂肘。老捶与新捶的步法要领皆为"进在前（右）腿，撤在后（左）脚"，这是肘捶的步法特色。封两通诀：

彼来我往，二人练功，龙光普照，扑步进攻。

虎威团聚，身似拧绳，拗步发招，月满弓中。

四肢伸展，上下皆动，首知进退，循规而行。

龙虎二式，交替进攻，抽身退步，左右听风。

进是前腿，撤后正宗，对练活步，此功先行。

进前撤后，左右分明，进前是右，撤左为定。

2.十趟捶

又分老十趟捶和新十趟捶，或称为长十趟捶和短十趟捶。十趟捶可单练，也可对练。习练者

肘捶招式之流星赶月

皆可根据自身学识、条件去揣摩其中奥妙，达到健体、防身、修身的统一。在十趟捶对练中各部位的属性归结为：头路搂，二路挑，三路采，四路劈，五路转环，六路揉，七路抹，八路闪，九路穿，十路掰。

3.滚车转

滚车转是二人定步练习，甲的右捶配合右腿运动训练手段，甲的右脚向乙裆内进步，发右捶击打乙的胸部，是谓龙光普照，是两通第一个动作的单式演习。在甲进攻时，乙的右脚收回，虚落在左脚之前，左腿微屈，身体微右转，落左小臂略带横向，捶心朝上，向下勒封、削拦甲的右小臂，是谓勒马听风。在封格终了时，乙左小臂翻转变捶为掌，向下向外搂开甲的右小臂，配合右腿向甲裆内进步，发右捶反打龙光普照，彼来我往，往复练习即是滚车转。它是在两通的一出一入中增加了攻防意识。学一式得一法，得一法明其所用的启蒙，便是滚车转的价值。滚车转诀：

对练之初，此即雏形，定步所习，一守一攻。

虚实进退，右腿运动，双腿微屈，左腿为定。

龙光普照，扑步进攻，虚步封格，勒马听风。

彼来我往，往返对攻，顾打合一，尽在此中。

4.搂挑打

搂挑打，顾名思义是用搂、抓、挑的三个不同动作组合而成，以上下肢相互配合的运动方式，向对方做连续的进攻。搂挑打要求严格做到上下协调，内外统一，通顺圆活。手足合、肩胯合、肘膝合、神意合、意气合、气力合的内外三合为一体，称之为六合。该六合仅表现在学习时的协调统一，做到动作的规范原则下合乎规矩，谓之小六合。肘捶中的"大六合"源于《易经》中的朱雀、玄武、青龙、白虎、勾陈、腾蛇。用《易经》中不同神物的名称定位于自身的前后、左右、上下为大六合。前后即是本能。左右是技巧，上下是奥妙。运行时，瞻前顾后，左右逢源，上下翻飞。小六合是基础，亦在大六合之中。搂挑打在训练中要做到统一协调下的一步一式，包括变化在内，除锻炼身手敏捷外，主要训练下肢的速度，发挥上下肢的功效为散打的使用养成良好的习惯，是肘捶中的训练手段之一。搂挑打诀：

一搂即打，与步同行，一抓即进，滚肘上轰。

松开抓手，一挑就冲，狸猫扑鼠，勒马听风。

封中带打，二势兼用，悬腿接封，确是反攻。

彼来我往，三势连行，功在下肢，所求速功。

左右双臂，配合行动，速度已达，一半成功。

肘捶套路动作

5.四季捶

四季捶的套路与捶引的组合，是两通对急缓变化的启蒙。步行何方，手出何处，是体现空间极限与时间极限相应的训练方法。搭手进步要一次到"位"，即是肘捶中常讲的似正似斜，充分体现出二人的距离与角度，谓之一站一立定输赢。二是节奏与切入，是在距离与角度的情势下充分把握发挥时机，做切入点的节奏进攻。切入点的节奏十分重要，它只是瞬间，谓之搭手定输赢。它是时间极限，展现一通六合、二通神意、隐现无常。变化莫测的两通之本质，是四季捶练习的根本。四季捶用法及接法四式歌：

一步之距，挥手必攻，上打穴窍，贯耳力行。

再找中路，捶进当胸，遇阻则变，滚肘上衮。

指上打下，再击肋中。

6.七星捶

七星捶之七星指腕、臂、肘、肩、胯、膝、足的七个不同部位。在套路的组合中，适时、适势的运用这七个部位运动，发挥各自的功能，在功能的发挥中感觉功能的效应，以达学以致用，以用证学的目的。二人演练中，甲根据不同的动作，发挥不同的适当力量，让乙从不同的动作中感觉力量，从而知刚、知柔，找出听、探、顺、化，继之沾、连、粘、随，以达能变、不变、可变、适变之目的。七星捶的训练手段被视为"倒喂拳""倒喂招、喂手"。以牵一绪抱万有、神鬼不知所变为理想目标，将肘捶的训练方法引向更高层次。七星捶之"迎风抛扇"诀：

右手一采左掌穿，扑面盖掌到腮边。

彼用左手来迎架，再发右掌到胸前。

右手一迎顺他行，左腿直入彼裆中。

左掌顺臂迎面来，中途左臂撑架升。

7.三法归一

三法指身法、步法、手法。法无定法，无定而有定，在人自用。观察在眼，变化在心，在千变万化中，难绘其形的条件反射，难以表述的潜在意识的激发，不是身经百战的磨炼，悉心的感悟，难以达到随心所欲的效果。辗转折叠，进退避让，在于脚、腰的灵动性，随机应变的手法，缺一不可。步正身斜，步斜身正，似是而非，无处不正，无处不斜，以斜制正，以正击斜，无不在三法之中。起点、切入点、跌落点的三点合一不容人的思考，动手便切，落手便跌，恰到好处，不先不后。

8.十路对练

十路捶中的每个动作，皆先辈大师"招式"的再现，充分发挥着每式中"母体的格杀价值"。为上述组合提供了变化与切入的部位与方向，以达应物自然，上下翻飞全身皆是手。从滚车转到十路捶法，全是以两通为母体组合而成，不管怎样千变万化，最后还须归于两通之中，即祖师所讲"归藏"二字，又谓九九归一之法。十路对练之第一路"搂打"诀：

甲：

左手一搂右捶发，直往他人胸前打。

扑捕进裆下煞式，撕抖寸劲把力发。

乙：

彼攻中路胸前穿，顺势顺力把身转。

前虚后实勒马式，扑鼠之法拉钻还。

9.八方捶

八方捶的练习是遵从《易经》《河图》《洛书》《五行》等传统文化精髓为"支点"，参照武学中"秘籍"的方式，进行"修行"练习的行为，被视为肘捶中"不轻易传人"之秘。对八方捶的传承，严在"守"字之中，为此须"慎言""慎行"。它的修炼秘诀为"追功""意练""权衡""归纳"四个内容。在意练中结合追功中所得，只想不做，用思维的方法去考虑每个动作的"可能"

变化，"权衡"中去实践，得出印证，进行"归纳"，再归还于两通，丰富两通的内容，以臻"化境"为最高目标，是八方捶的重要价值与意义。

  三、肘捶的收徒要求

  肘捶收徒颇有特色。首先，作为师傅，在收徒后必须要将徒弟带在身边，徒弟的衣食住行，全部由师傅承担，而且在收入室弟子的时候，师傅必须自掏腰包，把自己所有的师兄弟都请到一起吃饭，席间才可以介绍自己的徒弟让众人认识。按照我国传统的拜师方式，逢年过节，徒弟带点礼物来"孝敬"师傅是人之常情，而这在肘捶门中，却是"大忌"。更重要的是，想成为肘捶门的传人，必须经过一到三年的考察期。肘捶的门规戒律甚为严苛，肘捶拳谱开篇即说"此门艺业口传心授，并非轻易传人，未观其貌，不传其艺。恐误传于匪人，为此非端正之人必不相授"。肘捶收徒之所以这么严格，主要是为肘捶的名声考虑。肘捶的杀伤力非常大，如果弟子的人品不行，学了这功夫就等于是危害社会，所以创始人张东槐当年就把"仁德"作为收徒第一要求。

❋ 相关制品及其作品

  临清肘捶捶谱及捶论的通编教材有：《张东槐自序》《玩意起名说》《两通河图运行解》《太极图与解》《八卦图》《五行生克》以及申孝生著《临清肘捶捶谱及捶论》《捶论释义》《十路捶解》等。

❋ 传承谱系

代 序	姓 名	性 别	出生年份	传承方式
第一代	张东槐	男	1844 年	创始人
第二代	于跃周	男	不详	师传
	刘汝勤	男	1864 年	师传
第三代	周松山	男	1896 年	师传
	孙景元	男	1882 年	师传
第四代	张 铎	男	1907 年	师传
	胡士铭	男	1913 年	师传
第五代	孟宪海	男	1952 年	师传
	申孝生	男	1946 年	师传
第六代	张国庆	男	1960 年	师传
	方向东	男	1966 年	师传
第七代	方天一	男	2001 年	祖传
	林浩彬	男	1992 年	师传
	程 健	男	1986 年	师传

❋ 主要特征

一、"易理"特征

  肘捶保留着原生态的传统文化元素传承，始创者及后代传人主要是以"易""医"之理论说拳理，如以《易经》中的"四象"之意，取左右为两仪，谓青龙、白虎，主要招式"龙光普照、虎威团聚"

因此得名；又如肘捶中的"大六合"（神意合、意气合、气力合、肘膝合、手足合、肩胯合）源于《易经》中的朱雀、玄武、青龙、白虎、勾陈、螣蛇，用这些神物的不同名称定位自身的前后、左右、上下，使初学者做到瞻前顾后、左右逢源、上下翻飞，使人体腕、臂、胯等多部位的效能得以充分发挥。

二、兼收并蓄特征

肘捶将太极拳的听、探、顺、化，八卦掌的走转形式和形意拳随时可发混元力的特点和绝招融为一体，兼收并蓄了其他门派的精华而自成一家，以脚踏八卦、手扶太极、内劲通灵于形意而著称。这种对于著名武术门派精华的包容、吸纳，令肘捶拳手在搏击中进退自如，能够有效化解对方杀招，并"静如山岳，动似狂风"，陷对方于危急情势之中。

三、刚柔相兼特征

观肘捶博弈，感觉高手们将"刚""柔"之劲道处理得极为科学、恰当。刚柔二者在劲中的表现为忽隐忽现、变化莫测，恰似绵里藏针。绵代表柔，藏针却是显示刚猛的威力，而二者的外在表现则是动作状若游鱼。肘捶拳谱中"刚以柔为先是柔以其速；柔以刚为用是言其威猛、无坚不摧；刚以柔为变是谓言通"便是对其刚柔相兼特征的准确概括。

四、修身特征

肘捶创始人以修身养性为习拳主要目的，为此还制定了极为严苛的门规戒律，内中有"学此艺业不得欺师灭祖，敬老爱幼，见义勇为，当仁不让""交手时，存有以武会友之念。点到为止，不逞自能，以便保持对方声誉"等多条训词。此外，对初学者有一到三年的观察期，心术不正者一概拒于门外。严格的修身要求与门规戒律，使该门派非常团结和谐，在同道中享有很高声誉。

❋ 重要价值

一、历史价值

肘捶的创立者始终以爱国、自强、正直、侠义作为肘捶的精神所在。肘捶诞生于晚清，正值帝国主义列强加紧勾结，企图瓜分中国的危急时刻，门内弟子或公开，或秘密地参与了反抗侵略者的斗争。肘捶对于研究晚清社会，研究中国人民的反侵略斗争，具有重要的历史价值。

二、文化价值

肘捶借武传道，以道统文。在传承中以学一式得一法，明其所用为根本，以学一法明法中之理为宗旨。肘捶以易理论说拳理，如以《易经》中所谓星宿、四季象征人体各功能部位及发力方向与劲道；又如以《河图》《洛书》所呈八卦之象的"五行生克"理念指导初学者准确把握二人及多人的距离、角度以及空间。"周易"等理论学说，不仅能帮助习拳者领会肘捶的拳路与心法，更能启发后人领悟优秀传统文化的精妙与深奥。

三、实用价值

肘捶是中国传统武术散手的代表之一，具有实用价值。肘捶的理论学说较为丰富，多套拳路"绵里藏针"、防中带攻、变化无常，令经常练习者在防身制暴方面颇感受用。近年来，屡有武警、公安等派人联系肘捶培训事宜，这也侧面证明了社会对肘捶实用价值的认可。此外，肘捶的演示如行云流水，视觉效果好，肘捶学员常有机会组队参加各级武术比赛和各类文化活动，这对社会公众感受中国文化和国术的魅力，对推动文化交流，都具有积极意义。

四、健身价值

肘捶的基本功是两通二式，简便易学，老少皆宜，练习时手法攻防变化、步法进退变化以及身法开合上下，加上配合呼吸，长期练习使人身手敏捷、身体健康、精力充沛，能够增强人体各项生理功能，对人体的阴阳平衡起到良好的改善作用，从而达到强身健体的功效，使习拳者终身受益。

❋ 濒危状况

肘捶是中国武林中的奇珍，几代传人行侠仗义的传奇故事，它的非凡功效和神秘莫测的拳路，曾吸引了无数的仰慕者，但肘捶在今天仍面临濒危的境地。其困境究其原因困境主要有以下几点：

1.肘捶的传承基本为口传心授，创始人虽留下了完整的捶谱，但由于种种原因，原谱多有流失，捶谱在百多年间竟只传下聊聊数本。缺乏正宗、完整的捶谱，导致门人中出现歪理邪说和拳路走偏。

2.肘捶的门规戒律极严，且几代传人都行事低调，入门人数难免受限，而入门弟子经过一至三年的考察期和激烈的竞争淘汰，能够成为理想传承人的门内高手自然少之又少。

3.时代变迁与时局动荡的动荡都极大地影响了肘捶的传播。义和团运动被镇压使肘捶受到牵连，传授被迫转入地下。辛亥革命后，肘捶曾一度兴盛，但随后时局动荡，习武爱武之人仅仅有心学个三招两式以防身保家。新中国成立后肘捶正待复兴，又遭逢"文革"，因此肘捶的传承总是在民间以隐秘或半隐秘的状态进行，该拳种目前只在全国少数几个地方呈点状分布。

4.肘捶的拳理颇为精深，对习拳者在学养和悟性上有较高要求，而求学弟子大多经历简单，天资、悟性有限。肘捶捶谱丰富，初学者一时难以熟记，加上拳路动作非经三五年苦练难得其要，初学者往往视为畏途，高徒难以涌现。

肘捶既是宝贵的非物质文化遗产，也是一个优秀而又独特的拳种，但其在传承、发展中面临的困境令人担忧。罗湖区政府目前已制定肘捶的传承、发展规划，武术界期待这一拳种在各级政府和有识之士的关心、扶持下不断壮大，扩大影响。

❋ 保护内容

1.整理和保护肘捶捶谱及相关著作，保护肘捶所有套路的拳技、心法。

2.保护肘捶传承人。

3.保障肘捶传承、训练场所。

4.通过各种途径宣传肘捶，扩大影响，壮大声威。

5.鼓励、资助年轻武术爱好者学习、掌握肘捶拳技，壮大肘捶传人队伍，确保肘捶传承后继有人。

❋ 已采取的保护措施

1.2003年5月，在罗湖区成立深圳市精武文化体育有限公司，并租赁800平方米训练场地，培训肘捶学员。

2.2008年在罗湖区新园路97号二楼成立精武馆，主要从事肘捶训练、传承。

3.2011年将精武公司总部迁至罗湖区梧桐山艺术小镇，并使之成为肘捶梧桐山传承基地，基地武术馆拥有1500平方米肘捶训练场地。精武公司已组成由第六代传承人方向东带领的肘捶传授、培训团队，共拥有8名高水平教练。精武公司被深圳市指定以国术主题作为第八届深圳文博会参展单位。

4.2013年4月，被罗湖区列入第三批区级非物质文化遗产代表性项目名录。

5.2013年12月，被深圳市列入第三批市级非物质文化遗产代表性项目名录。

6.罗湖区已制定肘捶五年发展、传承规划。

7.用文字、照片和光盘全面地将肘捶演练的套路、心法、拳谱完整拍照、记录、保存下来，建立了较为完整的档案资料。

8.肘捶学员已多次参加各种级别的武术比赛和大型文化活动展演，此举增进了业内交流，扩大了肘捶的声望与发展空间。

螳螂拳（华林）

保护单位：深圳市余庆文化产业有限公司

❀ 所在区域及其地理环境

沙井位于深圳市西北部、珠江口东岸，面积 62 平方千米，东连公明、南接福永及宝安机场，东北与松岗及东莞长安接壤，西临珠江口与广州的南沙相望。

境内地势由东向西倾斜入海，东西宽，南北窄，属于深圳西部滨海平原台地区。地形主要是冲积平原和台地，低丘陵和残丘有 4.96 平方千米，占总面积的 8.92%；台地有 15.367 平方千米，占总面积的 25.7%；平原有 39.467 平方千米，占总面积的 65.99%。镇内气候属南亚热带海洋性季风气候。夏季气温（22 ~ 35 ℃）持续六个半月，春、秋两季气温（10 ~ 22 ℃）相连，年平均温度 22 ℃，年均降雨量为 1200 毫米。

❀ 分布区域

沙井街道沙井大村，福永街道桥头，公明街道玉律、茨田埔，松岗街道燕川，福田区水围，东莞长安沙头，亦流传到香港、美国、加拿大。

❀ 历史渊源

螳螂拳是中国著名的传统武术流派之一，象形拳的一种。它是山东四大名拳之一，也是首批被国家体育总局武术运动管理中心列入系统研究整理的传统武术九大流派之一。螳螂拳（华林）属于北拳南传，发源于山东崂山华严寺，因南北语言差别，被沙井人误认为"华林寺"。

螳螂拳据传由明末清初王郎所创。王郎是明末清初时山东即墨人，一次比武失败后，偶然看到螳螂捕蝉灵巧而又激烈的情形有所启发。他在精神上吸取螳螂的意念集中、刚毅机智的气概，手法上吸取了它巧妙运用两个前臂进行勾、搂、卦、劈等动作所表现出的快速灵巧，身法上吸取了它腰身的仰、俯、拧、旋的灵活多变，步法上吸取了它的踏实、稳固以及前后左右闪展腾挪的突跃，编制了一些巧妙的拳术攻防组合，从此创立了初期的螳螂拳。其后云游天下，四处访友以切磋武艺，最后融合了当时候十八位名家的长处而大成。

螳螂拳（华林）南传祖师李崑山（1868 ~ 1948 年），原名李玉堂，是山东省平度县人。少年时曾参加过义和团孩童团，后被父亲送往山东崂山华严寺习武，学成后回家继承镖局事务。当时山东有十个武功高深的恶霸，号称山东十虎，长期结党横行，为非作歹，拦路劫镖。38 岁的李玉堂为民除害，把十虎中武功最高的杀了，结果招致其余九

李崑山遗照

人追杀，因此离乡出走，从此孤身一人闯荡江湖，从山东辗转来到南方，再到安南（今越南）。

越南有一个专欺压穷人的团伙，以绰号黑老虎的拳师为首，长期欺行霸市，为非作歹，特别针对在越南谋生的华人苦力（搬运工）。李玉堂为受欺的华人抱不平，与黑老虎打擂台，失手打死黑老虎，遭到该团伙追杀，被当地华人协助偷运到香港，并改名李崑山（编者注：根据不同资料来源可知，此李崑山并非山东莱阳"三山"之一的李崑山，在"莱阳三山"所传的嫡派太极螳螂拳中，李崑山素以大枪闻名于世，民国期间曾在山东省和南京国术考试中获得冠军，新中国成立初移居台湾，1976年去世）。

在香港，李崑山在友人的帮助下开馆授徒。据说为了能在香港开馆授徒，他到广州申请参加广东省武术学会，但学会认为他是北派而拒绝。在他的再三说明下，学会答应看看他的表演，他打了一套螳螂拳和一套十字拳，许多招式与南拳极其相似，他的功力让学会众人十分佩服并希望他能留下来服务，但为了香港的徒弟，他婉言谢绝回到香港授徒。

由同乡结拜兄弟陈贺球的介绍，沙井蚝二村冼应登拜李崑山为师，利用经常到香港做买卖期间跟李崑山习武。香港沦陷期间，年事已高的李崑山生活相当艰难，冼应登便把跟李崑山习武的事告知家人，并和父亲冼稳重、叔父冼稳寿商量，接李崑山回沙井赡养。得父亲和叔父的同意后，陈贺球、冼应登等人把李崑山带回沙井生活。第一次到沙井后，李崑山本想在沙井开馆授徒，以此自力解决生计，但由于当时的社会环境相当艰苦，人们也并不重视习武，加上李崑山对徒弟的要求相当严格，很多年轻人与他接触了解后都觉得跟他习武太辛苦而敬而远之，就这样李崑山来了沙井半年都没收下一个徒弟，便到街头行医和售卖跌打药维持生计。

李崑山初到沙井期间各事诸事不顺，门庭冷落，但冼家上下对其关怀备至，冼应登更引领四个弟弟冼应宝、冼应根、冼应创、冼应添一起正式拜李崑山为师习武。同时李崑山欣赏冼应登的为人，除了悉数传授全面的拳术和兵器，更给冼应登传授了跌打医术，这是冼应登后来成为当地有名跌打中医师的缘由。据冼氏后人说："李崑山当年曾对冼应登说过如果只懂武术不会医术就不能成为一个真正的武术宗师。因为习武随时会有意外受伤，如有受伤不能自医就无法继续习武"。冼应登深领其意后，就更加刻苦学习武术和钻研医术。后来，习惯漂泊游走江湖生活的李崑山觉得沙井的人追求功名，并不尚武，便以购药和制造跌打药丸为由提出离开沙井到广州，冼应登筹资将他送到广州北郊的龙归市（现为龙归镇）落脚。

1944年，沙井出现了许多青年社团，兴起舞狮的热潮，有些村重金礼聘名师主持武馆。同年，冼稳重、冼稳寿、陈献文、陈照榜、陈稳志等人在石角头（今沙井二村）组织徐庆社，主要研习莫家拳，无论是武术水平还是舞狮水平都较为逊色。为了提高武术和舞狮水平，大家认为需要聘请名师来主持武馆。冼稳重、冼稳寿提议请李崑山，获得一致认同，便委托冼应登到广州邀请李崑山。1945年，77岁的李崑山再次来到沙井。李崑山提出因自己年事已高，如果冼应登同意做助教，他把武艺传授给冼应登，再由冼应登教授弟子，这样才可开馆授徒。此提议获得冼应登及众人的认同。李崑山回到沙井后，收的徒弟除了冼应登兄弟外，还有陈云山、陈云青、曾乐通及年仅11岁的陈培等人。

李崑山对徒弟要求很严，在传授功夫时，举手投足稍有差误便立即纠正。他喜欢吃旱烟，长长的旱烟杆从不离手，授徒时烟杆就是教鞭，与人交手时就成了得心应手的武器。由于他武功高深，武德较好，平时还用祖传的药方制作治疗跌打损伤的药酒、药丸赠医施药，深受门徒的爱戴和群众的尊敬。李崑山很少谈及自己的身世，直到去世前几个小时才把徒弟冼应登叫到床前简单讲述了自己的一生：原名李玉堂，祖上五代做保镖，年轻时为地方除害打死恶霸，为逃避追杀，终生孤身一人四处漂泊，自己有一个缠足而武功高超的姐姐，现在也不知怎么样，言语间流露出一丝遗憾。他从 38 岁行走江湖到不久于人世，把毕生总结出的骨科秘方、医术毫无保留地传授给冼应登，要求其好好钻研、使用，救急扶危。李崑山传给冼应登的医书有光绪年间出版的《骨科医书》《点穴同仁书》、古版《医宗金鉴》《全体阐微》等，跟随他一生的各种兵器有大刀、单刀、双刀、剑、三节鞭、红缨枪及十二路谭脚拳谱等全数遗存给冼应登（现医书由冼应登长子冼智标保存，拳谱、兵器由次子冼润长保存）。1948 年底，一代宗师长眠沙井，终年 80 岁，其后武馆的一切事务交由冼应登管理。

1953 年，冼应登正式参加了沙井卫协会，并在 1956 年创建了沙井中医诊所，后与沙井西医诊所合并，成立了沙井联合诊所并担任所长。1957 年，冼应登参与筹建位于沙井东塘的沙井人民医院，担任副院长，是沙井医院创办人之一。在医院行医期间冼应登大量使用李崑山传授的医术、秘方和自制的跌打酒、跌打止痛丸、山草药等药品用于治病救人，驳骨行医，极负盛名。同年，宝安县在深圳蔡屋围召开三级干部扩大会议，有一个分会场突然倒塌，造成了 60 多人伤亡重大意外事故，县卫生局立即电召冼应登火速前往深圳人民医院救治受伤人员。当时医疗设备落后，没有 X 光机，冼应登凭经验诊断、施药，经冼应登诊断的伤员骨科症状后经 X 光机透视，无一错误。冼应登还使用自制的跌打药酒、药丸和山草药很快治好了受伤人员。据说当时有一重伤人员深度昏迷，似没有生命体征，被判断为身亡，冼应登检查后发现有轻微的心跳迹象，立即叫人将口撬开，并把自己带来的跌打药酒灌下去，过了一会患者就发出痛苦的呻吟声，后经悉心救治，得以康复。因此，冼应登的医术更为声名远播，人们还把冼应登自制的跌打药酒称为"跌打还魂酒"。除了行医救人，冼应登还积极推广习武强身，经常参加和组织武术队到各地进行表演和传授，担任惠阳地区和宝安县各种武术比赛的特邀裁判。70 年代初期经常带队到福永桥头、公明玉律、茨田埔、松岗燕川、东莞长安、沙头等地传授武术和舞狮等技艺。

1970 年，陈云山到香港流浮山龙珠堂正式设馆授徒，发扬李崑山的拳艺，学者甚众，被香港武术界称为山东华林派探腿门。1970 年，陈培在美国波士顿开设了首家华林馆并在 1980 年移居佛罗里达，在奥兰多买地建造了华林总馆，取名为华林寺，至今已发展了几十间分馆分布于美、加各地。陈培曾多次回沙井，跟表哥冼应登兄弟等深造华林派武功，令其华林派武功更为精进。另一支后人（冼稳寿儿子）冼国林，在华林派武术的基础上更学习了洪拳、咏春、太极等多门功夫，热衷推广中国功夫文化，成为香港武术联会副会长，世界咏春联会副主席。冼国林更是武打明星甄子丹及杜宇航咏春拳师傅。目前，在沙井教授华林派功夫的人主要是冼氏后人及少部分冼应登的徒弟，而能够全面掌握、熟练全部华林派真传的只有冼应登的两儿子冼智标和冼润长。

❋ 基本内容

一、螳螂拳（华林）传统徒手套路

螳螂拳（华林）传统徒手套路有九点马（基本功）、螳螂拳、翻车、六角势、文（武）插花、十字拳、辘轳拳、十二路潭腿、八段锦等。

九点马（基本功）招式名称：

第一式，弓步三冲捶；第二式，弓步推掌；第三式，虚步脱乔；第四式，马步得踭（得肘）；第五式，弓步龙形；第六式，弓步劈捶；第七式，弓步顶踭（顶肘）；第八式，连环小挑；第九式，连环大挑。

螳螂崩步拳招式名称：

1.旭日初升(开式)；2.螳螂伏蝉；3.螳螂探捕；4.螳螂下捕；5.螳螂捕蝉；6.螳螂阴掌；7.螳螂戏蝉；8.雷廷闪电；9.手抱乾坤；10.追风捕蝉；11.如影随形；12.螳螂捕蝉；13.螳螂探捕；14.螳螂腾跃；15.狮子开口；16.左右乾坤；17.迎风开路；18.螳螂捕蝉；19.螳螂抱蝉；20.螳螂崩步；21.螳螂抱蝉；22.螳螂赶蝉；23.螳螂捕蝉；24.飞螳追月；25.螳螂探捕（收式）。

翻车拳招式名称：

1.旭日初升（开式）；2.盘古开天地；3.武松伏虎；4.狮子摇头；5.海底捞月；6.螳螂穿心；7.马步定中；8.车身连环；9.双龙出海；10.螳螂云手；11.打虎式；12.螳螂戏蝉；13.左右车轮；14.螳螂手扣；15.偷天换日；16.螳螂穿心；17.十字翻云；18.风卷残云；19.腾龙飞跃；20.狮子摇头；21.武松伏虎；22.凤凰落地；23.老树盘根；24.狮子回首；25.诸葛看天；26.神龙挂虹；27.雪花盖顶；28.螳螂戏蝉；29.旋风腿；30.平马定中（收式）。

六角势拳招式名称：

第一段：1.旭日初升（开式）；2.气定山河；3.震子轰顶；4.大鹏展翅；5.雪花盖顶；6.叶底偷桃；7.翻天覆地；8.海底捞月；9.穿心定中；10.左角观势；11.猛虎拦路；12.右角观势；13.猛虎拦路；14.左角观势；15.青龙出洞；16.渔翁观海。

第二段：17.右金鸡独立；18.左金鸡独立；19.武松伏虎；20.盘龙吐珠；21.勾魂千截；22.旋风腿；23.猛虎拦路；24.右角观势；25.猛虎拦路；26.左角观势；27.青龙出洞；28.渔翁上岸。

第三段：29.君子有礼；30.道亦有道；31.让步归隐；32.武松伏虎；33.烈马奔腾；34.回头一笑；35.蝎子式；36.狮子摇头；37.螳螂穿心。

第四段：38.游龙戏水；39.渔翁划船；40.八仙过海；41.神龙吸水；42.龙腾飞跃；43.青龙出洞；44.回望天下；45.开山凿石；46.平马定中（收式）。

文（武）插花拳招式名称：

1.旭日初升（开式）；2.青龙出洞；3.摇头摆尾；4.黑虎偷心；5.平马定中；6.拨云望月；7.童子担花；8.童子送花；9.开山凿石；10.平马定中；11.螳螂单捕；12.左右挂花；13.十字插花；14.白云出岫；15.泰山压顶；16.武松伏虎；17.神龙摆尾；18.猛虎回头；19.叶底偷桃；20.童子摘花；21.仙女散花；22.狮子回首；23.野马分鬃；24.连环旋风腿；25.平马定中（收式）。

二、螳螂拳的传统兵器套路

螳螂拳的传统兵器套路有燕青刀、单刀、剑、三节鞭、大扒、大关刀、缨枪、十字追魂棍等。

燕青刀招式名称：

第一段：1.燕青挡关（开式）；2.龙腾飞跃；3.猛虎归山；4.燕青藏刀；5.猛虎出闸；6.猛虎归山。

第二段：6.拨草寻蛇；7.飞虎扑兔；8.猛虎转身；9.燕青诈败；10.回头望月；11.猛虎开口；12.十字蛟龙。

第三段：13.燕青开路；14.流星赶月；15.穿心破；16.蜻蜓点水；17.流星赶月；18.燕青挡箭。

第四段：19.风起云涌；20.落地金钱；21.燕青救主；22.雪花盖顶；23.燕青背刀；24.燕青旋风（收式）。

洗应登在家门前演练"打虎式"留影

罗家枪招式名称：

第一段：1.罗成出征（开式）；2.寒霜飞雪；3.背枪观势；4.枪转乾坤；5.辟地开天；6.回头枪；7.寒天飞雪；8.背枪观势。

第二段：9.龙飞凤舞；10.游龙戏水；11.背枪观势；12.龙飞凤舞；13.枪梭银河；14.飞渡银河；15.枪回路转；16.寒霜飞雪。

第三段：17.背枪观势；18.龙飞观舞；19.横扫千军；20.枪回路转；21.青龙点头；22.回马枪；23.枪回路转；24.寒霜飞雪。

第四段：25.背枪观势；26.后羿射日；27.罗成写诗（收式）。

大关刀（关公斩蔡阳）招式名称：

第一段：1.关圣提刀（开式）；2.蛟龙翻海；3.翻江倒海；4.焰刀缠身；5.破关斩将；6.蛟龙翻海；7.焰刀缠身；8.翻江倒海；10.焰刀缠身。

第二段：11.左右逢源；12.桃园三叩；13.一夫当关；14.神龙摆尾；15.一统天下。

第三段：16.崩天破地；17.横扫千军；18.一夫当关；19.关圣看书。

第四段：20.跨马越山；21.一夫当关；22.关圣回马；23.拖斩蔡阳；24.平马破山；25.雪花盖顶；26.关圣定天(收式)。

十字棍（十字追魂棍、十字锁喉棍）招式名称：

第一段：1.一棍当关（开式）；2.棍定天下；3.箭棍追魂；4.金鸡捡谷；5.锁喉夺命；6.箭棍追魂；7.朝香一炷；8.灵凤点头；9.箭棍追魂；10.金鸡捡谷。

第二段

11.一棍当关；2.棍定天下；13.箭棍追魂；14.金鸡捡谷；15.锁喉夺命；6.箭棍追魂；17.朝香一炷；18.灵凤点头；19.箭棍追魂；20.金鸡捡谷。

第三段：21.流水棍；22.渔翁撒网；23.小鬼担旗；24.渔翁撒网；25.小鬼担旗；26.凤凰点头；27.雨打梨花；28.横扫千军；29.童子拜佛（收式）。

相关制品及其作品

剑：手把长约15～20厘米，刃长约75～80厘米，总长规格以人垂直臂把剑齐耳。

刀：手把长约15～20厘米，刃长约75～80厘米，手把与刀刃间有铜制护手挡，总长规格以人垂直臂把刀齐耳。

棍：粗约1.2寸（约4厘米），长度因人而异，标准规格与人齐头。

当年惠阳地区青少年武术的队员在练习刀术中的"虚步藏刀"和"提膝架刀"动作

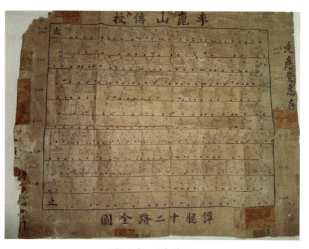

谭腿十二路全图

三节鞭：铜制似扭绳状，总长 100 厘米、每节 46 厘米，节与节间以铜环穿小铜球两连。

缨枪：枪柄粗 1.2 寸（约 4 厘米），长度与人齐头，梭形枪头长 25 厘米，枪头下系红缨。

大刀：总长约 1.96 米，刀柄长 1.32 米，粗直径 1.2 寸（约 4 厘米），刀刃 50 厘米，刀刃尾月弯状，刀尾 12 厘米三角锉型。

李崑山留下的《骨科医书》《点穴同仁书》、古版《医宗金鉴》《全体阐微》等，以及大刀、单刀、双刀、剑、三节鞭、红缨枪及十二路谭脚拳谱等。

✳ 传承谱系

代 序	姓 名	性 别	出生年份	传承方式
第一代	李崑山	男	1868 年	创始人
第二代	冼应登	男	1917 年	师传
	冼应宝	男	1919 年	家传
	冼应根	男	1921 年	家传
	冼应创	男	1924 年	家传
	冼应添	男	1932 年	家传
	陈云山	男	不详	师传
	陈云青	男	不详	师传
	陈 培	男	1937 年	家传
第三代	冼转弟	女	1946 年	家传
	冼润华	男	1947 年	家传
	冼国林	男	1957 年	家传
	冼智标	男	1953 年	家传
	冼蕙茹	女	1955 年	家传
	林婉珍	女	1957 年	师传
	冼润长	男	1959 年	家传
	文向荣	男	1964 年	家传
	冼欣颐	女	1967 年	家传
	冼瑞波	男	1964 年	家传
第四代	曹凤娇	女	1977 年	家传
	冼伟嘉	男	1979 年	家传
	冼伟杰	男	1980 年	家传
	冼伟声	男	1985 年	家传
	冼伟灏	男	1986 年	家传
	肖挽平	女	1991 年	家传
	冼梓莹	女	1993 年	家传
	冼广源	男	1999 年	家传
	李振	男	1977 年	师传
	曾志豪	男	1988 年	师传
	曾国滨	男	1997 年	师传

❀ 主要特征

螳螂拳（华林）属于北派南传之螳螂拳，是以北派龙、蛇、虎、豹、鹤、狮、象、马、猴、彪等动物形态演变出来，属象形拳，其主要特征是手眼身法步，精神气力功，以八字秘诀闪、扭、送、推、进、退、迎、打为主。

❀ 重要价值

一、历史价值

沙井是中国著名的蚝乡，历史悠久，文化繁荣，是深圳地区西部重地，这里自古有习武的传统，尽管螳螂拳(华林)在沙井只有七十年的历史，却丰富了本地的武术套路，推动地方武术文化的发展，对研究地方历史文化史具有一定的研究价值。

二、文化价值

当地舞狮、舞麒麟曾兴盛一时，作为武术基本功的螳螂拳（华林），体现了广府人独特的生活文化韵味，对研究当地民俗、民风和中原文化的影响具有一定的参考价值。

三、教育价值

螳螂拳（华林）是传统文化，在青少年中推广武术不仅锻炼身体，更锻炼人的心志，为青少年传承深圳的历史文化起到一定的教育作用。

四、国际交流价值

螳螂拳（华林）与香港山东华林探腿门、美国华林派师出同门，开展武术国际交流，有利于增强海外华人对中华文化认同感和增进海外友人的友谊。

❀ 濒危状况

1.螳螂拳（华林）流传到海外，香港流浮山的龙珠堂和美国华林寺声名远扬，而本地却很少人知道。

2.螳螂拳（华林）传承人不多，能掌握全部套路的仅有冼氏兄弟冼智标、冼润长两人。

3.螳螂拳（华林）不仅是技艺，更是文化艺术，其继承和发展不仅依靠传承人对艺术的热爱和执着的坚持精神，同时也需要资金的扶持和更多人群的重视。

❀ 保护内容

1.保护螳螂拳（华林）的传统套路。

2.保护螳螂拳（华林）传承人。

❀ 已采取的保护措施:

1.成立了保护领导小组，已调查、摸清螳螂拳（华林）的历史和现状。

2.用文字和光盘记录部分套路。

3.征集、收藏了沙井华林派功夫相关书籍和照片。

4.2015年5月，被宝安区列入第三批区级非物质文化遗产代表性项目名录。

5.2015年10月，被深圳市列入第四批市级非物质文化遗产代表性项目名录。

传统美术

剪纸艺术（田氏）
棉塑（肖氏）
潮彩
贺氏剪纸
剪影

剪纸艺术（田氏）

保护单位：深圳市田氏剪纸艺术传播有限公司

❁ 所在区域及其地理环境

　　罗湖区地处深圳中部，面积 78.36 平方公里。东起莲塘，与盐田区相邻；西至红岭路，与福田区相连；南临罗湖桥与香港毗邻；北到特区管理线公路，与龙岗区布吉街道、南湾街道相连；地理坐标为东经 114°04' ～ 114°21'，北纬 22°31' ～ 22°40'。其地势东北高、西南低，地形多为丘陵山地和冲积小平原，海拔高度 943 米的梧桐山坐落在辖区东部。罗湖区属亚热带海洋性气候，夏无酷暑，冬无严寒，冬短夏长，常年日照充足，雨水充沛，四季怡人。辖区年平均气温 22℃，年均日照时数为 2060 小时，年降水量 1948 毫米。

　　罗湖区下辖桂园、黄贝、东门、翠竹、东晓、南湖、笋岗、东湖、莲塘、清水河等 10 个街道、115 个社区。2016 年末，罗湖区常住人口为 100.40 万人，其中户籍人口 59.18 万人，非户籍人口 41.22 万人。

❁ 分布区域

　　田氏剪纸艺术以罗湖商业城为基地，这里是内地与香港交流的"窗口"。每天来自国内外的游客中，有不少人喜欢光顾罗湖商业城，田氏剪纸作品往往受到游客的青睐，这是田氏剪纸艺术得以传播的有利因素。

❁ 历史渊源

　　田氏剪纸艺术的发源地陕西宜君县历史悠久，文化底蕴丰厚，自北魏设县迄今已有 1500 多年。宜君地处关中平原与陕北黄土高原的结合部，既因宜君水而得名，又因适宜君王避暑而称谓。宜君负北塞，阻环庆，南下古都长安，地当要冲，多雄关险隘，古为兵家必争之地，是中原农耕文明与草原文明交流与融合的通道之一。在丰富的历史积淀之中，宜君民间艺术也得到了繁荣与发展，其中剪纸以厚重的历史文化内涵而著称于世，成为中国剪纸园地中独具魅力的奇葩。宜君民间剪纸艺术源远流长，有着深厚的群众基础和独特的艺术风格。它深深根植于宜君这块黄土地上，记录着宜君的历史变迁和岁月留痕，充分反映了自古以来宜君人民的淳朴生活、思想感情和审美情趣，富有浓浓的黄土地生活气息。

　　宜君民间剪纸产生于何时，尚无明确文字记载，但从其文化脉络分析，应该由来已久。因为这里曾是华夏始祖轩辕黄帝活动的区域，这是宜君民间剪纸文化的根与源。宜君历史文化沉淀深厚，从新石器时代仰韶文化器物上的彩绘镂空艺术到西汉时期的画像石，乃及北魏至唐宋时期的石窟、摩崖线刻、造像等，人物、飞禽走兽雕刻形象逼真，栩栩如生。如此丰富的文化基因，孕育了多彩的民间文化艺术。这些民间艺术有着典型的黄土神韵和别具一格的地域风情，充满浓郁的农耕文化和草原文化风情。

春秋战国时期，出现金银制作的薄化工艺；汉代，民间流行"镂空剪彩"和"镂金作胜"之风，而这时的"胜"就是用金银箔或丝帛剪刻而成的花样。汉代纸张的发明，为剪纸艺术的形成及发展奠定了重要的物质基础。《通鉴外记》中曾记载："晋惠帝正月赏宴，白花未开，令宫人剪五色通草花。"由此可见，剪纸在西晋时已经形成并和岁时节令有关。唐代大诗人杜甫在《彭衙行》中写道："暖水濯我足，剪纸招我魂。"可见到了唐朝，剪纸艺术开始在民间普及，应用到人们生活的多个方面。在宜君，蛇和蛙的剪纸作品多不胜数，这是因为蛇和蛙是传说中黄帝部族的图腾。

龙、凤、虎在宜君传统的剪纸艺术作品中所占比重较大，其造型在经历了漫长的演变历程后，最终成为龙凤形象和神化的虎。在宜君传统剪纸中，有"龙生九子""三爪龙""四爪龙""五爪龙""二龙戏珠""凤凰戏牡丹""双凤和鸣""龙凤呈祥"等。在宋代，民间剪纸的应用范围很广，有的将剪纸作为礼品的点缀，有的贴在窗上做窗花，有的巫师用剪纸"龙虎旗"驱邪，有的把剪纸用于工艺装饰，还有用剪纸装饰彩灯。特别值得一提的是走马灯（内装剪纸形象）对普及剪纸的作用：宋代，每年正月十五的"灯市"活动很热闹，人们通过在走马灯的内壁张贴用纸剪好的"马"，开始让民间剪纸走出家门进入社会。直至 20 世纪 60 ~ 70 年代，宜君县每年的正月十五灯展中，还常有走马灯参展，此景常被认为是宋代遗风的留存。

宋代陶瓷装饰对剪纸艺术的借鉴是两种艺术类型的叠加与融合，成为吉州窑的陶瓷工艺艺术特色。随着社会生活的转型，人们审美趣味的转变，剪纸在陶瓷装饰中的装饰风格及应用方法也在日益变化并进一步发展。

到了明代，宜君剪纸艺术更加成熟，它既不同于南方剪纸的写实，又不同于延绥剪纸的张狂，自成粗犷特色。清代及民国时期，宜君剪纸艺术达到了顶峰，普及到家家户户。宜君剪纸艺术主要分布在孟皇村等多个村落，鼎盛时期家家都有剪纸，老少女子都会剪。随着女子异地婚嫁和技术、作品的传播，宜君剪纸艺术曾一度广为流传。

宜君县孟皇村的田氏家族，是村中很有名气的剪纸世家，田氏剪纸有上百年历史，早已自成风格。1914 年，孟皇村 10 岁的郭兰香（1904 ~ 1983 年）在亲戚处学得剪纸技艺，成为田氏剪纸艺术的第一代传人。1938 年，郭兰香的女儿唐春娃（1929 年~　）开始向母亲学习剪纸，成为第二代传人。1972 年，唐春娃年仅 6 岁的女儿田星（1966 年~　），开始向母亲学习剪纸，成为田氏剪纸艺术的第三代传人。

新中国成立后，因剪纸的艺术价值更加受到重视，田氏家族的剪纸创作空前繁荣。"文革"期间，田氏剪纸一度萎缩，当时整个家族无人敢剪、无人敢贴。改革开放以后，经当地政府的扶持和群众文化工作者的努力，田氏剪纸艺术开始恢复生气并有了新的发展，田氏剪纸艺人逐渐走出家门，走向市场。

田星 19 岁时以作品《龙舟》赴美国参展并被中国美术馆收藏；

田氏剪纸传人在陕西省孟皇村家中剪纸

代表性传承人田星1985年在陕西省宜君县尧生乡
孟皇村家中剪纸

田星作品《坐福娃娃》

1990年，田星的作品《追云奔月》获陕西省首届剪纸电视大赛一等奖。1991年，田星定居深圳，进入深圳市华侨城民俗文化村表演、传授剪纸艺术；2001年，田星入驻罗湖商业城表演、展示剪纸艺术并经营剪纸作品。田星的作品先后在陕西省美术家画廊、中国美术馆、广东省及香港、新加坡、法国等地展出，得到了美术界、传媒界等社会各界人士的好评；曾多次赴香港、新加坡、日本等地进行剪纸艺术讲学、表演。1996年，田星被联合国教科文组织和中国民间文艺家协会授予"民间工艺美术家"称号。

近年来，田星还以剪纸艺术为基础创作农民风俗画，获得各界高度评价。田星还热心传授剪纸技艺，培养年轻剪纸艺人，经她的努力，田氏剪纸艺术已有了第四代、第五代传人。第四代传承人张颖（1974年~　）现在陕西省宜君县幼儿园工作，吴海凤（1978年~　）现为深圳市宝安中学第二外国语学校教师，田会萍（1980年~　）现在北京市民俗文化村工作，田艳萍（1983年~　）现在西安市工作。第五代传承人田方园（1995年~　）现在深圳市工作，田方成（2000年~　）、许惠盈（2007年~　）、刘语嫣（2007年~　）、罗植元（2008年~　）均为中小学学生。

✿ 基本内容

田氏剪纸具有浓郁的地方特色、民族特色和个人特色。整体看来，田氏剪纸作品构图大胆犀利，刀法明快，无论是人物还是动物、花卉都给人以一种拙中藏巧的余韵，作品画面大多喜气洋洋，并透出一股原始的清新，往往能勾起人们对童年和故乡的亲切回忆。田氏剪纸在用色上大多采用红黑两色，在构图上不讲究"形"而追求"神"，因此田氏剪纸艺人刀下的人物往往表情夸张到极致，动作拙笨有趣，会令人联想到非洲的木雕或图腾，但却充溢着强烈的中国特色。

田氏剪纸传统作品依其功用和时令需求分四大类别，每一类别的剪纸样式及纹样主题又有不同。

第一类：春节窗花类，春节时用作美化环境。

春节，是田氏剪纸使用数量最多的时候。其内容十分丰富，祈愿吉祥如意的作品很多，尤其是天上的飞鸟、地上的花草鱼虫、民间传说、神话故事、劳动成果、六畜，以及保平安、镇宅避邪的狮子、老虎等。

春节时的田氏剪纸作品主要用来贴窗花。凡美化窗子的剪纸统称窗花，包括转花、角花、小窗花等。转花，一般分开剪为四块，贴在窗子中间。四个格四张，拼为圆形或一个动物的整体，主要内容有花鸟、麒麟、狮子、老虎等。转花起中心装饰作用。角花，是三角形的纹样，安排在窗子的四边角上，主要内容是石榴、牡丹等花样，与其他小窗花相组合，使图案完整。在三十六格窗上都有窗花，其内容丰富，剪工细腻，多用阳刻，这样不影响房内的采光。

第二类：喜庆装饰类，用于嫁娶时装饰洞房。

洞房装饰剪纸，内容多与生育有关，如《老鼠吃葡萄》意为多子多孙，《娃娃座莲花》意为连生贵子等。还有《四个大花馍》也叫儿女馍，上面盖的剪纸花样多为牡丹、双喜争梅等。房顶棚或者窑顶中间多贴大石榴型圆团花，房顶棚四角一般贴大型角花，多以吉祥如意为内容，如《八狮滚绣球》《龙凤呈祥》《连年有余》《蛇盘兔》等，《蛇盘兔》寓意为"若要富，蛇盘兔"。

第三类：刺绣底样类，用于制作刺绣、布玩具的底样。

田氏家族也出产刺绣作品。刺绣前往往先要用剪纸给出底样，这些刺绣品多用于女子出嫁时送给对方的亲朋或者对方的老人，准备的绣品多以鞋垫、枕头、针扎、和包、烟袋、钱包为主。剪纸图样多为花卉、桃、莲、动物等。

第四类：祭祀礼仪类，用于礼仪宗教活动。

剪纸若用于礼仪宗教，比较常见的是财神爷的门帘、吊帘，多是繁丽的贯钱连续图案，还有招魂的招魂幡、悼念逝者的灵堂，多以镂空剪纸形式，内容以二龙戏珠、二十四孝为多。

制作传统剪纸底样方法：

1. 用小木板在一面刷上水，用一张白纸铺在木板上面，在纸上再刷水，把水分刷尽、纸刷平，然后把老艺人留下的花样放在刷好的纸上面，用油灯熏。将纸面完全熏黑后晾干，把花样取下。底样保留成功。

2. 用色纸或油光纸，裁成底样大小四块，与底样压在一起，用针扎眼、用麻纸剪成小三角形，用手搓成纸钉，钉穿入针眼，四周订好把纸钉压平。剪纸装订完备，再行剪工。

3. 依思维、想象制作。

作者根据思维想象，不用底样，把她的想象用铅笔画出大的轮廓，然后与色纸装订，再行剪工。

❀ 相关器具及其作品

剪纸艺术所用工具主要有：

小剪刀、色纸、小木板、油灯、针、纸钉等。

剪纸作品有：《龙舟》《追云奔月》《凤凰牡丹图》等200余幅。

田氏剪纸作品《福寿吉祥》

❀ 传承谱系

代 序	姓 名	性 别	出生年份	传承方式
第一代	刘蛋秀	女	1902年	家传
	郭兰香	女	1904年	家传

代 序	姓 名	性 别	出生年份	传承方式
第二代	唐春娃	女	1929 年	家传
	张彩花	女	1939 年	家传
第三代	田雪能	女	1942 年	家传
	田列能	女	1946 年	家传
	田福能	女	1958 年	家传
	田万能	女	1963 年	家传
	田 星	女	1966 年	家传
第四代	田会萍	女	1980 年	家传
	田艳萍	女	1983 年	家传
	张 颖	女	1974 年	家传
	吴海凤	女	1978 年	师传
第五代	田方园	女	1995 年	家传
	田方成	女	2000 年	家传
	许惠盈	女	2007 年	师传
	刘语嫣	女	2007 年	家传
	罗植元	女	2008 年	家传

❀ 主要特征

一、艺术特征

田氏剪纸是妇女因向往美好生活和寻求精神寄托而产生的一种民间艺术，它是根据特定的历史环境、地理条件和生活方式创作出来的。作者根据直觉和印象，对物体进行大胆的捕捉和创造，因此剪纸题材广泛、构图饱满、变形夸张；使复杂的形体，通过剪纸的艺术概括，达至单纯，突出了事物的基本特质。这是田氏剪纸显著的艺术特征。

二、民俗特征

田氏剪纸艺术发源于历史悠久、民俗风情浓郁的陕西省宜君县，其作品无论从内容或是功用，都与发源地的时令年节、婚丧嫁娶、赠礼往来等民俗活动密切相关，具有典型的民俗特征。

❀ 重要价值

一、民俗学研究价值

田氏剪纸是农村妇女对社会发展亲身体验、长期观察的反映，是她们在社会生活中的精神寄托，对于研究我国农耕社会的生产发展、民俗风情等，具有重要的参考价值。

二、历史文化价值

田氏剪纸所呈现的内容，总是伴随着我国历史文化的发展进程。例如，相比最初的剪纸，现代田氏剪纸中的龙凤虎形象都发生了变化，这是人们的社会意识和文明进程不断演变的结果。

三、审美价值

田氏剪纸作品透射出作者对社会事物的审美角度和美学素养。其内容，物体有对称，也有反差；

有笨拙，也有纤巧；有真实，也有夸张；有溢美善良，也有针砭丑陋；有的精心布局，也有的好似信马由缰，依作者当时的心情、看法（观点）随意变化。无数张剪纸作品，既是一代代田氏剪纸艺人对美的追求，对美的呼唤，也是当今人们精神领域的一道美景、美学领域不可多得的生动教材。

❀ 濒危状况

1. 人们生存环境的改变以及生活质量的提高对传统剪纸的需求产生了较大影响。现在人们普遍使用的是透明的玻璃窗，过去窑洞前的"三十六格木窗"几乎荡然无存，麻纸糊的窗子也不再使用，致使民间剪纸受到冷遇。

2. 社会的不断发展和人们思维观念的更新，制约和改变了传统剪纸艺术的传播。

3. 田氏剪纸等传统剪纸艺术正饱受多元化的现代文化形式的冲击。目前，印刷业发展迅速，电脑刻制及使用现代机械工艺生产的剪纸，构图细腻，批量生产且价格低廉，对传统剪纸形成了极大的压力。传统剪纸完全靠手工，费时多、产量少，艺人一天最多只能剪一、二十张，大张的就是一张，因此剪纸这种古老的、"贴在窗子上或墙上的艺术品"越来越少人垂青。

4. 田氏剪纸的传承状况不尽理想，能够长期跟随田氏传承人学习并从事剪纸艺术的人很少。剪纸产量低，经营收入低，很难吸引年轻人将此作为终身职业。如果不采取积极有效的保护措施，田氏剪纸将面临传承危机。

田氏剪纸艺术是宝贵的非物质文化遗产，凝聚了众多民间艺人的心血和汗水，秉承了华夏传统文化的精华，是民俗文化的灿烂之花；对深圳而言，也是优秀的外来传统文化，具有独特的艺术价值。优秀的外来传统文化是构成深圳这座年轻的移民城市的魅力和风采不可或缺的文化元素。因此要加强保护和传承工作，让剪纸艺术代代相传。

❀ 保护内容

1. 保护田氏剪纸艺术的剪纸技艺。

2. 保护代表性传承人。

3. 提高年轻人学习田氏剪纸技艺的积极性，为她们传承剪纸技艺创造条件。

4. 积极申报更高级别保护名录。

❀ 已采取的保护措施

1. 罗湖区文化部门已制定五年保护计划。

2. 2010 年 6 月，被罗湖区列入第一批区级非物质文化遗产代表性项目名录。

3. 2013 年 12 月，被深圳市列入第三批市级非物质文化遗产代表性项目名录。

4. 2015 年 11 月，被广东省列入第六批省级非物质文化遗产代表性项目名录。

棉塑（肖氏）

保护单位：深圳市宝安区民间文艺家协会

所在区域及其地理环境

宝安区地处广东省深圳市西部，西临珠江口，东接光明新区、龙华区，南连南山区，北与东莞市交界，总面积 392.14 平方公里，下辖新安、西乡、福永、沙井、松岗、石岩等 6 个街道（含光明、龙华新区）。2016 年末，常住人口为 301.71 万人，其中户籍人口 47.75 万人，非户籍人口 253.96 万人。

宝安区属低山丘陵滨海区，背山面海，岗峦起伏。地势是东北高西南低，地貌类型丰富。主要山脉属莲花山系，由羊台山、凤凰山等构成海岸屏障。宝安区地形较为复杂，主要地貌类型为低山、丘陵、台地和平原，最高海拔为宝安区羊台山山顶 587.21 米。东北部主要为低山，中部及北部主要为丘陵台地，西部主要是冲积平原，并残存一些低丘，而西南海岸多为泥岸，滩涂资源丰富。本区域属亚热带海洋性气候，平均气温 22 ℃，雨量充沛，年降水量 1926 毫米。

分布区域

深圳市宝安区。

历史渊源

棉塑技艺具有近百年的历史，是我国民间手工技艺丛中的一朵奇葩。以棉花造型和成胚，再以针线经手工缝制、塑造、抽搐、刺绣、绘染、定型等多道复杂工序，辅以不同装饰、服饰于一体集成的软雕塑，表现形式多样，可单体展现或以群体场景立体反映某一主题。精美的造型、柔和的质感、似真的人物、不同的服饰和佩饰、塑造的人物组合和场景都展现出其所表达人物民族、民俗风情，具有强烈的艺术冲击力和感染力，体现了造型文化艺术的精巧与神奇。

据现存资料考证，宝安"肖氏棉塑"源于清朝末年，辽宁辽阳的王桂芳（1891～1978 年）为第一代传人。王桂芳是曹姓人家的儿媳，该曹姓人家相传是"红楼梦"作者曹雪芹家族支系的后裔。家传针线活很好，绣化、搐荷包，做布娃娃，抽狮子等各种动物。王桂芳的女儿肖英（1919～2008 年）为第二代传人。肖英原名曹莲芳，从小非常喜欢母亲缝作的各种动物荷包、布娃娃，也悄悄地学习记在心中，并反复练习试作。1945 年参加革命后，因怕连累家族改名为肖英。在东北、华北开展革命工作时，用官太太小姐的旧衣裙做布娃娃作掩护。1952 年到了西北，在兰州女子师范学校任教导主任，在此期间，丁维桂在兰州女子师范上学。第三代传人丁维桂（1940 年～　　），甘肃兰州人。1990 年退休后在兰州遇见当年的老师肖英，见她做的布娃娃（棉塑）及动物猫十分生动、感人。肖英也希望这门民间手工艺有人传承、发展、创新，便毫不保留地将棉塑技法传授

丁维桂和罗晓琳的棉塑代表作《菩萨与弟子》

给丁维桂。肖老 70 岁高龄时先后教过众多女子都未学成，丁因有一定美术功底和文化素养的积淀，快速掌握了棉塑的各种手法。因在甘南草原工作 36 年，当丁维桂掌握棉塑的缝制技巧后，又反复琢磨创作了一大批藏族人物形象，在继承的基础上，创新、丰富并发展了肖老的棉塑人物。肖老十分高兴，确认丁维桂是她布娃娃棉塑的唯一传承人。1994 年，丁维桂成为甘肃省"民间工艺美术家"。

在丁维桂学习棉塑制作和创作的过程中，女儿罗晓琳受到了感染。精于针线手工缝绣技术的妈妈与学绘画专业的女儿合作得浑然天成。罗晓琳，棉塑技艺的第四代传人，生于 1970 年，祖籍甘肃永靖人，自幼喜画，毕业于西北民族大学油画专业，有一定的艺术欣赏和鉴别能力。女儿帮妈妈创作人物、绘制衣裙，到切磋技艺，亲手制作，掌握了全部过程，并先后创作了不同地域和时代的系列人物棉塑作品。到宝安工作后，罗晓琳创作了"敦煌系列"人物系列：《菩萨与弟子》《飞天乐舞》《吐蕃公主》《客家女》等。《客家女》表现了深圳地区客家人勤劳善良、刻苦勤俭、团结合作的性格，在服饰、配饰上以客家凉帽为特色、以简洁质朴为主调，充满客家特色风情。

🌿 基本内容

棉塑的具体形态是从布娃娃发展而来，先以棉花、丝绸等塑造出主体人形，再按照不同人物形象和创作主题要求，从内而外再以手工刺绣制作衣、鞋、帽等服饰和佩饰的搭配，表现人物动情的眼睛、眉毛和嘴形，既要用针线抽搐、勒挑，又要用画笔描绘神韵，有的衣裙花纹也得用色彩绘制。以标准的人物造型创作所需要的主题，以灵动的人物形象、不同人文环境，创作出不同主题的作品。棉塑是典型的纯手工技艺，工序和技艺较为复杂，主要工序特点和要求如下：

1. 缝制头、脸，根据不同主题塑造人物头型，额头、脸颊、下颌、鼻子等均用棉花针线塑造，选材作脸皮用针线搐、抽、捏、缝、收缩紧后，在下颌处扎紧缝定成头形，头脸全部成形；2. 根据不同人物性格特点在脸上画好五官，表现人物情感，塑造具体的神态；3. 用针线收眼角，及嘴角部分搐抽工艺，喜怒哀乐全在准确的针线中表达，需要有较好的针线功底和绘画艺术水平，面部高低深浅，肌肉表情就出来了，用针线、绘画勾勒，塑造表现雕塑及绘画的效果。深浅的技法恰到好处，要求准确表现出人物的面部表情；4. 做骨架，捏好人物的四肢及身躯，用棉花塑上胸部和臀部，垫成人形塑造肌肉，将头在脖子处与身躯连接缝起，表现皮肤身躯用白色或肉红色的罗纹布缝起来；5. 手指和脚丫用棉花一指一指缠起来，手指表现动态活泼，用针线勒调分指；6. 做头发，定发际线。用黑长毛绒针线缝制头发，黑丝线作发辫同长毛绒一同辫起来；7. 根据不同的人物形象，对其面部表情神态刻画装扮；8. 做耳朵，针线抽拉定位；9. 选料和裁剪，并缝制衣裤；10. 做衣服。根据不同人物，制作不同款式、不同朝代不同民族的服饰，穿戴装扮。反复推敲，反

深圳市第三批第四批
市级非物质文化遗产代表性

项目名录

060

棉塑（肖氏）

传统美术

参加"非遗"进社区展演展示活动

复试穿，直到适合为止；11. 佩饰，不同人物形象，用适合身份的佩饰；12. 用手扭摆好人物动态，用大针尖钉在木坐上固定；13. 木板或纸板材料贴合包装，再用纸、绫段包装。

1992 年至 2009 年期间，肖氏棉塑先后推出系列作品，其中，1994 年 30 余件人物阵群棉塑作品在第四届"中国艺术节"展出，10 件作品被组委会收藏，并发表在《黄河潮》《西藏旅游》《甘肃画报》《世界知识画报》《中国民间工艺精品集》等刊物；还创作了《田野》《母子》《卓玛草》《菩萨与弟子》《姊妹情》《客家情》等作品。

《田野》《卓玛草》表现生活在藏族地区的牧女善良、纯厚、勤劳质朴的性格，尤其是定格藏女弓腰背水、背背斗的动态是生活特色和造型，表现其地域特色原生态画面。针线工艺更细致，服饰穿戴多样化。作品分别获省级展览一等和二等奖。

《母子》表现母爱情深，草原上藏民的儿女都是在妈妈的皮袄里哺育长大，青青的草和蓝蓝的天以及妈妈的皮袄使儿女感觉到最吉祥的气息，表现出藏族妇女纯朴的神情和气质。本作品 1998 年获得首届中国国际民间艺术博览会银奖。

《姊妹情》表现的是相同地区的不同民族和谐相处、亲如姊妹。2004 年 10 月在天津举行的第三届中国国际民博会暨第二届中华（天津）民间艺术精品博览会上，《姊妹情》代表广东参展获优秀奖，并收入《中国民间艺术精品集锦》。

《菩萨与弟子》中的菩萨造像用针线、绘染、塑造中将敦煌彩塑人物神情韵味刻画得惟妙惟肖、婀娜多姿、栩栩如生，获得第五届中国民间文艺山花奖·民间工艺奖铜奖。

《客家情》表现深圳沿海地区客家人勤劳善良、刻苦勤俭、团结合作的性格，人物服饰、配饰上以客家凉帽为特色，以简洁质朴为主调。

《一家人》以针代笔，表现民族大团结的主题，书写心中的艺术和对民族的美好感情。2009 年 8 月由深圳市宝安区文联选送的《一家人》入选第五届中国（长春）民间艺术博览会的中国民间文艺山花奖和第十三届中国人口文化奖（民间工艺美术品类）并获二等奖。2009 年 10 月参加在北京民族文化宫举办的"向祖国汇报"——庆祝新中国成立 60 周年美术、书法、摄影、民间艺术精品展。

✿ 相关制品及其作品

一、制作棉塑的原材料

（一）棉质部分：

"棉花"药棉，天然、洁净高档环保材料，不易损坏。

（二）布料丝绸部分：

1.丝绸：各色真丝双绉，有弹性；2.染布绘制的染料、颜料；3.布料：真丝绸料、棉布棉绸（含棉必须70%以上)或不同质地的衣料；4.根据不同人物选用的真丝、皮料、棉花、长毛绒；5.丝线、棉线妆饰线及翻毛制品；6.乳胶；7.糨糊；8.化妆品、颜料。

罗晓琳正在进行棉塑创作

二、制作棉塑主要器具及设施

（一）工具

1.针，2~3厘米长（3~8号）；2.线，各色线涤纶线、金银线、绣花线等、漆包线；3.裁刀、剪刀；4.木垫，每个长8×宽5×高1.5厘米，或方或圆打磨平整，1.5厘米厚，作贴底座用；5.底座大小按人物合适即可；6.纸板、包装纸或绫；7.狼毫笔、颜料、小刷子。

棉塑作品《飞天》

（二）"塑"部分：

1.手钳，塑捏固定用；2.铁丝（20号、22号）硬度适中可扭动自如，扎骨架用；3.棉花；4.布料；5.各色丝绸；6.小锤，固定用的工具。

（三）"饰品"部分：

不同人物造型，要求不同饰品，要根据民俗、时代的要求，缩小并佩带各种饰品以塑造典型和完美之形象。有些饰品根据人物需要因人而定自行加工。民族人物佩戴衣物及饰品以求真实原本，如绿松石、念珠、皮靴、奶钩、氆氇、红穗、褡裢等等。

三、棉塑作品分类

有以人物为主、地域特色浓郁的少数民族人物系列，敦煌（乐舞、飞天、供养菩萨）人物系列藏族人物系列，古代顽童系列等，还有反映客家人生活风情的客家人物系列作品等等。

❀ 传承谱系

第一代 王桂芳（1891～1978年），辽宁辽阳人。祖传针线活很好，绣花，搋荷包，制作布娃娃和狮子各种动物，略有名气。

第二代 肖英（1919～2008年），辽宁辽阳人。肖英是第一代传人王桂芳的女儿，自幼喜爱母亲所做的布娃娃，荷包及各种动物，潜心学习，反复练习制作，学成了做布娃娃和小动物的工艺。

第三代 丁维桂生于1940年，甘肃兰州人，毕业于兰州女子师范。丁维桂退休后遇见已70高龄的肖英老师，见到老师做的布娃娃和猫十分生动可爱，便当即拜肖老为师，学做棉塑布娃娃手工技艺。

第四代 罗晓琳 1970 年出生，毕业于西北民族大学油画专业，有一定的艺术欣赏和鉴别能力，经常帮母亲丁维桂创作人物、绘制衣裙，到最后彼此切磋技艺，亲手制作，掌握了全部棉塑制作过程。多年来的创作实践使其作品的精细程度和艺术水准迅速得到提高。

代　序	姓　名	性　别	出生年份	传承方式
第一代	王桂芳	女	1891 年	祖传
第二代	肖　英	女	1919 年	家传
第三代	丁维桂	女	1940 年	师传
第四代	罗晓琳	女	1970 年	家传

❁ 主要特征

一、手工制作特征明显

棉塑工艺发端于女红，虽然历史悠久，却没有生产技术的明确记载，它的制作工艺全凭师徒传授和实践经验积累。这类手工制作难以工业化大批量生产，特别是手工造型针线抽撞工艺和手绘花纹图案、捏、挑、摺、撞技术，都有它的秘诀和独特技艺，手传口授的民间手工艺特点浓厚。

二、民俗特征突出

棉塑只有妇女手工制作，工艺独特，凭着装扮就能区分出地域特色或民俗特色，是表现不同民族的不同服饰文化的缩影，具有突出的民俗特征。

❁ 重要价值

一、历史价值

棉塑工艺的制作具有逾百年的历史，是民间手工艺人在生活中的创造发明，同时对研究特色风情民俗民风和古中原遗风，具有一定的参考和研究价值。

二、文化价值

棉塑的造型缝制工艺独特、装饰配饰、师徒传承口诀、棉塑反映民俗民族的风韵，特别是其造型表现，无不透射出棉塑艺术的独特韵味，具有一定的文化价值。

三、审美价值

棉塑工艺赋予女红针线以灵性，创作出不同地域、民族、个性化的不同人物，展现了手工技艺的创意和艺术构思，具有一定的审美价值。

四、实用价值

棉塑作品拿在手上轻盈方便，观赏性很强。棉塑造型优美、配饰花纹别致，可以作为特色工艺赠送亲朋好友、中外来宾，体现了民族民俗及地域特色和美感，具有一定的实用价值。

五、经济价值

棉塑既是日常生活中创造的女红作品，又是充满地方特色的工艺精品，受到人们尤其是海外华人的钟爱，一件棉塑艺术精品能销售千元以上，具有一定的经济价值。

❁ 濒危状况

1.现代商业文明猛烈地冲击传统手工技艺的生存环境，要靠该技艺获得较高的经济回报有一定难度，注重手工制作技艺、用棉花塑形的工艺就更难以为继。棉塑不仅是技艺，更是文化艺术，其继承和发展不仅依靠传承人对艺术的热爱和执着，同时也需要资金的扶持和更多人群的关注和重视。

2. 棉塑工艺缝制技巧繁琐，要求精准度高，要求制作人具备多种能力和素养，要具备生活的阅历和对艺术的追求，更需要女红针线的功底，习艺周期长，使得学习的年轻人如凤毛麟角。

3. 丁维桂是肖英老人后来唯一的传人；第四代传承人罗晓琳目前也只能在闲暇时间中创作作品，棉塑艺术已是后继乏人，棉塑传人的性别单一性、学习时间周期长还有资金等问题导致该工艺面临失传。

❈ 保护内容

1. 保护棉塑制作技艺。

2. 保护棉塑制作传人。

3. 保护棉塑获奖作品。

❈ 已采取的保护措施

1. 2004 年至 2009 年在宝安区文化局、宝安区艺术馆和宝安区电视台的大力支持下，棉塑作品相继参加了区、市、省、国家级的多种展览，并获得第五届中国民间文艺山花奖，民间工艺奖铜奖等多类奖项，更广泛地让公众认识和了解棉塑工艺。

2. 2009 年 6 月在宝安区艺术馆开展公益性讲座，宝安广播电视中心、报社作了专题报道。并有计划地组织棉塑老师在中专、技校进行授课和展演，加强了宣传。

3. 2009 年 10 月，宝安区文联为支持棉塑的申报工作，划拨经费制作申报专题录像片，记录棉塑工艺，建立和完善棉塑工艺的档案。

4. 2010 年 3 月，被宝安区列入第二批区级非物质文化遗产代表性项目名录。

5. 2013 年 12 月，被深圳市列入第三批市级非物质文化遗产代表性项目名录。

6. 2018 年 5 月，被广东省列入第七批省级非物质文化遗产代表性项目名录。

潮 彩

保护单位：斯达高瓷艺（深圳）有限公司

❀ 所在区域及其地理环境

龙岗区位于深圳东北部，是深圳客家人相对集中聚居的地区。龙城街道位于龙岗区中心城，东与坪地、龙岗街道毗邻，西与东莞相连，南接横岗街道，北与惠州接壤，是龙岗区的政治、文化和商业中心，也是未来深圳发展的副中心城区，区位优势得天独厚。该街道基础设施完备，城市环境优美，辖区内有世界较高水平的体育场馆，2011 年世界大学生夏季运动会主场馆、大运村和新闻中心就坐落在龙城，深圳市最大的"氧吧"——清林径水库，绿化覆盖率达到 70%，生态条件极为优越。龙城交通便利，公路四通八达，机荷、深汕、惠盐、水官、博深五条高速公路跨区而过，地铁 3 号线穿越整个辖区，从龙城至深圳市区仅需 20 分钟左右车程。气候属亚热带海洋性季风气候，年平均气温 22.3℃，最高气温 37℃，最低气温 1.4℃，年平均降雨量 1933 毫米。

辖区总面积 388.59 平方公里，下辖平湖、布吉、吉华、坂田、南湾、横岗、园山、龙岗、龙城、宝龙、坪地 11 个街道，111 个社区。2016 年末常住人口 214.38 万人，其中户籍人口 54.06 万人，非户籍人口 160.32 万人。

❀ 分布区域

潮彩分布在以潮州为中心的粤东汕头、饶平、大埔、揭西、普宁、惠来、平远、丰顺地区，后延伸到陆丰、深圳龙城、东莞等地区。

❀ 历史渊源

潮州彩瓷简称潮彩，是汉族传统工艺美术珍品，广东省潮州市陶瓷业运用新彩颜料，结合传统釉上彩绘艺术而成独特地方风格的彩瓷品种。其构图饱满、色彩鲜丽、层次分明、线条流畅、优美生动、格调高雅。工艺历史悠久，唐宋时期潮州就有陶瓷生产。潮州彩瓷通过艺人的不断推陈出新，世代相传，形成了具有岭南文化独特地方风格的陶瓷釉上新彩绘品种，体系完整，名师巧匠辈出；工艺精湛，佳作精品无数，饮誉海内外。

传统瓷器彩绘，分为釉下彩和釉上彩，其中釉上彩包含江西粉彩、广彩、潮彩。潮州彩瓷彩绘历史久远，可谓"有瓷即有彩"。陶瓷离不开彩绘。据考证，唐宋时期潮州就有瓷器生产，著名的笔架山窑（宋窑）瓷器已有刻花、画花、堆花等釉下装饰。明代是青花瓷发展时期，清初粉彩流行。潮彩萌发于晚清时期。清咸丰十年（1860 年），潮州府汕头港被迫对外开放通商，枫溪因水陆交通畅利，枫溪瓷迅猛发展。据志书记载：清末民初，枫溪的窑户达 100 多家，主要生产色釉、青花、彩绘日用瓷器为大宗，远销港澳、东南亚、美国和中国东北。清末为适应国外市场的需要，开始进口国外陶瓷彩绘颜料，并按西洋画法进行彩绘，潮人称为"洋彩"，后又称"新彩"。同治末年，枫溪瓷区已有公合成、永利、和顺诸家彩馆从事瓷器彩绘作业，这是潮州"十窑彩"之始。清光绪十二年（1886年），枫溪陶瓷工人姚华首先在枫溪首开釉上彩瓷庄，从此潮州就有彩瓷（据考证，当时各产瓷区还没有釉上彩）。光绪十五年（1889年），枫溪人吴合禧又在西门街开创玉顺瓷庄，随后枫溪人纷纷进城开办彩馆，由此彩瓷业迎来新的发展时期。瓷商从广州引进釉上彩颜料及样品，并把各地（主要来自饶平）白瓷集中在潮州设点加工，并称之为"本彩"（意即在本地加彩），颜料主要来自广州。

当时加工的器形品种不多，主要是博古类的盘、碗、杯、碟等。装饰以绿底、绿边饰花为主，画面多为四季花加梅、兰、菊、竹、荷花、牡丹及花蝶。后来进一步发展到使用粉彩原料。绘画题材也由原来的四季花蝶扩展到人物画。画工比较精细，装饰技法也由原来平涂摺彩发展至洗染。

清末，潮州民间画师对潮州瓷器彩绘技艺起了很大的促进作用，其中以詹沄画师的影响最大。他的学生继承他的画法，结合瓷器装饰的特点，运用中国画技法表现于瓷器装饰上，使潮彩别开生面。随着对外贸易的发展，进口金水的应用，潮彩增添了金碧辉煌的效果，提升了潮彩的艺术品位。潮彩民间画师不断探索，借鉴中国画艺术和景德镇瓷器彩绘技法，融汇传统潮彩技法，潮彩艺术处于空前的繁荣。民国年间，潮州彩瓷业继续发展，枫溪陶瓷产区有彩馆17家，从业300余人，彩坊近200家。新中国成立后，潮彩进入新的发展时期，流落海外及外地的几十位潮彩艺人回到潮州。

枫溪詹厝村位于枫溪区的中心，村民虽以农为生，但因人多地少，故此绝大多数村民世代以制瓷、陶瓷彩绘为主业，据村中长者介绍，清末詹厝至少有15家上规模制瓷、彩瓷作坊，兴盛时期从业达到二三百人。潮彩第一代传人詹沄出生于1876年，8岁开始学艺，15岁已经掌握陶瓷彩绘及水墨画技艺。其弟子詹锦昌（1905年生）15岁师承詹沄学艺，学有所成。当时村中龙窑生产的大窑五彩金鱼纹大碗、十三笔鸡碗，图案清晰，内外装饰图案，属外销产品，大批量生产青花盘、碗绝大多数从汕头港装船出口东南亚一带。

潮彩第三代传承人詹培明出生于枫溪詹厝村，自小热爱陶瓷艺术，随父詹锦昌学艺，1963年进入詹厝彩瓷厂，继续跟随父亲及厂长詹俊杰和老艺人学习彩绘技艺，开始彩绘出口"鸡碗"。十三笔鸡碗的图案完全为手工彩绘，前辈老艺人创造性地将鸡碗纹样概括为"十三笔"画成，即其构图头、尾、脚及枝叶、花均用十三笔画成，艺人叫"鸡碗十三笔"，

潮彩第三代传人詹培明及其兄詹培生在詹厝彩瓷厂制作的青花碗

既简练生动又提高了效率。这套技法成为潮彩技艺传承发展的一项基本功。詹培明一天要画上几千个线条，打下扎实彩绘功夫，2年后成为彩绘技艺人员。

改革开放后，詹培明于1979年赴香港学习陶瓷技艺，1989年将潮彩引入深圳，组建斯达高瓷艺公司。

代表性传承人詹培明展示传统手绘技艺

基本内容

萌发于晚清时期的潮彩，以大窑五彩最为盛行。它主要以特殊的陶瓷颜料在花瓶、笔筒、挂盘、瓷板画等瓷器上彩绘，门类齐全，是观赏性瓷器的典型代表。题材主要为人物、花鸟、山水图案类等，表现形式有诗画、开光、满彩、金地万花、图案花边、通景式等。

一、主要材料

1. 白胎瓷器及瓷板。白瓷釉面要洁白，瓷胎要四正。瓷板经过1200℃高温煅烧而成，可以根据实际需要裁切或拼接。

2. 陶瓷颜料。陶瓷颜料是一种无机硅酸盐，其颜色主要是金属氧化物，并且要在700～850℃烧烤还原显色，陶瓷颜料有丰富的颜色，并可以几种颜色混合调配出一种新的颜色。

3. 调墨油。调墨油用来将粉状的陶瓷颜料调成油墨状，并用来调整油墨的黏稠度，其主要成分为甲基丙烯酸树脂。

二、主要工序

1. 选瓷：潮彩制作一般根据需要选瓷。

2. 构图：构图根据陶瓷的造型及客户的要求而定。

"鸡碗十三笔"的绘制流程：先定三点，即鸡头、鸡尾、鸡脚，然后在鸡脖之处用"十三笔"画妥鸡头纹样，用"十三笔"再画出鸡尾部分，再用"十三笔"画出鸡腿和鸡爪；枝叶也用"十三笔"一气呵成，花同样用"十三笔"一笔一瓣，然后将花蕊画出来；最后画芭蕉，都是运用"十三笔"绘成，成为一套潮彩传统规范化的工艺流程。

3. 描线：用水将磨细的艳墨加入适量的树胶（阿拉伯桃胶）及糖蜜混合调料，用赤眉笔在复制的画面上描线。

4. 填色及洗染：是潮彩最重要的工序。尤需严格把握颜料的配比、禁忌与工序。

5. 描金填地：把彩绘后的满彩万花留下空白处填上金水，经过烤烧后的花面金碧瑰丽。

6. 烤花：把加彩后的瓷器装进烤花窑进行烤花。

相关制品及其作品

一、相关制品（原料与工具）

1. 白瓷：潮彩所用白瓷一般由本地枫溪生产，部分从景德镇、唐山、湖南、高陂、饶平等地购进。

2. 毛笔：潮彩用毛笔近20种，主要有眉笔、洗笔、苔笔。

3. 其他辅助工具：铁笔、圆规笔、靠手尺、笔架、棉球、色料瓶、擂槌及擂钵、调料刀、橡胶印模、喷色枪、轴承转盘。

4. 潮彩的颜料及其他辅助材料：潮彩的用料，实际是新彩（也是洋彩）的原料，主要是各种金属氧化物为着色剂与硅酸盐溶剂配合，炼制而成。

5. 烧花炉：潮彩生产的烧花炉有微机控制彩瓷电烧花炉、辊道窑烤花炉、石油气烤花炉等。

二、代表作品

《风水画》 作者：詹沄

《鲤鱼盘》 作者：詹锦昌

《十三笔鸡碗》 作者：詹培明

《龙袍盘》 作者：詹剑铨

潮彩第二代传人詹锦昌的作品《鲤鱼盘》　　潮彩第四代传人詹剑铨的作品《龙袍盘》系列

❀ 传承谱系

代 序	姓 名	性 别	出生年份	传承方式	学艺时间
第一代	詹 沄	男	1876 年	师传	1884 年
第二代	詹锦昌	男	1905 年	师传	1920 年
第三代	詹培明	男	1948 年	家传	1965 年
第四代	詹剑铨	男	1977 年	家传	1998 年
	詹邦铨	男	1979 年	家传	2005 年
	陈 辉	男	1968 年	师传	1998 年
	蔡树周	男	1978 年	师传	2006 年
	苏焕城	男	1971 年	师传	1998 年

❀ 主要特征

1.彩绘技法较为独特，在泥坯上施釉，晒干后，直接在釉上彩绘，一次入窑，以1250 ～ 1280℃烧成，产品的彩料渗入釉中，釉面光滑，彩料经久不脱落。

2.纹饰风格多样，既有牡凤、山水、人物等传统纹饰，又有按日本、欧洲客商审美要求彩绘的缠枝花、折枝花、卷团花等装饰性强的图案进行纹饰。

3.不断吸收姊妹艺术潮绣、木雕、剪纸、绘画等传统工艺表现手法，融到潮彩中，运用了贴花、喷花、印彩、粉彩、腐蚀加金、堆金、雕瓷等技法及综合性装饰手法。

4.早期潮彩碗、盘、杯、碟类画面构图简练、点线精当、色彩鲜明。如"鸡碗十三笔"，前几笔将图形定位，后几笔首尾传神，造型独特，易记易学，便于生产推广。詹沄弟子将花鸟、山水国画技法运用于彩瓷后，使潮彩提升到高层次艺术品之列。

重要价值

一、艺术审美价值

潮彩有极大的美学价值，其制作技艺独特，并形成一套完整的艺术章法。构思严谨，制作精细，立体感强。许多精品为国家馆藏和收藏家珍藏。

二、文化研究价值

潮彩体现了丰富的文化内涵，充分表现了岭南地区的民风民俗，传达了岭南民间文化的理念和艺术追求，其代表作品成为地方文化史的标本，具有一定的文化研究价值。

三、社会价值

潮彩广泛用于日用瓷和装饰品，是美化人们生活、连接海内外文化经济的桥梁。

濒危状况

1.自改革开放以来，由于审美观念的变化和外来陶瓷文化的冲击，加之原来的潮彩系手工彩绘，生产效率低，成本高，难以满足市场需求，手工技艺人才面临生存危机。

2.一些具有精湛技艺的潮彩艺人先后离世，如擅长表现古代人物的李锡榜、擅长表现山水的苏文彬、擅长表现花鸟的周再良等的离去，其后代不愿意学艺，加之从事潮彩绘画创作收入不高，不少人改行，潮彩创作队伍后继乏人。

3.潮彩第三代传承人詹培明年过六十，他为潮彩的保护发展倾注了所有的精力和财力，由于上述原因，现在也面临种种传承困难和国内外巨大的竞争压力，如果没有政府的扶持，也将难以为继。

保护内容

1.无机硅酸盐、甲基丙烯酸树脂等专用釉料的配方及烧制；

2."鸡碗十三笔"手工彩绘技艺、彩绘花面的处理加工、烧烤等工艺流程；

3.潮彩的历史资料及实物、印刷品、音像、图片、光盘等档案资料；

4.自明清以来的近百件经典代表作品；

5.潮彩传承人的认定、保护、扶持及传艺规划实施。

已采取的保护措施

1.已建立潮彩技艺保护工作领导小组（由行业协会、专家、传承人组成），负责潮彩技艺保护传承方案制定与实施。

2.2009年6月，深圳潮彩保护单位斯达高公司被深圳市文化产业发展办公室认定为深圳市重点文化企业，获得此认定后，将有资格申请深圳市文化产业发展扶持资金支持。

3.自1998年以来，潮彩系列产品已申请获得312项国家外观设计专利。

4.已初步建立潮彩陈列馆，搜集了潮彩文字资料2000万字、影像资料100余件和实物220件。

5.近20年来已培训技术骨干人200余人。

6.已聘请国家、省、市专家8位，召开潮彩传承与发展专题研讨会6次。

7.2013年2月，被龙岗区列入第三批区级非物质文化遗产代表性项目名录。

8.2013年12月，被深圳市列入第三批市级非物质文化遗产代表性项目名录。

贺氏剪纸

保护单位：深圳市贺贺文化艺术有限公司

安福县钱山乡保太村贺氏祖居

❋ 所在区域及其地理环境

项目所在区域位于深圳市宝安。宝安区地处深圳市西部，西临珠江口，东接光明新区、龙华区，南连南山区，北与东莞市交界，下辖新安、西乡、福永、沙井、松岗、石岩等 6 个办事处。2016 年末，常住人口为 301.71 万人，其中户籍人口 47.75 万人，非户籍人口 253.96 万人。

宝安区属低山丘陵滨海区，背山面海岗峦起伏。地势是东北高西南低，地貌类型丰富。主要山脉属莲花山系，由羊台山、凤凰山等构成海岸屏障。宝安区地形较为复杂，主要地貌类型为低山、丘陵、台地和平原，最高海拔为宝安区羊台山山顶 587.21 米。东北部主要为低山，中部及北部主要为丘陵台地，西部主要是冲积平原，并残存一些低丘，而西南海岸多为泥岸，滩涂资源丰富。

本区域属亚热带海洋性气候，平均气温 22 ℃，年降水量 1926 毫米，雨量充沛。

❋ 分布区域

主要分布在深圳市宝安区。贺氏剪纸的保护单位贺贺文化艺术有限公司位于深圳市宝安区中心区的 F518 时尚创意园，这是深圳市和宝安区大力扶持的大型文化产业园区。

❋ 历史渊源

贺氏剪纸发源于江西省安福县钱山乡保太村。安福是有着 2200 多年历史的文明古县，春秋时曾先后隶属吴、楚。自宋元以来，文风鼎盛，英才辈出，为"江南衣冠一大都会"。安福今为

在贺虹家乡保太村至今仍然可见青年人学习剪纸

吉安市所辖，距市中心吉州区仅百里之遥。从宋代吉州窑址中，发现这里当年就将剪纸图案在陶瓷上贴印后上釉、烧制，以使瓷器更显精美。由此可以推知，安福自宋元起便应该有剪纸技艺流传于民间。

查阅 2002 年版《（江西莲花）良坊唐贺侯凭公族九修总谱》可知，安福县贺氏以钱山乡保太村为集居地，其直系祖先为唐代大诗人贺知章。唐代时华夏大地剪纸艺术已颇为盛行，贺知章《咏柳》中脍炙人口的"不知细叶谁裁出，二月春风似剪刀"，似乎就是受到了剪纸艺术的启发与感染。

经考证，贺氏远祖为春秋时期齐桓公的重孙庆封，庆封后来由北方迁往南方的吴国，其后人为避汉安帝的父亲刘庆的名讳，改以同义字"贺"为姓，之后子孙一直沿用，称为贺氏。贺知章出生于吴国会稽（今浙江绍兴），其第四世贺凭以"著作郎"任职江西永新，遂率家定居良方（今江西省莲花县良坊）。贺知章第十二世贺珍任团练使，于宋朝政和年间（1111～1118年）遨游武功山，见此山前方的钱山风景秀美，土沃田腴，有意在此定居。南宋绍兴二年（1132年），贺珍便从良坊贺氏分徙地率全家迁往钱山定居，贺珍遂成为钱山贺氏开基一世祖。

贺知章的后世子孙仿佛也承袭了他那样的浪漫与才情。钱山是农耕文化地区，当地人大都以耕读传家，民风淳厚、高古。据钱山乡贺氏老辈人叙述，清中叶之后，钱山乡一带人丁兴旺，民间社火日渐繁盛，每当田亩丰收，或逢年过节，或迎亲嫁娶，人们总喜欢在田垄和村头斗龙（舞龙）、游龙、舞灯笼。为了增加喜庆气氛，或寄予内心企盼，村里会剪纸的人家便将心中所想的"吉""福""庆"之类的字样以及所熟悉的动物图案信手剪出，然后粘贴到龙身或灯笼上。在晚间，因龙身或灯笼的光亮映衬，这些字样或图案甚是抢眼。于是，人们又对如何将这些图案剪得更加好看动起了脑筋，久而久之，剪纸便成了一项广受欢迎与重视的民间传统技艺，保太村则以剪纸技艺发达而远近闻名，村里各家均会剪，人们甚至会经常聚在一起，对各自的剪纸作品指点评说、一争高下。剪纸作品的用途也越来越广，除了用于乡村中的灯会、年节、婚嫁、庆丰年，还被用于日常生活的许多方面，如大户人家的灯笼装饰（以后又演变为灯饰）、普通人家的大门和窗棂装饰等。特别是春节来临时，大门上的门神、窗格上的窗花、屋檐上的"春叶"、灯笼上的喜庆图案，顿时令乡间往日的单调、寂静变得焕然一新，在爆竹的共鸣声中，烘托出热闹非凡的"千门共贴宜春图，万户共庆新佳节"的喜庆气氛。有意思的是，与北方的剪纸技艺一般由女子"掌控"不同，在保太村及至钱山乡，男子会剪纸技艺的并不在少数，此种现象在江西、湖南、广东等南方省份中亦不罕见。

1991年定居于深圳市宝安区的贺虹（1966年～　），便是钱山乡保太村贺氏后裔。据贺虹介绍，她的祖上当年是保太村很有名气的剪纸世家。1971年，5岁的贺虹便向父亲贺克安（1933～1988年）学习剪纸技艺，而贺克安则是自其父贺梓明（生卒年不详）处承袭了剪纸技艺。据此，贺虹即为贺氏剪纸技艺的第三代传人。

❀ 基本内容

一、贺氏剪纸的基本理念

贺氏认为，剪纸是中国最具特色的民间艺术之一，它不仅能表现民间的审美爱好，还蕴含着民族的社会深层心理，其造型特点尤其值得研究。剪纸作为中国本源哲学的体现，在表现形式上有着全面、美化、吉祥的特征，同时剪纸在用自己特定的表现语言，传达出传统文化的内涵和本质。

贺氏认为，剪纸是一种典型的镂空艺术，它在视觉上给人的透空感觉和艺术享受，是别的艺术所无法替代的。这种认识，使得贺氏剪纸几代传人都在追逐这种"透空"感，也使得他们将剪纸的镂空技艺发挥到极致。在贺氏眼中，薄纸、硬纸、金银箔、树皮、树叶、布、皮、革等片状物质都是能够体现镂空艺术的好材料，这与我国剪纸发明早期的镂空雕刻技艺简直如出一辙。也正是由于这些认识，贺氏的剪纸作品才显得更具艺术美感和立体感，也更与人们的日常生活需求相贴合。

二、贺氏剪纸的题材内涵

贺氏剪纸的题材内容比较宽泛，上至天上的神仙、瑞龙、祥云、飞鸟等，下至地面的人物、走兽、植物、日常物品等，凡能寄托人们美好愿望和体现人们理想的意象和物象，都进入了贺氏的视野而在其剪刀下成为"吉祥"化了的艺术品。贺氏以自己的悟性，用比喻、谐意、隐喻来寓意于剪纸的表达方法，含蓄而优美，既抒发来自生活的感受和对美好生活的向往，也让欣赏它的人们理想开阔、升华，它是一种既情趣又质朴，既浪漫又高雅的创作方法。

1.巧妙利用谐音寄托祈愿。如"福"与"蝠"，"鹿"与"禄"和"六"，"鹤"与"合"，"绶"与"寿"，"鸡"与"吉"，"鱼"与"余"，"蜂"与"封"，"猴"与"侯"，"羊"与"祥"，"蝴蝶"与"福叠"。这些运用谐音、寓意的象征手法，使动物和花果组合成图案就有了吉祥的含义，而深得其妙的人往往产生一种顿悟和得意的欣快感。

2.利用艺术画面颂扬生命。贺氏常借生活中常见的事物或优美的戏曲故事、民间故事，构成比喻性、寓意性很强的艺术画面，让人从中感到生活的美好和对生命的崇拜。如《龙凤呈祥》《凤凰戏牡丹》象征婚姻的美满与神圣；《刘海戏金蟾》象征爱情的真挚；《柿子和如意》表示四时如意、平安幸福；《喜鹊登枝》寓意喜上眉梢，喜事盈门；肥猪身上的装饰花纹，由一群小猪组成，以比喻"多子"；新媳妇怀里抱娃娃，表示"得子"等等。

3.以多种物象组合实现心理表达。贺氏剪纸善于把多种物象组合在一起，以产生出理想中的美好愿望或意境。无论用一个或多个形象组合，皆是"以象寓意""以意构象"来造型，而不是根据客观的自然形态来造型。如用花簇和十二生肖图围绕着"福"字，"福"字的字体，又由鱼、花、竹、梅等内容构成，而仅仅"福"字的表现形式，在贺氏剪纸中就有上百种。

4.融入现代观念描绘民俗变化。自二十世纪五十年代以来，现代文明与时代文化也由浅入深地浸染着贺氏剪纸世家，特别是第三代传承人贺虹，不仅师法前辈，还师法自然，师法现代生活，大胆创新，让绘画技法融入创作视野，将现实生活中诸多情致意趣运用现代观念造型，勾勒、描绘现代生活中的民俗变化。如多层剪纸《庐山风光系列》，就是在熟练掌握传统剪纸技艺的基础上运用了多种创新造型手法，形象概括，但风韵纯正，初看好似精美的仿古山水画，细看又觉得立体感极强，现代信息明确，在描绘大美山河、抒发爱国胸臆的同时，又不失传统文化的内涵品质。

在南方剪纸中，巫术题材、宗教题材并不鲜见。贺氏剪纸虽然也产于南方，但其题材重在表现光明、美好，作品往往喜感、美感兼备，具有高度的概括性和很强的装饰性，应用范围也相当宽泛，而凶神厉鬼之类的题材较少，因此，贺氏剪纸作品一般不被用于祭祀、法事，这是贺氏剪纸与其他剪纸流派的明显区别。

三、贺氏剪纸的基本技巧和方法

1. 剪纸方式的选择

在实际创作中，贺氏剪纸其实是一种较少用剪、较多用刻，且常与染、贴等技法相结合的造型艺术。贺氏认为刻刀刻纸是对剪刀剪纸的一种继承和发展，从造型线条看，剪刀剪纸显得简练、朴实，用刻刀刻纸，造型则细腻、写实。剪刀剪纸一次只能出一二张作品，而用刻刀一次能刻几十张，有利于这门艺术的传扬。刻纸还分为单色刻纸、染色刻纸和套色刻纸。单色刻纸主要特点是画面丰富、刀工细腻，细的程度可谓是"密不行针"；染色刻纸主要是把刻出的白色剪纸根据图案的要求涂染成不同颜色，绚丽夺目给人以视觉的冲击力；套色刻纸是用不同的颜色的纸套剪出来形成精美的画面，有的像国画，有的像油画，令人称奇。

2. 准备工具和材料

剪纸工具主要包括剪刀、刻刀、描图笔、染色笔、方形或圆形蜡盘（用作刻纸的垫板）、小铁勺（用以熨平刻纸后出现的卷边）等。剪纸材料主要是纸、颜料、糨糊（当今一般采用胶水或透明胶）。这里的纸含义较广，凡是平面的、较薄的材料均可用来做剪纸，如今常用的纸是蜡光纸和宣纸。颜料运用于套色剪纸时，根据图案内容给剪完的白色图案着色。颜料可以是水彩颜料、水粉颜料和国画颜料，应以明快、亮丽的色彩为主。

3. 构思剪纸图案

构思剪纸图案就是涉及剪什么内容的问题。初学者大多选用现有的简单图案，可以是线描图，也可以是一幅画。当有了一定剪纸基础后，尽可能自己设计图案（或绘成图稿或铭记于心），力求创新和个性化，这样才有可能显得与众不同而具有价值。

选用一幅图作为剪纸内容时，应根据剪纸艺术的特点和表现手法对画面进行勾勒处理，力争反映画面的全貌，最好不作取舍，否则剪下来会"走样"。

4. 剪刻图案

剪刻前，首先确定剪纸成品的色彩基调。若是单色剪纸，应先选择自己喜欢、适合图案内容的蜡光纸，通过折叠后进行剪纸；套色剪纸一般选择白色的宣纸，然后把预先准备好图案覆盖在选择的纸上，四面固定。当然，贺氏熟练的剪纸技师在创作中多凭心构图，以上固定图案的过程是没有的。

剪刻时，要依循以下的基本技巧和方法：

（1）从上至下。从图案的上方开始剪，从上到下一直剪完整个作品。

（2）先中间后四周。从图案的中间开始剪，从中心向四周延伸，直到剪完整个作品。

（3）先小后大。先剪图案精细的部分，再剪粗大的部分。

（4）应柔则柔，应刚则刚，一气呵成。根据造型的要求，圆滑的地方一定剪流畅，轮廓分明之处一定剪准确。同时，最好一气呵成，运刀时中途不要停顿，否则线条缺乏流畅感，影响造型。

（5）连则勿断，不可强连。剪纸有时要交替使用剪刀和刻刀，贺氏剪纸运用刻刀较多，这是因为其表现内容大多较为细腻。同时，应尊重图稿，凡是图稿上连接在一起的地方，不要剪断了，否则影响作品美观；不能连的地方，不要强连，独立剪下来妥善保存好，粘贴作品时造型才完整。

（6）刻纸刀法有讲究。贺氏剪纸与其他地方的剪纸相比较，主要在刀法上独具高超技艺，历代剪纸艺人从实践中逐渐摸索总结出一套刻纸妙招，讲究的是"握刀要正，下刀要顺，开片要严，行刀要匀"，具体的步骤是：由里及外、由小到大、刀随形转。阳刻、阴刻、隐点隐线等技法的应用，也使刻出来的花草树木、人虫鸟兽栩栩如生、活灵活现。用刀刻纸，主要掌握的是角度。水平面的角度最好是在5°左右，这样刀口有个切割面，刻出的线条也比较好看。如果切割面翻卷过多，可用小铁勺轻轻熨平。

以上剪纸基本技巧和方法，不仅适用于整幅作品，而且适用于一幅作品的局部。同时，这些技巧和方法是配合使用的，一切以有利于完成作品为前提。

四、贺氏剪纸的艺术表现手法

贺氏剪纸的艺术表现手法很多，重点归纳为单色剪纸和彩色剪纸两种：

1.单色剪纸

（1）阳刻剪纸

这张作品体现出贺氏剪纸的某类题材内涵——以多种物象组合实现心理表达

阳刻剪纸的特征是保留原稿的轮廓线，剪去轮廓线以外的空白部分。它的每一条线都是互相连接的，牵一发将动全身。通常是采用红纸、黑纸或其他颜色的材料剪刻单色剪纸作品。

（2）阴刻剪纸

阴刻剪纸的特点与阳刻剪纸恰恰相反，就是刻去原稿的轮廓线，保留轮廓线以外的部分。所以阴刻剪纸的特征是它的线条不一定是互连的，而作品的整体是块状的。

（3）阴阳结合

阴阳结合就是根据画稿里虚实关系的需要，采取阴刻和阳刻交叉的办法，能使画面效果更为丰富，主次更加分明。

2.复色剪纸

复色剪纸，又称为彩色剪纸。是以数张彩纸分剪后拼贴成图；或以白纸依稿剪成，再染上各种颜色；或先剪成主版，衬以白纸后再染上各种颜色。可细分为：

（1）衬色类

衬色剪纸是以白色的底稿线条作为线条轮廓，选取的图案最好是阴刻剪纸。在其作品之下，衬以各种深红或深蓝颜色，让它们呈现黑白对比，或红白鲜明的效果。

（2）套色类

以单色剪纸的方法剪成主版和次版的形象，再另剪色纸贴裱在主版需要的部位上；或将画稿所需的各色色纸，重叠在一起钉牢，再沿稿线依次剪成，择取一张为主版，贴裱在衬底上，再将其余的部分添贴在主版之上。套色剪纸是贺氏剪纸中应用较多的一种艺术表现手法，一般多采用在已完成的阳刻主稿上拼贴所需要的各种色纸。

（3）拼色类

即分别用色纸剪成各部分形象，再依图样贴裱在衬纸上；或将各色纸重叠在一起钉牢，再依稿剪成，细拼于衬纸上。

（4）填色类

填色剪纸又称"笔彩剪纸"，把刻好的主稿贴在一张白色纸上，然后根据各部位的需要分别涂上不同颜色。个别图案的人物脸部可作适当的渲染。

❀ 相关制品及其作品

一、贺氏剪纸主要器具及材料

1.大小剪刀。尽量采用刀头细长、刀口咬合整齐、刀尖锐利的为好。最好准备大、小剪刀各一把，以便剪大幅图案和精细部位之用。

2.刻刀。几把刀刃为斜形的大小不等的刻刀，现一般用美术刀。

3.刻盘。用蜂蜡、木板制作而成，圆形或长方形，用来做刻纸时的垫板。用蜂蜡刻盘做垫板不仅刻纸的线条好看，而且不会损伤刀刃。

4.描图笔，染色笔。

5.蜡光纸、宣纸，这是剪纸的主要材料。蜡光纸以红色、黑色为主，较少采用其他颜色，宣纸一般用白色，经剪刻后再上色。

6.颜料。运用于套色剪纸时，根据图案内容给剪完的白色图案（一般为白色宣纸）着色。颜料可以是水彩颜料、水粉颜料和国画颜料，应以明快、亮丽的色彩为主。

剪纸作品《深圳腾飞》

二、相关作品

主要代表性作品有《庐山风光系列》《渡渡鸟》（作为礼品赠送给毛里求斯国副总统）《百子图》《醉八仙图》《红楼美人图》等上百幅具有较高艺术水平的剪纸作品。

❀ 传承谱系

贺氏剪纸的传承谱系如下：

第一代　贺梓明（生卒年不详），出生于江西省安福县钱山乡保太村，年轻时自本村贺姓亲戚处学得剪纸技艺，为贺氏剪纸第一代传人。

第二代　贺克安（1933～1988年），出生于江西省安福县钱山乡保太村，少年时自父亲贺梓明处学得剪纸技艺，为贺氏剪纸第二代传人。

第三代　贺虹（1966年～　　），出生于江西省安福县钱山乡保太村，5岁时开始向父亲贺克安学习剪纸技艺，为贺氏剪纸第三代传承人。

代　序	姓　名	性　别	出生年份	传承方式
第一代	贺梓明	男	不详	家传
第二代	贺克安	男	1933 年	家传
第三代	贺　虹	男	1966 年	家传

❀ 主要特征

一、镂空艺术特征

贺氏剪纸几代传人都在追寻剪纸这种典型的镂空艺术给人的"透空"感，这使得他们将剪纸的镂空技艺发挥到极致。贺氏将薄纸、硬纸、金银箔、树皮、树叶、布、皮、革等片状物质都当作能够体现镂空艺术的好材料，这与我国剪纸发明早期的镂空雕刻技艺如出一辙。贺氏剪纸作品凸显了艺术美感和装饰性，与人们的日常生活需求相贴合，这是贺氏剪纸区别于其他剪纸流派的一大特征。

二、民俗特征

贺氏剪纸艺术发源于历史悠久、民俗风情浓郁的江西省安福县，贺氏剪纸作品无论从其内容或是功用，都与发源地的年节、嫁娶、赠礼往来等民俗活动密切相关，具有典型的民俗特征。

❀ 重要价值

一、民俗学研究价值

贺氏剪纸是农耕社会的人们对社会发展亲身体验、长期观察的反映，是他们在社会生活中的精神寄托。贺氏剪纸对于研究我国农耕社会的生产发展、民俗风情等具有重要的参考价值。

二、应用价值

贺氏剪纸既能登上大雅之堂，参加各类艺术品博览会、展示会，或被各国、各界的艺术品爱好者珍藏，又能像一件家具饰品、用品那样，如灯饰、门贴、靠垫、杯垫、装饰画等，随着现代人各自的眼光与需求进入到千家万户，在现代生活中具有很高的应用价值。

三、历史文化价值

贺氏剪纸所呈现的内容，总是伴随着我国历史文化的发展进程。像如今贺氏剪纸作品中多见的灯饰造型，与初期乡间灯会上各种灯笼所张贴的剪纸造型，已经有着很大的差异，从中可见人们的社会意识和文明进程在漫长的历史中不断演变。

❀ 濒危状况

1. 人们生存环境的改变以及生活质量的提高对传统剪纸的需求产生了较大影响。现在人们普遍使用的是透明的玻璃窗，像窗花这种剪纸艺术的代表作便失去了自己的舞台；墙上张贴、张挂的画作、饰物种类也层出不穷，现代人也极少自己提灯笼去参加灯会，致使民间剪纸受到冷遇。

2. 社会的不断发展和人们思维观念的更新，制约和改变了传统剪纸艺术的传播。

3. 贺氏剪纸正饱受多元化的现代文化传播形式的冲击。目前，印刷业发展迅速，电脑刻制及使用现代机械工艺生产的剪纸，构图细腻，形象逼真，批量大且价格低廉，对传统剪纸形成了极大的压力。传统剪纸完全靠手工，费时多、产量少，艺人一天最多只能剪刻一二十张，大张的就是一张，加上近年人工成本飞涨，因此手工剪纸若作为一种业态，将面临不断萎缩的市场。

4. 目前贺氏剪纸的传承状况不尽理想，能够长期随贺氏传承人学习并从事剪纸艺术的人很少。剪纸产量少，经营收入低，很难吸引年轻人将此作为终身职业。如果不采取积极有效的保护措施，贺氏剪纸将面临传承方面的危机。贺氏剪纸艺术是宝贵的非物质文化遗产，它凝聚了多代民间艺人的心血和汗水，它是民俗文化的灿烂之花，对深圳而言，也是外来的优秀传统文化，具有独特的艺术价值。深圳是典型的移民城市，优秀的外来文化是构成这座年轻城市的魅力和风采不可或缺的文化元素。

❀ 保护内容

1. 保护贺氏剪纸技艺。

2. 保护技艺代表性传承人。

3. 提高年轻人学习贺氏剪纸技艺的积极性，为他们传承剪纸技艺创造条件。

4. 积极申报省级乃至更高级别保护名录。

❀ 已采取的保护措施

1. 宝安区非遗保护部门已制定五年保护计划和相关保护措施。

2. 拍摄第三代传承人贺虹的剪纸技艺系列录像及照片作为资料长期保存。

3. 收集与贺氏剪纸有关的书籍、报刊资料长期保存。

4. 认定贺氏剪纸第三代传人贺虹为区级和市级代表性项目的代表性传承人。

5. 2015 年 5 月，被宝安区列入第三批区级非物质文化遗产代表性项目名录。

6. 2015 年 10 月，被深圳市列入第四批市级非物质文化遗产代表性项目名录。

剪　影

保护单位：深圳市期培艺术传播有限公司

❀ 所在区域及其地理环境

南山区位于深圳市西南部，北依羊台山，西濒珠江口，东临深圳湾，与香港隔海相望、一桥相连。总面积 185.49 平方公里。南山区的地形是背山面海，北高南低，北部为山丘盆地，中部为低丘台地，南部为低丘平地；主要山丘有羊台山、塘朗山、大南山、小南山；主要海湾有妈湾、赤湾、蛇口湾；岛屿有内伶仃岛、大铲岛、孖洲岛、大小矾石岛；主要河流大沙河纵贯全区南北，全长 18.8 公里，是深圳市第二大河。全区设南头、南山、西丽、沙河、蛇口、招商、粤海、桃园 8 个街道和 105 个社区。2016 年末，南山区常住人口 135.63 万人，其中户籍人口 81.02 万人，非户籍人口 54.61 万人。

南山区也是深圳市旅游基地，拥有世界之窗、欢乐谷、锦绣中华、海上世界、青青世界、野生动物园、南头古城等主题公园和著名景点。区内气候温和，属亚热带海洋性气候，平均气温 20℃左右，平均降雨量约 1948 ㎜，平均降水天数 150 天。常年主导风为东南风，秋冬寒露风对本区影响较大，夏秋季台风较大，年平均 1 ~ 3 次，阵风最大十二级。

❀ 分布区域

深圳市南山区。

❀ 历史渊源

剪影是剪纸形式的一种。运用剪刀和黑色纸（或重色纸）剪制人物、动物或其他物体的典型外轮廓，无内部结构。通过影的造型表现形象。关于剪纸的起源传说，东晋的史学家干宝写的《搜神记》中就有这样的记载：汉武帝宠爱的李夫人死后，汉武帝非常想念。有来自齐国的李少翁说能招来她的灵魂。夜设帷帐，点亮了灯烛，令汉武帝远观。但见一美女在帷帐中，就像李夫人，又坐又站，但不能走近细看。汉武帝更为感伤。这是有关剪纸的最早记载。

有研究者认为，剪影艺术起源于东方，历史悠久，可追溯到中国、印度等地古老的皮影艺术，16世纪传到欧洲；也有研究者认为剪影艺术起源于法国，兴盛于18世纪末的欧洲。剪影的最初产生，据说是欧洲皇室宫廷御用艺术品之一，皇族为了记录他们的御容，除了用各种绘画的方法之外，宫廷艺术家还创造了剪影，以满足他们的要求。剪影艺术于1928年传入我国。不管它到底起源于东方还是西方，剪影艺术已广泛流传于我国乡土民间，它通过一代一代富有创造力的民间艺人口传心授而枝繁叶茂，通过民间艺人孜孜不倦的追求而发扬光大，到目前为止已经是一个百花盛开的艺术门类！

深圳南山剪影艺人刘期培，祖籍四川彭州。其祖父刘继康于20世纪20～30年代开始从事剪影和各种剪纸活动，是当地方圆百里最有名气的师傅。除剪影外，刘继康还擅长绘画、书法，常义务为乡民撰联，画房梁、壁画等，加之乐善好施，在乡邻间有"刘大善人"之誉。刘期培之父刘述保从小习医，兼随其祖父学习剪影和绘画，逢年过节或遇红白喜事，亦常为乡邻剪影造像，深得邻里喜爱。在耳濡目染之下，刘期培于"剪、画、医"中唯对剪影情有独钟。父亲言传身教，对刘期培进行了严格的训练，用麻绳缠绕钢筋做成铁笔，让他在十厘米厚的沙盘上练功，还训练他用无名指、小指加虎口控制剪刀。经过艰苦的训练，刘期培剪影技艺进步很快，甚至超过其父水平，达到炉火纯青的地步。1981年起，刘期培开始走南闯北，以剪影为生，在全国各大旅游景区留下

1984年，刘期培（左一）与母亲、姐姐、姐夫、侄女在四川都江堰

2013年，刘期培在香港进行剪影公益表演

足迹，并多次在各种重大活动现场表演，深受好评。1993年，刘期培定居深圳，在中国民俗文化村从事剪影工作。由于水平一流，其作品深受中外游客喜爱，各地电视台、报刊常对他的艺术活动进行报道。

❀ 基本内容

剪影与皮影戏艺术，二者都是运用物体的投影造型，并采用侧面造型的手法。不同之处是：皮影戏人物制作材料是动物皮革，制作工具是刻刀等；而剪影的制作材料是纸张，制作工具是剪刀。剪影艺人在吸取皮影戏人物造型手法的基础上，充分发挥剪纸比刻皮更加灵巧的特点，融合艺人的自身艺术感受，给创作对象加以夸张，挖掘其内在的形象美、幽默美和含蓄美，使其成为高度概括的逆光造型，使剪影成为源于皮影、别于皮影的一种独特的民间造型艺术。

剪影艺人在创作过程中，所用的工具和材料都很简单，一把剪刀、一张绒纸即可，但剪的过程却大有讲究。首先，艺人要对作品的对象（即要展现的人物）仔细观察，在极短的时间内找出其相貌特征、与别人的不同之处。随后开始动剪刀，根据对象的特征，强调其与众不同之处，略加夸张。此时，艺人下刀准确果断，心、眼、手三者合一，一气呵成，在极短的时间内把作品人物剪得比例准确、特征突出，达到栩栩如生、形神兼备的最高境界。

作为剪影的一个分支，人像剪影主要表现人物头像的侧面，更能表现人物面部曲线的美，表达出人物的妩媚隽永，刚毅浑厚！剪影师傅工作时，不用临摹，不用笔画，抬眼一看，人物的特

征就全部记在心里。一剪子下去，眉、眼、鼻、口棱角分明，凹凸起伏，浑然天成，线条匀称流畅。仅仅二十多秒的时间，一幅惟妙惟肖的侧身人像就呈现在观众面前。可以简单地总结成四句话：敏锐的观察力、丰富的想象力、高度的模仿力和准确的判断力。作画时不仅求其形似，更追求神似，注重抓住人物瞬间的表情，揭示人物的内心世界，表现人物的丰富感情，突出剪影独特的神韵。

❀ 相关制品及其作品

主要工具与材料：剪刀、黑色绒纸、签字笔、贴像衬板或相框。

主要作品：各式各样的人物头像，其中含许多政界领袖和文体明星的头像。

刘期培剪影作品

❀ 传承谱系

代　序	姓　名	性　别	出生年份	文化程度	传承方式	居住地址
第一代	刘继康	男	1906 年	私塾	家传	四川彭州
第二代	刘述保	男	1932 年	高中	家传	四川彭州
第三代	刘期培	男	1961 年	高中	家传	广东深圳
第四代	李　丽	女	1979 年	高中	师传	河南商丘
	刘雅洁	女	1986 年	大专	家传	广东深圳

❀ 主要特征

一、剪得快

刘期培剪影时，造型对象在他面前侧身而立或坐，目不转睛，这时需要艺人在操剪时动作一定要快，要抓住对象摆造型的一瞬间。经过多年的历练，刘期培的剪影技法已非常娴熟。他眼快手快、心手合一、剪如游蛇、行云流水、手法熟练、一气呵成，不等对象疲劳，他已作品在手。在一般情况下，他约用 30 秒的时间就能完成一幅作品，有时还会更快一些。

二、抓得准

人像剪影，一定要像。为了达到"像"的目的，刘期培观察人物很准很细，有看人过目不忘的本领。等对象刚刚站好或坐稳，刘期培抬眼一看，就记住了对象的相貌特征。下剪时，他除勾勒头像侧影，更注重表现对象的五官曲线之美、眉眼鼻口棱角分明、凹凸起伏浑然天成，尤其注重做到线条匀称流畅。这样剪出的作品形态明显、线条分明、分寸不失、不用修补，细致到连睫毛、额头上的皱纹都清晰可见，令人叫绝。

三、韵味神

剪影艺术创作除了要做到形似，更要做到神似，达到神形兼备。刘期培剪影时追求写意和神似，讲究"抓神"，表现人物的"神韵"。刘期培注重挖掘人像的突出特点，如鼻子、嘴巴、额头、发型等，拿捏其中的比例与分寸，尤其对眼神的掌握，更是他最为注重的环节。国家文化部前部长王蒙曾用"栩栩如生，呼之欲出"来称赞刘期培的剪影作品。

四、善表演

剪影的过程，往往围观群众较多，此时，刘期培动作之敏捷、手法之娴熟，总能引起大家拍手叫绝、掌声不断、连声叫好，现场的气氛十分活跃。刘期培则顺应这种情况，与观众形成互动，他常常是一边剪影，一边口中念念有词，剪飞纸飘，很有情趣。随着他喊一声"OK"，一件形美、意美、神美的作品即成。这种创作的过程，达到了一种艺术表演的效果。

❈ 重要价值

一、历史文化价值

剪影艺术不同于其他美术类艺术品种，有前人留下的许多作品，显示出历史的厚重。但剪影创作的观念和技巧都是通过代代相传而遗留下来的，依然具有浓厚的传统艺术特色，依然有悠久历史的印记。通过对剪影的研究，把它同关系紧密的皮影、剪纸等放在一起对比，找出它们之间的相同与不同之处，亦可了解民间艺术的发展历程和它们之间的相互关系。而剪影之大写意的观念又与中国写意水墨画的一些观念大同小异。因此，剪影艺术也是中国民间美术百花园中的一朵小花，具有重要的历史文化价值。

二、艺术审美价值

随着社会的发展，人们的物质生活不断改善，对精神生活的追求和对艺术审美的需求也不断增加。剪影作为造型艺术的一个品种，也受到许多人的青睐。剪影造型简练、线条流畅、形象生动，既保留了传统遗风，又不落后于现代潮流，形成了自身的艺术特点，具有一定的艺术审美价值。如果对之认真研究，恰当的吸取其他艺术品种的精华，在艺术观念、制作材料和剪影技法方面不断改进，这门艺术的发展将是很可观的。

三、文化交流价值

现在旅游已成为文化产业的重要组成部分，在旅游景点设置剪影艺术展示，受到广大群众、海外华人和各国宾客的普遍欢迎。在中国民俗文化村，许多中外游人在剪影摊位前久久停留，排队求影，得到作品后都赞不绝口、爱不释手。近几年，刘期培还应邀到马来西亚、美国、阿联酋、德国等国家进行剪影表演，起到极好的传播中国民间文化的作用。因此，这具有一定的文化交流价值。

❈ 濒危状况

1.由于剪影需要一定的天赋，并且技术难度大、习艺周期长，年轻人多不愿学。

2.剪影是一门精细的手工艺术，只有经过长期勤学苦练和反复实践，方能达到运剪自如、得心应手的地步。

3. 如果不加以保护，没有弘扬的平台，只能越来越小众，有失传的危险。

❋ 保护内容

1. 加快对学徒的培养，培训剪影实践骨干传承剪影技艺。

2. 开办剪影培训班，举办研讨会，甚至开办"剪影学校"。

3. 搜集、整理资料，出版剪影作品集，举办展览。

❋ 已采取的保护措施

1. 继续在锦绣中华·民俗村摆摊设点，进行剪影实践。深圳锦绣中华发展有限公司作为项目保护单位，对刘期培开展剪影业务给予了极大的支持。刘期培则在民俗村徽州街固定摊位，为游客剪影、造像，为无数人留下难忘的剪影作品。他还为比利时国王、意大利王室成员、坦桑尼亚总统、索马里驻华大使、南非驻华大使、前国家领导人华国锋、前文化部长王蒙、国民党荣誉副主席蒋孝严、前台湾海基会董事长江丙坤、国际大体联主席乔治·基里安等中外各界人士剪影，以身体力行的实践传播剪影艺术的魅力。

2. 参加各类展会及活动，传播中国传统文化。作为深圳市南山区第二批非物质文化遗产名录项目，刘期培积极参加深圳文博会、港澳民间技艺交流、国际旅游文化活动，以及各类非遗展览、展会；参加"非遗进校园""非遗进社区"等活动，走进西丽大学城、深圳职业技术学院、南山外国语学校、珠光小学、南头小学等院校课堂，以及月亮湾社区、凤凰山庄等社区进行剪影表演、展示；并多次作为中国民间艺人代表，出访美国、德国、阿联酋、泰国、韩国、马来西亚、香港、澳门等国家和地区，进行文化交流，扩大剪影的知名度。

3. 招收徒弟，传承传统剪影技艺。已招收李丽、刘雅洁等为嫡传弟子。其中，李丽跟随刘期培学习 7 年，回到老家河南商丘后，专门开店剪影，在当地普及剪影艺术。刘雅洁也在许多才艺大赛中崭露头角，曾在深圳外来青工才艺大比拼中荣获金奖。此外，刘期培授徒传艺，还带有一批以台湾人士居多、有美术基础的学生。

4. 2009 年 5 月，被南山区列入第二批区级非物质文化遗产代表性项目名录。

5. 2015 年 10 月，被深圳市列入第四批市级非物质文化遗产代表性项目名录。

6. 2018 年 5 月，被广东省列入第七批省级非物质文化遗产代表性项目名录。

传统技艺

安琪广式月饼制作技艺

深圳传统小食制作技艺

喜嫁礼饼（合成号）制作技艺

张氏传统灯笼制作技艺

安琪广式月饼制作技艺

保护单位：深圳安琪食品有限公司

❋ 所在区域及其地理环境

龙华区位于深圳地理中心和城市发展中轴，毗邻六区一市，北邻东莞、光明，东连龙岗，南接福田、罗湖、南山，西靠宝安。2016 年 9 月 14 日，国务院批复同意设立深圳市龙华区。2017 年 1 月 7 日，龙华区正式挂牌成立。龙华辖区总面积 175.58 平方公里，下辖观湖、民治、龙华、大浪、福城、观澜 6 个街道，50 个社区工作站和 108 个社区居民委员会。2016 年末，龙华区常住人口 154.94 万人，其中户籍人口 24.30 万人，非户籍人口 130.64 万人。

龙华新区地形地貌上以丘陵与台地为主。地处北回归线以南，属亚热带海洋性季风气候。夏季气温在 22 ~ 35 ℃之间，冬季气温在 10 ~ 2 ℃之间，年平均气温 22 ℃；一月平均气温 14.1 ℃，七月平均气温 28.2 ℃。年平均日照 2134 小时，平均降雨量 1800 毫米。

❋ 分布区域

技艺在龙华区光湖办事处传授。实体店分布在深圳、江门、东莞等地。

❋ 历史渊源

月饼是久负盛名的汉族传统小吃，深受中国人民喜爱。月饼大又圆，又是合家分吃，象征着团圆和睦，在中秋节是必食之品。古代月饼被作为祭品于中秋节所食。据说中秋节吃月饼的习俗于唐朝开始。北宋之时，在宫廷内流行，但也流传到民间，当时俗称"小饼"和"月团"。发展至明朝则成为全民共同的饮食习俗。时至今日，品种更加繁多，风味因地各异。其中广式、京式、苏式、潮式、滇式等月饼被中国南北各地的人们所喜爱。

宋代大诗人苏东坡有诗句"小饼如嚼月，中有酥与饴"赞美月饼，从中可知宋时的月饼已内有酥油和糖作馅了。到了元代，相传人们曾利用馈赠月饼的机会，在月饼中夹带字条，约定八月十五夜，同时行动，杀死赶走蒙古"鞑子"。到了明代，中秋节吃月饼的习俗更加普遍。明沈榜《宛署杂记》载："士庶家具以是月造面饼相遗，大小不等，呼为月饼。"《酌中志》说："八月，宫中赏秋海棠、玉簪花。自初一日起，即有卖月饼者，至十五日，家家供奉月饼、瓜果。如有剩月饼，乃整收于干燥风凉之处，至岁暮分用之，曰团圆饼也。"经过元明两代，中秋节吃月饼、馈赠月饼风俗日盛，且月饼有了"团圆"的象征义。经清代到现代，月饼在质量、品种上都有新发展。原料、调制方法、形状等的不同，使月饼更为丰富多彩，形成了京式、苏式、广式等各具特色的品种。月饼不仅是别具风味的节日食品，而且成为四季常备的精美糕点，颇受人们欢迎。

月饼一词最早见于南宋吴自牧《梦粱录》中，那时的月饼是菱花形的，和菊花饼、梅花饼等同时存在，并且是"四时皆有，任便索唤，不误主顾"。可见这时的月饼，还不只是在中秋节吃。至于月饼这个名词的来历，已无从考证。但是，苏东坡"小饼如嚼月，中有酥和饴"的诗句，或许是月饼的名称来源以及月饼做法的根据。明代起有大量关于月饼的记载，这时的月饼已是圆形，而且只在中秋节吃，是明代起民间盛行的中秋节祭月时的主要供品。《帝京景物略》曰："八月十五祭月，其祭果饼必圆。""家设月光位于月所出方，向月而拜，则焚月光纸，撒所供，散之家人必遍。月饼月果，戚属馈相报，饼有径二尺者。月饼寓意团圆，也应该是明朝开始的。如果综合明朝有关月饼与中秋节民俗的资料来看，应该能够看出月饼取意团圆的历史轨迹：中秋节祭月后，全家人都围坐一起分吃月饼月果（祭月供品）。因为月圆饼也圆，又是合家分吃，所以逐渐形成了月饼代表家人团圆的寓意。

民间传说慈禧非常喜欢吃月饼的。不过，因为"月饼"和"月病"音近，慈禧又是女人，认为不雅，于是改名为"月菜糕"。在慈禧执政时期，中秋节可是大日子，共有三天。八月十四是"迎月"，八月十六是"送月"，这三天都是中秋节。

广式月饼，又名广东月饼，因主产于广东而得名，是中国月饼的一大类型，盛行于广东、海南、广西等地。由于清末广东通商口岸开放较早，广式月饼最早走出国门，并远传至东南亚及欧美各国的华侨聚居地，享誉国内外市场。

广式月饼主要用莲蓉做馅料。传说始于1889年，在老广州城西一隅开的一间专营糕点美食的糕酥馆里，一位老制饼师陈师傅边吃莲子糖水边想着如何改进制饼工艺，忽觉一股清香的甜味沁入心脾。他定神望着碗里的莲子，灵机一动，决心用莲子来制作糕点馅料，使其独具一格，吸引客人。陈师傅经过多次研究试验，终于试制出色泽金黄、幼滑清香的莲蓉馅。为了保证莲蓉馅料的质量，该店严格选用当年产的湘莲。由于制作讲究，生意日渐兴隆，声名远播，每逢中秋佳节门庭若市，不少人还远道而来，为的就是买到纯正的莲蓉月饼。以莲蓉馅为主渐成为广式月饼的一大特色。陈师傅的徒弟将这种制作技术不断传开，广州乃至珠三角当时的饼店都开始制作莲蓉馅月饼。

1908年，19岁的梁永（1889~1950年）为了谋生，在广东新会司前镇创办了永记饼店（安琪月饼的前身），开始学做莲蓉馅月饼，逐渐摸索出了一套制作技艺。他发现只有当莲蓉的细度与饼皮的细度一致时，馅料才不易破皮；只有当上下炉温的差异在一定的范围（后来测定是10℃）时，烤制的月饼才香软可口。由于口味独特，在当地大受欢迎，一时生意兴隆。其子梁秋，自幼对风水十分感兴趣，却对制饼没有兴趣，在他娶妻之后的1928年，梁永开始将制饼技术传授给儿媳汤源庆（1908~2015年）。儿媳聪慧好学，三年后基本掌握了制饼技术，梁永便将饼店交予儿媳打理。汤源庆在家公传授的技术基础上，通过不断实践，也有所创造。1935年，开始尝试在莲蓉馅中添加咸蛋黄，一来可平衡甜味，二来黄黄的咸蛋黄颇似月亮的外形，在赏月时品尝颇能让人产生联想。但要将咸蛋黄包进饼中可不是件易事，汤源庆经过反复试制，终于掌握了要领：第一是选材，要选取咸度适中的蛋黄；其次是调整上下炉温，蛋黄才不易破碎，最终要使饼皮、馅料与蛋黄的细度一致，三者才能有机结合，其断面才平整光滑，无缺角。为拓展生意，1940年，汤源庆将饼店迁到了广东宝安县深圳向西村（现在的深圳东门一带），继续经营糕点与月饼，每到中秋时节，店里的月饼供不应求。汤源庆的儿子梁顺，耳濡目染，学会了制饼。长大后，母亲有意让其继承祖业，便将制饼的诸多技术要点传授予他。1945年，梁顺（1929年~　）26岁时，接管了饼店。1952年，公私合营，饼店被合并，梁顺退出，返回新会乡下谋生。其间与广东糕点界的名师常有往来，如卢丰、韩发等，更与卢丰的高徒罗宝鉴结为兄弟，切磋技艺，并让其子梁球胜拜为师傅，跟其学技。直至 1987 年，梁顺又返回深圳，在罗湖区再度开设了一间翠竹宏达商店，代售糕点。1990 年，移至凤凰路 10 号，改为安琪饼店，是前店后厂式，又开始制作糕点及月饼，其子不仅在店中跟随父亲学技与饼店的管理，还跟随父亲的同行朋友罗宝鉴学技，在技艺日益娴熟时，于 1994 年成立了深圳安琪食品有限公司，注册了安琪商标，从此以安琪月饼的名号销售。

安琪广式月饼同其他广式特色点心一样，起初全靠手工制作，主要靠师传授徒传承下来。

❀ 基本内容

安琪广式月饼闻名于世，最根本的原因在于它的选料和制作技艺无比精巧。"糖浆皮"和"莲蓉馅"是安琪广式月饼的两大绝招，前者外观油亮、口感松软，后者甜滑独特、莲香浓厚，让人爱不释"口"。其基本的制作方法是：

首先，原料的选取及饼皮、馅料的制作。要选用上好的面粉、猪油、糖浆、枧水按秘方比例进行和面，使得面皮均匀且有弹性，既不会过软也不会过硬。先将莲蓉煮熟，去皮，再进行磨浆，加入一定配比的猪油、糖后开始煮馅，煮制的饼馅细腻香甜；咸蛋黄的选取也颇为讲究，要用未受精的鸭蛋配以适度的盐分，在 50℃下腌制 40 天左右，再在常温下腌制 5 天左右，这样的蛋黄软硬适中、咸淡适宜。在皮馅的搭配比例上，首创了皮三成，馅七成；随着技艺的提高，又改进成皮馅 2：8 直至 1.5：8.5，使得广式月饼皮薄馅大的特点更为鲜明。

其次，要进行分皮、分馅和包馅、成型。传统的做法是用手将面团拍 180 度制成均匀的饼皮，每一个饼皮薄厚差距不到 0.1 毫米，大小差距小于 0.1 毫米。这是要多年才能练成的功夫。分皮是将已搓好的月饼皮按斤两规格分好每个月饼的饼皮。分馅则是把要制作月饼品种的馅料按量分别称好。如单黄莲蓉，在中间加一只蛋黄，双黄或三黄莲蓉，则要把莲蓉分成两份或三份，每份莲蓉再包入一个蛋黄，以二合一或三合一的方法包成一个饼坯。五仁类馅料要捏实、捏圆滑，但馅料不能捏得过久，否则会渗油、离壳。包馅是把饼皮分别包裹已称量好的饼坯，包时饼皮要压得平正、合口处要圆滑均匀。成型是把包好的饼坯放进木模中轻轻用手压实、压平。木模即是饼模（也叫饼印），月饼的大小、形状以及饼面的印字全靠饼模来"定夺"。月饼的皮面还印有饼店字号以及馅料的品种。饼模是主要的制作工具，木饼印以山楂木为上品，荔枝木次之。饼坯放进饼模压时力度要均衡，使饼的棱角分明，花纹清晰，再把饼拿到案板边上将饼坯拍出，脱模时要注意饼型的平整，不应歪斜。

第三，进行烘烤。成型的月饼需要放在瓦片或铁片上进行烘烤。最早的烘炉形状似瓦罐锅，底面是瓦片，上面是带檐边的瓦盖。把月饼放在瓦片上，下面用柴烧，瓦盖上用木炭烧。在月饼的烘烤过程中，火候的掌握尤其重要，过去是用"上火"和"下火"进行双层烘烤，上火用杂木木炭，下火用干柴，上火比下火的温度高 10℃，待饼烘至饼皮转米白色或微有金黄色时取出，在饼面上涂刷蛋浆，再放回炉内烘至熟透。整个烘烤过程控制在规定时间内。烘烤出来的月饼需要冷却，而冷却的空间温度也有要求。

最后是包装，饼要陈放至常温下才能包装。过去主要用"麻粉纸"，其特点是透气性好且吸油，保质期能达 15 天左右。要控制在一定温度下冷却效果最好。

安琪广式月饼的特点是皮薄松软、油光闪闪、色泽金黄、油润软滑、甘甜不腻、造型美观、图案精致、花纹清晰，饼身呈腰鼓形，不易破碎、包装讲究、携带方便，是人们在中秋节送礼的佳品，也是人们在中秋之夜，团聚赏月不可缺少的佳品。

安琪广式月饼分为咸、甜两大类。发展到现在，月饼馅料的选材十分广博。除用莲子、杏仁、榄仁、桃仁、芝麻等果实料外，还选用叉烧、烧鹅、冬菇、冰肉、糖冬瓜、虾米等多达二三十种原料，近年又发展到用凤梨、榴梿、香蕉等水果。

传统广式月饼印饼工序中使用的木制饼模（饼模刻有"福寿双全"字样）

安琪广式月饼在传承传统中不断创新，既有历史悠久的传统产品，又有符合不同需要的创新产品，如低糖月饼、低脂月饼、水果月饼、海鲜月饼等，猪油也被花生油所代替，包装改用高阻隔可降解的环保材料，保质期达 180 天，越来越受到国内外食客的青睐。

❀ 相关制品及其作品

一、主要器具有：

1. 饼模：又叫饼印，是木制的模具，月饼的大小、形状、皮面的花纹全靠它确定。饼模的材质以山楂木为上品，以荔枝木次之。饼模的大小，有"行庄""加头"之分，行庄就是四个月饼合称一斤重，加头则是一斤半四个。饼模的形状有圆形、椭圆形、正方形等。饼模的内壁有各种文字花纹图案，如花卉、饼店字号、馅料名称等。制作精良的饼印一般可以用三到五年，因为长期敲打，饼印很容易开裂、破碎，所以许多饼店都没有把旧饼印保存下来，广式月饼制作也因此缺少历史遗物。

2. 烘炉：最早的烘炉形状似瓦罐锅，底面是瓦片，上面是带檐边的瓦盖。二十世纪 30-40 年代后，瓦片改成了铁片，至 50 年代初期又有所改变，烘烤用具有了烤炉的雏形，是铁制的柜桶，中间有三层，似抽屉可抽出，底层用明火烧，上层用炭火。

3. 其他工具还有石磨、擀面棍等。

二、安琪广式月饼品种：

一类是莲蓉月饼：白莲蓉、纯正莲蓉、单黄白莲蓉、双黄白莲蓉、单黄莲蓉、双黄莲蓉、三黄莲蓉、七星伴月。

另一类是豆沙月饼：纯豆沙、蛋黄白豆沙、蛋黄豆沙、双黄豆沙、玫瑰豆沙、伍仁月饼。

❀ 传承谱系

崔少佳（1906～1996 年），自 1926 年起，往返于粤港澳三地，专业传授糕点制作工艺，收门徒达 3000 余人，其制作月饼工艺精湛，尤其是双手开面皮的手工工艺乃历史上的第一人。面皮均匀，且保质期多 3 天，从不出现渗油情况；他一次可用手工将 300 公斤面粉均匀和成，当时无人可及，传为佳话。在其数千的门徒中，以卢丰、韩发、吴珠等最具代表性。

卢丰（1926 年～　　），现居广州，1940 年从师崔少佳学习月饼制作工艺，1947 年在趣华饼家担任技术师傅。新中国成立后，先后在趣香园、金香园担任技术指导和生产管理，1958 年开始在国营企业荔湾糕点厂担任技术总监，1987 年退休。1978 年，卢丰获得中国第一批中式糕点师称号。在 47 年的从业经历中，他将广式月饼工艺传授给更多的人，罗保鑑是最具代表性的传人之一。

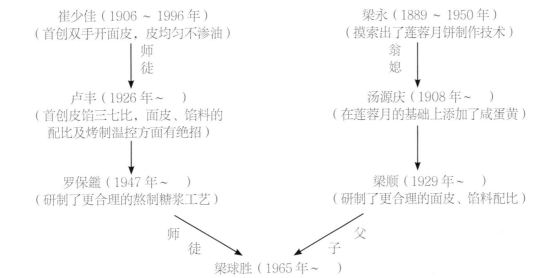

崔少佳（1906～1996年）
（首创双手开面皮，皮均匀不渗油）
　　　师徒

卢丰（1926年～　）
（首创皮馅三七比，面皮、馅料的
配比及烤制温控方面有绝招）

罗保鑑（1947年～　）
（研制了更合理的熬制糖浆工艺）
　　师徒

梁永（1889～1950年）
（摸索出了莲蓉月饼制作技术）
　　翁媳

汤源庆（1908年～　）
（在莲蓉月的基础上添加了咸蛋黄）

梁顺（1929年～　）
（研制了更合理的面皮、馅料配比）
　　父子

梁球胜（1965年～　）

（在掌握前人技术的基础上，研制了水果馅月，利用代糖降
低了月饼的糖度，改莲蓉面皮比为1.5：8.5，改进了包装工艺）

　　罗保鑑（1947年～　），现居广州，1963年16岁的罗宝鑑拜卢丰为师，至今已有50多年月饼制作经验。青出于蓝而胜于蓝，在罗保鑑凭借其对糕点技术的独特天分和自身刻苦的努力，在很短的时间里他便脱颖而出。自1963年起先后在荔湾糕点厂、趣香饼家等数家月饼企业担任技术总监、厂长等职。1981年3月，罗保鑑带领广东省代表团参加全国第一届食品糕点技术大比武，夺取了全国团体冠军；1988年，指导广州趣香饼家生产的月饼一举夺得商业部8大类月饼的金牌，同年还获得首届全国特一级糕点师称号。在广东省乃至全国的业界享有很高的知名度。现任深圳安琪月饼有限公司技术顾问。

　　梁顺（1929年～　），自幼在母亲的店中跟随学习制饼技术，成年后接管了永记饼店。掌握了祖父和母亲的制饼绝招，即制皮、制馅以及烘烤的技巧。在技术熟练的基础上，调整了制馅原料的配比，增加了莲蓉的细度，使莲蓉更香滑、细腻。对烤制的炉具也有改进，变敞开式为半封闭式，提高了热效率，也缩短了烤制时间。他在自己的店中带徒6人，其子梁球胜便是其中之一。

　　梁球胜（1965年～　），自幼随父学习月饼制作技术，1994年又拜罗保鑑为师，系统学习了月饼制作工艺，并于同年将父亲再次创办的"翠竹宏达商店"更名为"安琪饼店"，同时创办了深圳市安琪食品有限公司，专业生产安琪月饼，现为公司董事长。

　　梁球胜自幼耳濡目染月饼工艺制作技术，在掌握传统月饼制作技艺的基础上，近年来还拥有月饼制造技术的十余项专利。

❀ 主要特征

安琪广式月饼具有如下特征：

一、选料精

　　安琪广式月饼用料十分讲究，几近苛刻，以"精、细、纯、正"著称。其双黄白莲蓉月饼、双黄红莲蓉月饼两大驰名品种，严格选用上好的湘莲作原料，用上等鸭蛋作内馅，采用纯正植物油制作，是月饼中的上品，曾获"中国名饼"称号。

传统广式月饼烘焙工序中使用的烘箱及莲蓉馅料制作工序中铲制莲蓉所用的铲锅

师傅正向徒弟们传授技艺

二、风味正

安琪广式月饼轻油而偏重糖，独创咸饼，外皮素净，内馅讲究，味觉浓郁，口感香滑，甘甜不腻。

三、工艺巧

安琪广式月饼制作工艺独具匠心，制皮、制馅、包馅、成型、烘烤每一步都有绝招，只有掌握了全部要领才能制出注重原味、强调新鲜的安琪月饼。

四、习俗深

"中秋佳节中秋月，没有月饼不成节"。月饼象征着团圆，是中秋节的必备佳品。中秋赏月吃月饼，已成为我国人民延续几百年的传统习俗。安琪月饼也成为人们寄托亲情的物质载体。

五、传承久

安琪广式月饼既有家族传承，又吸收了其他广式月饼制作流派的精华，新一代的传人也打破了家族式传承的习俗，向愿意学习月饼制作技艺的人传授，使得安琪月饼制作技艺更精。

❀ 重要价值

一、文化价值

众所周知，月饼已不仅是普通食品，它与我们中华民族的传统节日——中秋佳节紧密相连。几百年来，每到中秋时节，无论大城小镇，街上的店铺都会摆满灯笼和月饼，这是华人过中秋必不可少的两样物品。月饼以圆形为主，代表了合家团圆；月饼又以甜型口味为主，代表甜蜜幸福。它寄托了人们对家人的祝福、对家庭的希望，是维系亲情的重要物质载体。

二、历史价值

安琪广式月饼的制作技艺是经过几代人的不断研究、实践而渐进形成的，是制饼技人智慧的结晶，是我国众多中式糕点品种制作的杰出代表。从制作技法上，它保留了原料（面粉、莲子、蛋黄、糖等）的原汁原味，仅添加油和枧水，通过制皮、制馅、烘烤，使上述各种原料有机的混合，形成了麦香与莲香交织在一起的香甜细滑的独特风味。就是从现代营养学的观点来看，广式月饼的营养价值也是可观的。

三、社会价值

如前所述，广式月饼是华人过中秋的必备品，其消费市场潜力巨大。同时安琪广式月饼的制作还将拉动农副产品（小麦、莲子、植物油等）加工、包装、广告、邮政等相关产业的增长。

✿ 濒危状况

传统制作安琪广式月饼的技艺需经过多年反复的练习实践才能掌握，学习过程中劳动强度大，现在的年轻人已少有人愿意学习。长此以往，以广式月饼制作技艺为代表的中式糕点制作技艺有可能被西式糕点制作技艺所取代。届时面包、汉堡成了主流，我们不仅丢失了市场，而且传统文化的传承也将遇到危机。

✿ 保护内容

1. 组织专门人力、物力、财力对传统广式月饼制作技艺、器具、制品进行确认。对代表性传承人进行确认。

2. 建立传统广式月饼制作技艺、传承人档案，建立老字号店铺、器具、牌匾的档案。

3. 对上述档案资料、遗物、遗址等进行专门保管、收藏与维护。

4. 关心传承人的工作与生活，使其保持和提高继续传承安琪广式月饼制作技艺的能力。出台相应的规范性文件，严格对属于非物质文化遗产范畴的广式月饼制作技术、工艺配方、器具的转让与出卖。

5. 依靠代表性传承人，将安琪广式月饼制作技艺更广泛、更深入地继承与发扬。

6. 制作各种媒介的宣传资料，通过媒体、学校以及遍布世界各地的华人进行宣传。在新加坡、马来西亚、印尼、美国等地开设分公司，促进全球的传播。

7. 设立专门机构，对安琪广式月饼的历史渊源、制作技术、原料与配料、制作工具等进行专项研究，将其精华更好地展示于人。

✿ 已采取的保护措施

1. 安琪公司明确将罗宝鉴、梁球胜掌握的广式月饼制作技术列为企业的重要机密，建立和健全了技术秘密的内部管理制度，设立专人进行管理；对公司的独创技术及时申报国家专利予以保护；与技术类员工签订书面的保密协议，要求其保守技术秘密。

2. 注重对传承人的保护，为其提供良好的工作与生活环境。做好对广式月饼制作技艺的传承工作。公司实行了专业技术带头人制度，以师傅带徒弟，加强后备人才的培养。

3. 建立有利于创新的机制，鼓励创新。为贡献突出的技术人才解决入户问题，解除其后顾之忧。在引进技术人才和培养人才方面平均每年投入约200万元，累计超过2000万元。

4. 在传承技艺的过程中十分重视产品品质，公司建立了食品质量安全管理体系。有效保障产品质量。自1998年至今，安琪月饼连续被评为中国月饼节名牌月饼。2004年，安琪月饼被评为中国最著名的五大月饼品牌之一。

5. 自2002年开始，安琪月饼连续5年在深圳举办万人中秋赏月会，为数万市民提供了赏月品月饼思亲人的平台。这一项目已成为安琪月饼每年必开展的品牌推广和月饼文化宣传活动，广受社会各界和媒体的好评。2006年，在梁球胜的策划下，安琪月饼联合深圳主流媒体在深圳市民中心举办了2006年度中秋月饼文化节，宣扬了中秋月饼文化。安琪一直为使中华民族的月饼文化走向世界而努力，2006年，在新加坡开设了一家分公司，专售安琪月饼，并借此弘扬独具中国特色的月饼文化，引起极大反响。

6. 深圳安琪食品有限公司在20世纪90年代后期，在国内月饼企业率先建立了ISO9001国际质量管理体系和HACCP食品安全关键控制体系并保持着有效运行，最终建成为"广东省食品药品放心工程示范基地"。

7. 在发展的过程中，不断加大对月饼制作技艺及其文化的传播。每年在全国各地投入大量的户外、影视以及报纸广告，同时举办系列大型促销活动。每年投入的传播费用约1000万元，数年来，累计超过1个亿。

8. 2010年3月，被宝安区列入第二批区级非物质文化遗产代表性项目名录。

9. 2013年12月，被深圳市列入第三批市级非物质文化遗产代表性项目名录。

深圳传统小食制作技艺

保护单位：深圳市合成号食品有限公司

❀ 所在区域及其地理环境

宝安区地处广东省深圳市西部，西临珠江口，东接光明新区、龙华新区，南连南山区，北与东莞市交界。土地面积 397 平方公里，占全市 19.9%；境内有海岸线 45 公里，占全市 17.3%；海域 220 平方公里，占全市 10.9%。现辖新安、西乡、航城、福永、福海、沙井、新桥、松岗、燕罗、石岩 10 个街道，124 个社区。2016 年末常住人口 301.71 万人，比上年末增加 15.38 万人，增长 5.4%。其中户籍人口 47.75 万人，占常住人口的 15.8%；非户籍人口 253.96 万人，占 84.2%。户籍人口出生率 22.94‰，死亡率 1.34‰，人口自然增长率 21.6‰。

宝安区属低山丘陵滨海区，背山面海岗峦起伏。地势是东北高西南低，地貌类型丰富。主要山脉属莲花山系，由羊台山、凤凰山等构成海岸屏障。宝安区地形较为复杂，主要地貌类型为低山、丘陵、台地和平原，最高海拔为宝安区羊台山山顶 587.21 米。东北部主要为低山，中部及北部主要为丘陵台地，西部主要是冲积平原，并残存一些低丘，而西南海岸多为泥岸，滩涂资源丰富。本区域属亚热带海洋性气候，平均气温 22 ℃，雨量充沛，年降水量 1926 毫米。

❀ 分布区域

深圳传统小食制作技艺主要分布于深圳市宝安区、光明新区、罗湖区等地。

❀ 历史渊源

历史上的深圳是移民城市，聚居着广府人、客家人和疍家人，地方糕点小吃也带有这三大民系生活习俗的特色。广府人喜欢做马拉糕、千层糕、腊肠卷、萝卜糕、炸角仔、炸糖环、老婆饼、鸡仔饼、核桃酥、白糖饼、沓米饼、松糕、"素粉"等，客家人喜欢做云片糕、牛筋糕、猪油糕、菊花糕、钵仔糕、圆笼粄、喜（起）粄、甜粄、聂粄勃粄、艾叶粄、鸡屎藤粄（以一种植物藤为原料）、仙人粄（以凉粉草为原料）、米橙（米通）、糍粑、拗饼等，疍家人则喜欢做潮州粉果、糖芋泥、春饼、笋粿、沙茶粿、牛杂粿条等深圳传统小食主要品种有油角、糖环、云片糕、艾果、松糕、鸡椿角等。

这些小食在深圳及广东其他地区已有悠久历史，虽无确切的文字记载，但关于小食制作是四、五百年前甚至上千年前自中原及东部省份传入的说法，则广泛存在于广东民间。其中的油角，据传因南迁的客家人将北方水饺的工艺带到广东所致。当时人们发现广东出产的糯米粉可以代替面粉做饺子皮，又因粤人爱吃甜食，就尝试着以本地盛产的砂糖及花生、芝麻等作为馅料；以后又

深圳传统小食代表性传承人陈淦忠指导家乡楼村的乡亲做油角

发现南方气候温暖潮湿，这种"饺子"类食物容易变质，所以想到用油炸来保存。这种"饺子"又被称为油角，可能是在粤语中"饺"与"角"的发音相近，油角的形状及制法（除油炸外）亦和饺子类似。再到后来，油角又被赋予更丰富的含义。有人说它的形状像钱包，过年必备油角，是取其钱包饱胀的好兆头。离春节还有一、二十天，深圳宝安、罗湖各村的家家户户就要开油镬炸油角了。当地人做油角，也像北方人包饺子，全家男女老少围坐在一起，图个过年的热闹气氛，也是为求来年的日子也像那油镬一样油润、富足。油角是过年时各家串门送礼、招待客人所必备的食品，如果长辈们发现自家孩子的新衣服口袋中装满了油角，便觉得很有面子。

根据记载，糖环是古代中原人南迁时带来的小食。起初的糖环制作，不用模印，只搓成长条，捏成环形，吃时很硬。糖环的形状有点像古人的圆环玉佩，也像古代缩小的车轮，由大环套住小环，环环相扣，寓意连绵不断、生生不息。

糖环制作技艺传至广东深圳、东莞及香港新界等地后，原料也由面粉改为糯米粉，加入砂糖（也有的加入少许盐），经油炸后即成为"糖环"，口味变得甜而香脆。糖环可存放多日，曾是逢年过节必然有的小吃。为了喜庆，一些人还在糖环上加花米点染成红色。

据《宝安县志》记载："光绪二十七年（1901年），合成号发明中外闻名的宝安云片糕。"可见宝安云片糕是当地名副其实的百年小食。宝安云片糕的主要原料是宝安当地优质糯米。宝安街道位于珠江口基围咸淡水交界处，咸田纬度低，日照充足，土壤格外肥沃。得天独厚的地理环境，种植出来的糯米粒大饱满口感好。宝安云片糕用当地细腻的淡水河沙翻炒糯米，使其膨化，研磨制成糕粉，糕粉沉化120天左右后，辅以白糖、猪油、芝麻、榄仁等制成。制成的宝安云片糕犹如凝脂，轻薄透亮、口感细糯滑绵，入口即化，甜而不腻，深受当地百姓喜爱，民间美誉："此糕送予蟠桃会，神仙取糕不取桃！"。

据史料记载，百年前的罗湖桥广九铁路上，许多商家贩卖云片糕，火车一停靠，高声叫卖"云片糕！云片糕！"打开油纸包装，取出一片，薄得透亮，再划着一根火柴"滋滋"地点燃，才是正宗的宝安云片糕，经由这条"铁道丝绸之路"，云片糕直接出口港澳、远销南美、澳洲雪梨埠、东南亚，是华侨寄托乡思、寻找和传递乡愁的地方特产，经广州通达内地，成为宝安著名的岭南旅游特色产品。

也许比黄果更早一些，深圳的一些古村落中也有人掌握了云片糕制作技艺。经了解，公明办事处已有600多年历史的楼村，村中很早就有人会做云片糕，他们还根据云片糕的形状称之为"书册糕"。

"艾果"则据说出自一段传奇：晚清时期的一个清明节，太平天国将领陈太平靠着农民送来的又香又糯的青米团恢复了体力，躲过清兵的追杀，安全返回了大本营。青米团是用艾草煮烂挤汁揉进糯米粉内做成，广东深圳等地的人们称之为艾果，也有人因其形状称为艾塔。每年的阳春三月，乡间都做艾果，它因为上述传说而成为清明的供果，同时也成为便于携带的途中食品。

松糕的产生历史更久，相传是春秋后期伍子胥修筑阖闾城（即苏州城）后，在庆功宴上看见人人贪逸安乐，遂在城脚下藏着糯米粉砖，以备万急。日后吴国人便以糯米粉砖制成各式食物，并演变成江浙的地方名点——松糕。松糕何时传入广东暂未可考，但据信起码在清代，广东人就已在"早茶"时食用松糕。松糕在过年时食用最多，深圳原住民取其谐音谓之"年年高（糕）"。

根据这些传说和史料可以推知，上述传统小食的制作技艺至少在明清时期，即已由内地传来广东及至深圳，并经不断衍变、改进，终于形成具有深圳本地特色的小食制作技艺，其中的油角、云片糕更是成为深圳最受欢迎的传统小食。

清光绪二十七年（1901年），由深圳人黄果创办的"合成号"商号在深圳圩正式挂牌营业，这是专门生产、经营传统小食的商号，说明深圳传统小食的品牌历史已在百年以上。

风味各异的传统小食曾深深介入了深圳原住民的生活。逢年过节，"小食"或因其名称的吉利，或因其美味且耐存放，总能受到百姓大众的青睐；而某些"小食"富于寓意的产生背景，使得它们又成为清明或其他祭祀场合必备的供品。

据出生于深圳市宝安区楼村（今光明新区楼村）的陈桂流（生于1932年，传统小食制作技艺第四代传承人）介绍，其曾祖父陈创周（第一代传承人）、祖父陈树芬（第二代传承人）及父亲陈水添（第三代传承人）曾世居深圳圩（今深圳东门商业街）北门街，从事小食的加工售卖。"合成号"挂牌营业后，他们都参与该商号的生产、经营。在楼村，村民虽多为广府人，但很早就从客家人那里学会了油角、糖环、云片糕等多种小食制作，村中在百多年前出现了众多制作小食的家庭作坊，所产小食还到光明镇旧街出售。20世纪50～60年代，村中自制小食的风俗还十分盛行，深圳宝安、罗湖等地的许多旧村亦如是。但在1980年后，多种洋食品渐次进入深圳，加上人们生活观念、饮食习俗的变化，深圳传统小食逐渐淡出人们的视线，不仅无数作坊关张，甚至在传统佳节，许多原住民家中也难以觅见这些小食的踪影。

九一八事变后，港、深两地人心惶惶，第三代传承人陈水添遂结束在"合成号"商号的经营业务并离开深圳圩，返回楼村务农，但逢年过节，他仍以制作各种小食为乐。陈水添后来将小食制作技艺传给儿子陈桂流，陈桂流再传给儿子陈淦忠（生于1970年，第五代传承人）。

❋ 基本内容

深圳传统小食依其制作方法主要分为油品类和糕品类。油品类即油炸小吃，以米、面和杂粮为原料，风味各异，主要品种有油角、糖环等；糕品类以米、面为主，杂粮次之，蒸炊至熟，可分为发酵和不发酵两种，主要品种有宝安云片糕、艾果、松糕、鸡椿角等。总的来看，小食的主要原料为我国南方特产的糯米粉和砂糖；其口感为甜、糯、香、脆，符合南方人的口味。

油角等主要小食品种的制作技艺分列如下：

一、油角

1. 材料配比

(1)面皮材料：面粉120克、砂糖60克、鸡蛋1只、猪油（或植物油）10毫升、清水200毫升。

(2)馅料材料：花生、芝麻（炒香）、椰茸、幼砂糖。先将所有馅料材料混匀待用。

(3)花生油适量（炸油角用）。

2. 主要制作工艺流程

(1)用酒瓶把炒熟的花生米碾碎。

(2)将面皮的材料加水混合揉成面团，放置30分钟。再把面团分成等分，将酒瓶作为"擀面棍"将面团擀薄为面皮（每块面皮上都抹点油，以免粘在一起），然后用圆模改出圆形。

(3)将花生、芝麻拌上白糖，搅拌均匀，如果喜欢有椰子味的，可以加上椰蓉，这样做出来的油角会有淡淡的椰香。

(4)包上馅料。包的时候放馅适量（馅料重约6克），先沿着角子的两侧对捏起来，收好边，捏成耳朵形状；捏角子边上的花，用指甲沿边一路轻轻地锁边，一个个叠加起来，成麻绳状，最后一个捏过来，油角即已包好。捏花的时候力度不能太大，否则会使"花"贴到饺子身上，不美观。

(5)油锅加热，油角入油烹炸。炸时要经常翻动，油温要控制好，以免炸至焦煳。

(6)油角炸至金黄色即可，捞出摆放在笊篱中，晾干油才上碟。

炸糖环时，要用竹筷不时翻拨，以免炸焦

二、糖环

1.材料配比

糯米粉120克、砂糖60克、鸡蛋1只、清水200毫升、油炸用花生油。

2.主要制作工艺流程

(1)糯米粉过筛，拌入砂糖。

(2)鸡蛋打散，拌入糯米粉中。

(3)加入清水，将糯米粉揉成团状。

(4)将米团在水中煮至半熟，再放在干粉中压揉，揉成粉团备用。若将粉团放置半天炸出的糖环会更加香脆。

(5)在糖环模具中先垫干粉，手上也撒少许干粉，然后将粉团用力压入模具。

(6)用割刀铲去模具上的粉团，再轻轻晃动模具，糖环即自模具中脱出，可暂时摆放在竹匾中。

(7)将糖环放入热油锅中，其间用竹筷不时翻拨，炸至金黄即可。捞起后入放碟中待凉。

三、宝安云片糕

1.材料配比

据《宝安县志》记载，当年"合成号"生产宝安云片糕，每生产14小包，基本原料为本地所产的糯米粉220克，白糖500克，猪油80克。

而据陈淦忠介绍，楼村制作云片糕，原料配方为：糯米粉4.5千克，白砂糖5千克，熟猪油500克，清水1.25千克，花生油、粘米粉、柠檬酸适量。有时也可根据特殊的口味要求加入少许桂花糖。

2.主要制作工艺流程

(1)糯米粉加工：精选当地生产的纯白大糯米，用温水洗净，再用60℃的热水捞一次，堆垛1小时，随即摊开，经20小时晾干后过筛，选出大颗粒糯米，然后用四倍粗砂炒米，炒到糯米呈圆形，不开花即可。随后过箩除尽砂子，再将炒好的糯米磨成粉。

(2)陈化：将磨好的糯米粉放在阴冷的仓库中贮存，叫做陈化。糯米粉陈化时间一般为3个月到半年左右，以使糯米粉吸潮而去其燥性，才能达到制成品松软爽口的要求。

(3)制糖砂：白砂糖用清水溶解后煮成糖浆，煮时加入适量柠檬酸，煮至122℃，熄火，搅拌成糖砂，加进熟猪油，拌匀备用。有时根据需要加入少量桂花糖。

(4)调粉：把过筛的糯米粉，装入盆中放置操作台上，均匀而缓慢地倒入糖砂，再用杂木面杖着力搅拌糯米粉，面杖搅拌后再用手使劲搓、挤、揉，视情况再补充糖砂二至三次。糯米粉团不可太稀，亦不可太干，以粉团柔软发韧为度。

(5)压片：将粉团摆放在案台上，用特制的压辊擀压粉团。先在案台上和粉团两边撒上少许粘米粉，再用压辊擀压，将粉团压成厚度约1毫米的薄片。

(6)切糕坯：切刀较薄，切前在刀的两面都抹上少许花生油，然后将薄片切成长约30厘米、宽约6厘米的糕坯。

(7)入模：在铁制的糕模中均匀刷上花生油，再将糕坯放入糕模中，可叠层码放，约码至15层。

(8)蒸烤：将码放好糕坯的糕模放入大锅中隔水蒸烤约15分钟。要注意当天的气温与火候，同时还要注意锅内水温，锅里的水始终保持微沸腾状态即可，以防止糕坯含水过多。蒸烤时糕模上面不要加盖，也是为了防止糕坯含水过多，这样可延长存放期。

(9)冷却、切片：经过蒸烤的糕坯脱模后置放于熟面粉内，冷却约1小时，其目的是为了将糕坯中水分充分吸收，以便保持质地软润和防止霉变。待其充分冷却，经切片、包装，即是成品。

制作云片糕的重要工序——切片

四、艾果

1. 材料配比

(1)糯米粉500克，白砂糖150克，煮熟、捣烂的新鲜艾叶250克，熟花生油。

(2)花生（炒熟研碎，作为馅料）。

2. 主要制作工艺流程

(1)将艾叶洗净，剪成小段，煮熟捣烂，加少许水，使之呈糊状。

(2)将熟艾叶糊加入糯米粉及糖和匀，和粉时加一调羹油，以增加成品色泽。

(3)把和好的粉分成等量的团。

(4)将菠萝蜜树叶或蕉叶洗净后用开水烫一遍，平摊于粗孔竹匾上。

(5)将和好的粉团揉成类似窝头的皮，包入花生馅料，每个包馅料25～30克，包好后揉成团状，上端用竹签扎2～3个小孔，放入竹匾中的树叶上。

(6)放入大锅中隔水蒸40分钟。

(7)在蒸熟的艾果上沾点熟花生油，以防艾果胀大后变形裂开，并保持晶莹透亮的外观。

五、松糕

1. 材料配比

(1)糯米粉10公斤、粳米粉15公斤、砂糖12.5公斤。

(2)红枣、莲心、核桃仁、桂花（均作为馅料）。

2. 主要制作工艺流程

(1)在米粉中加入糖、水搅拌，以拌均匀、不粘腻，手捏仍能成粉状为适宜。

(2)用细筛子将拌好的粉筛入松糕模匾中，先将模匾填掉一半。

(3)用小勺舀取拌好的馅料点入模屉各个小格，每格约点入 12 克馅料，用手稍稍抚平。

(4)用已拌好的细粉将格子盖满。

(5)将模屉每层用竹板条隔开，层层垒叠，放入直径约 1 米的大铁锅，盖上木蒸盖。

(6)松糕蒸半小时即熟，将松糕模屉退出即可。松糕遇冷后变硬，再食时宜用蒸锅蒸热。

六、鸡椿角

1. 材料配比

(1)糯米粉 500 克、砂糖 125 克、盐 10 克、鸡蛋 2 个。

(2)栀子（熬水，渣子滤去）。

(3)爆米花、研碎的熟花生、砂糖、葱（均作为馅料）。

(4)花生油。

2. 主要制作工艺流程

(1)将糯米粉等原料混合，再倒入栀子水，拌成金黄色糯糊状。

(2)在平底锅上倒入少许花生油，再将原料糊倒入锅里并平摊，加火煎成薄饼。注意不要煎煳。

(3)将馅料混合，在薄饼中包入约 60 克馅料。

(4)将包入馅料的薄饼对边叠合，像一个金黄色的大饺子。

(5)用铁铲将"饺子"边缘压紧，再在平底锅中煎烤 10 ~ 20 秒。

(6)煎烤好的鸡椿角整体外观为金黄色，可摊放在洗净的蕉叶上保存。

✿ 相关制品及其作品

一、器具

1. 油角制作器具

(1)空酒瓶，擀油角皮用，类似擀面杖功能。

(2)铁制圆模，直径约 5 厘米，用于压取油角面皮。

(3)直径约 50 厘米的铁锅，用于炸油角。

(4)摆放油角成品的粗篾匾，直径约 60 厘米。

2. 糖环制作器具

(1)揉粉用的铁盆或木盆。

(2)压制糖环的木制或铁制模具，直径约 15 厘米。

(3)割去模具上粉团的铜铲或割刀。

(4)直径约 50 厘米的铁锅，用于炸糖环。

(5)油炸时翻拨糖环用的竹筷。

(6)摆放糖环成品的粗篾匾。

3. 云片糕制作器具

(1)铁盆，直径约 50 厘米，高约 25 厘米，用于搅拌糕粉。

(2)面杖，长约 30 厘米，直径 2.5 厘米，以杂木制成，用于搅拌糕粉。

(3)压辊，高级硬木制成，长约 25 厘米，直径约 8 厘米，中间钻孔贯通，孔的直径约 2.5 厘米，再经钻孔横穿一根硬木质地的轴，两边各长出约 10 厘米以便抓手。压辊用于将粉团压成薄片，即糕坯。

(4)糕模，用薄铁制成，为边长约 30 厘米、高约 12 厘米的正方形模具，用于码放糕坯，糕坯在糕模中码好后将放置于铁锅中蒸烤。

(5)切片刀，用于切糕坯及糕片，铁质，刀口较薄。

(6)大铁锅，直径约100厘米，用于蒸烤糕模中的糕坯。

(7)油纸，用于包装切好的云片糕成品，油纸据认为有隔潮的作用。

4. 艾果制作器具

(1)拌粉用的木盆或铁盆。

(2)粗篾竹匾，用于摆放艾果成品。

(3)蒸锅，直径约50～60厘米。

(4)竹签，在艾果上扎孔用。

5. 松糕制作器具

(1)细粉筛。

(2)拌粉用的木盆或铁盆。

(3)木制松糕模框，边长约30厘米，高约5厘米，内分36个小方格，每格边长约5厘米。

(4)分隔松糕模框用的竹板条，每条长约25厘米，宽约3厘米。

(5)直径约1米的大蒸锅，配直径约60厘米的木蒸盖。

5. 鸡椿角制作器具

(1)盛料盆；

(2)蕉叶（洗净）；

(3)煎烤用平底锅，直径约30厘米。

二、作品

深圳出产的油角、糖环、云片糕、艾果、松糕、鸡椿角等，是深受民众欢迎、驰名中外的深圳代表性名优小食。

✿ 传承谱系

代 序	姓 名	性 别	出生年份	传承方式
第一代	陈创周	男	1846 年	家传
第二代	陈树芬	男	1863 年	家传
第三代	陈水添	男	1886 年	家传
第四代	陈桂流	男	1932 年	家传
第五代	陈淦忠	男	1970 年	家传

陈创周（1846 年~   ），祖籍深圳宝安楼村（今深圳市光明新区楼村），年轻时在深圳圩北门街生产、经营传统小食，为深圳传统小食制作技艺第一代创始人。

陈树芬（1863 年~   ），陈创周之子，世居深圳圩北门街，为第二代传人，其传统小食制作技艺为家传。

陈水添（1886 ~ 1950 年），陈淑芬之子，世居深圳圩北门街，为第三代传人，传承方式为家传。

陈桂流（1932 年~   ），陈水添之子，出生于深圳宝安楼村。在少年时就从父亲陈水添处学得传统小食制作技艺，为第四代传人，传承方式为家传。

陈淦忠（1970 年~   ），陈桂流之子，出生于深圳宝安楼村。20 岁时自父亲陈桂流处承袭了传统小食制作技艺，为第五代传人，传承方式为家传。

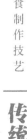

陈淦忠并不满足于对小食制作技艺的掌握，他痛心于深圳传统小食日渐淡出人们视线的现状，决心让它重现往日的光彩。为此，他创建了深圳市合成号食品有限公司，已向国家工商总局申请了"合成号"商号的商标注册并且得以批准。他计划在充分运用传统制作技艺的基础上扩大产能，使深圳传统小食能够成为体现深圳历史和传统文化印记的代表性特色产品。

❀ 主要特征

一、民间手工技艺特征

在制作技艺传入深圳后的数百年间，深圳传统小食一直由民间手工生产，全凭家传或师徒传授及实践经验积累，手传口授的民间手工技艺特征明显。

二、民俗特征

曾较大程度地介入了深圳原住民的生活，民俗特征明显。春节前后，往往是传统小食的高产时期；此外，每逢其他传统节日，或是举行祭祀活动，以及亲朋相聚，传统小食总是不可或缺，云片糕、艾果等还是桌案上的重要供品。

三、南方小吃特征

小食的主要原料为我国南方特产的糯米粉和砂糖，其口感为甜、糯、香、脆，符合南方人的口味。而且，油角、糖环等都是用油炸过，云片糕也是富含油脂，就连包装纸也是用的油纸，这样在温热潮湿的南方即使保存多日也不至于变质。

❀ 重要价值

一、历史价值

深圳传统小食历史悠久，从创立品牌到史料记载，已有上百年历史，对于研究我国南方传统小吃的衍变、发展进程，具有很好的参考价值。

二、传统文化价值

和我国许多传统小吃相似，深圳传统小食中的某类小食，在本土人士，特别是文化人的眼中，不仅仅是食品，而是一个文化符号。譬如油角，仅因为民间认为它像"荷包"，就引申出"过年必备油角，是取其钱包饱胀的好兆头"等一系列形象而寓意很深的说法与认知。作为深圳传统名优特产中的重要代表，它的出现和制作技艺的提升，对于我国饮食文化和传统营养学的研究，也具有重要价值。

三、经济价值

传统小食曾经是有代表性的本土名优小吃，在深圳和港澳地区深受民众欢迎。如今，国家非常重视对传统手工技艺这一宝贵的非物质文化遗产的保护和传承，国家和各级政府也正在着力恢复"中华传统老字号"，深圳市也计划开发地方名优小吃作为重要的旅游产品。可以说，深圳传统小食正面临重要的发展机遇，如果得以积极有效的宣传和扶持，传统小食将产生可观的经济价值。

四、社会价值

传统小食制作在深圳流传直至出现商号专门生产、经营，其间已有许许多多家庭经历了颇富情感意味的学艺、传承过程，合家制作小食，已是多年不变的习俗，亦成为维系亲情和友情的纽带，在没有更多休闲、娱乐方式，没有更多"零嘴"、小吃供人们消遣的农耕社会尤其如此。

五、工艺价值

某些小食既是美味食品，又像是可供欣赏的工艺品，如糖环，它的制成品和模具都显得具有美学和几何学意味；又如优质的云片糕，薄如书页，以至于当年一些港人买去后总要用手拈起来欣赏一番，迟迟不忍入口。从改进、完善我国食品外观设计及工艺的角度来看，这些小食都颇具启示意义。

✿ 濒危状况

1. 深圳传统小食曾是颇受人们喜爱的知名小吃。因经济条件、商品流通条件所限，人们往往要逢年过节才能稍为满足对这些小吃的欲求。但是自改革开放以来，进口食品大量涌入境内，国内的食品厂家也加大了品种开发力度，市场上副食、小吃品种层出不穷，同时国民的生活水平也大大提高，各种吃食唾手可得，如此，深圳传统小食已魅力渐失。

2. 深圳传统小食制作全部为手工操作，耗时较长，难以大规模生产，故而成本较高。这也导致这些年来难以出现较大的小食生产厂家。

3. 由于健康、养生观念正深入人心，富含油脂的小食让许多人敬而远之，他们误以为吃小食会对心血管不利。依照深圳传统小食的制作工艺要求，有些小食必须经过油炸，有些在调粉过程中还必须按比例掺入熟猪油，否则其性状和口感将大不相同，所以这种小食让不敢吃动物油脂的人群有所忌惮。这也是如今传统小食产销不旺的重要原因。

4. 传统小食属于利润较低的传统手工行业，从业者报酬不高，加上深圳就业途径较多，导致年轻人对学习小食制作技艺不感兴趣，传统的作坊已殊为罕见，加上原有的技艺传承人正逐渐年长或去世，其制作技艺面临失传的危险。

✿ 保护内容

1. 保护深圳传统小食的传统制作技艺。

2. 保护技艺传承人。

3. 保护传统小食生产作坊。

4. 恢复"合成号"商号（商铺），提高其品牌形象。

5. 鼓励、资助年轻的食品工业技师学习、掌握传统小食的制作技艺，壮大技艺传人队伍。

✿ 已采取的保护措施

1. 2011年3月，被宝安区列入第二批区级非物质文化遗产代表性项目名录。

2. 2013年12月，被深圳市列入第三批市级非物质文化遗产代表性项目名录。

3. 2015年11月，被广东省列入第六批省级非物质文化遗产代表性项目名录，更名为《深圳云片糕制作技艺》。

4. 在合成号食品有限公司内指定专门部门，研究保护传统小食制作技艺。

5. 用文字、照片和光盘全面地将深圳传统小食的原材料配比、制作工艺流程完全拍照、记录、保存下来。

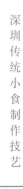

5.扩大传统小食生产、研发、营销队伍，着力拓展其生存、发展空间。

6.合成号食品有限公司向国家工商总局申报"合成号"商号的商标注册已得到批准，油角、糖环、云片糕、艾果、松糕、鸡椿角等代表性传统小食将作为公司的主打产品。

7.已与市、区非遗保护部门积极沟通，探讨宣传深圳传统小食品牌及制作技艺的有效途径，得到了相关部门的热情鼓励和支持。

喜嫁礼饼（合成号）制作技艺

保护单位：深圳市合成号食品有限公司

✿ 所在区域及其地理环境

新安街道隶属于广东省深圳市宝安区，位于珠江口东岸，与蛇口半岛相望，东南与南山区南头街道及西丽街道相连，西北与西乡街道相邻，是宝安区委、区政府所在地，是宝安区政治、经济、文化中心。新安街道之名"新安"，源于明朝于万历元年（1573年），宝安县取"革故鼎新，去危为安"之义，改名为新安县。民国三年（1914年），因新安县与河南省新安县名重复，民国政府将其改用旧名宝安县。1981年10月，恢复宝安县建制时，设立新安镇为县城。1994年1月15日，撤销新安镇，设立新安街道办事处。

喜嫁礼饼主要品种之红凌酥的配料为低筋面粉、白油（猪油）、砂糖、水及适量天然色素

新安街道辖区面积30.9平方公里，下辖宝民、龙井、灵芝园、洪浪、上川、新安湖、新乐、文汇、布心、海富、海乐、兴东、大浪、建安、文雅、海华、海裕、海旺、上合、翻身、安乐、甲岸等22个社区。社会服务人口80.9万，其中户籍人口21.1万（占全区总数43.9%），流动人口59.8万，呈人口倒挂现象。

✿ 分布区域

该项技艺在深圳市宝安区新安街道传授。

✿ 历史渊源

相传喜嫁礼饼（古时也被称为"礼饼""喜饼""嫁女饼"）出现于三国时期。当年因诸葛亮出谋献策，刘备自孙权手中"借"得了荆州。孙权为了讨回荆州，假称愿将自己的妹妹许配给刘备为妻。诸葛亮得知后，决定将计就计，与刘备商定先做一种礼品送给东吴的臣民，让刘备与孙权妹妹成亲的事家喻户晓，然后设计将此事告知吴国太（孙权之母），让这桩婚事弄假成真。于是刘备广喻各地，要能工巧匠为他制作去东吴成亲的礼品。

有位做了大半辈子糖食点心的老师傅得知此事后，大显身手，做了一种配有龙凤图案的大喜饼，以象征龙凤相配、吉祥如意。这喜饼既具有荆州的酥脆风味，又具有东吴的清甜特点，十分爽口。

喜嫁礼饼主要有龙凤喜饼、白凌酥、黄凌酥、红凌酥、五仁酥、核桃酥等

一送到荆州，就被诸葛亮选中，遂令其制作 1 万枚，让赵云带兵派送到吴国国都的各家各户，不到几天，城里老幼都知道刘备到东吴成亲的事了，当时乃传出歌谣："刘备东吴来成亲，龙凤喜饼是媒证"，刘备、诸葛亮的假戏真做大计终告完成。后来刘备为了赏赐这位做喜饼的师傅，特意在他的家乡修建了一个龙凤喜饼店，诸葛亮为饼店题名，写了"吴永凤"的牌匾。此后，喜饼逐渐成为民间男方家向女方家订亲、下聘时必备的重要礼品，甚至流传有"礼饼方为礼，其他不为礼"的说法。

喜饼习俗及制作技艺后来逐渐传入广东。在流传过程中，喜饼的外观、口感及品种也发生了一些变化，有些喜饼的酥皮及馅料还加入了岭南地区特产的莲蓉、（咸）蛋黄、椰丝等以迎合当地人的口味。因深圳、东莞、香港自东晋至明朝的 1200 多年间都属同一县治（深圳、香港在明万历年被分出另设新安县），民间习俗相同，故此类饼亦被普遍应用于这些地域的婚嫁活动当中，且被民间称为喜嫁礼饼。上世纪初开始在深圳圩专营传统小食的商号"合成号"，也曾大量生产、出售此品，尤其在适宜迎娶的年节和"吉日"，民间需求量极大。"合成号"当时就因生产、经营系列传统小食颇负盛名，而该商号生产的喜嫁礼饼，由于用料、工艺讲究且品种多样，又尽享地利之便，上可经广州通达内地，下可由港澳流向海外，因此时常"卖断货"。当时，喜饼的质量、工艺及数量甚至被用来判断男方家的财势。有意思的是，女方家往往因男方家以"合成号"所产的喜嫁礼饼"下聘"而生出好感。后来人们平常在亲朋之间走动时也会捎带此饼，喜嫁礼饼逐渐演变为风味食品。1980 年后，人们的婚俗和饮食习俗发生很大变化，"合成号"喜嫁礼饼逐渐淡出人们的视线。

❁ 基本内容

一、主要品种

"合成号"喜嫁礼饼主要有白凌酥（寓意夫妻白头到老）、黄凌酥（寓意婚后生活甜蜜）、红凌酥（希望女方将来"旺夫"之意）、五仁酥（寓意百年好合）、老婆饼（含有对老婆关爱之意）、合桃酥（意指夫妻恩爱一生）等。

二、主要品种配料标准

1. 红凌酥

皮配料：面粉 500 克，砂糖 75 克，白油 150 克，水 200 克，红色素适量。

油心配料：面粉 310 克，白油 155 克，红色素适量。

馅料：红莲蓉 2090 克，咸蛋黄 176 克。

2. 黄凌酥

皮配料：面粉 500 克，砂糖 75 克，白油 150 克，水 200 克，黄色素（旧时以栀子捣烂取汁而成）适量。

油心配料：面粉 310 克，白油 155 克，黄色素适量。

馅料：豆沙 2090 克，咸蛋黄 176 克。

3. 白凌酥

皮配料：面粉 500 克，砂糖 75 克，白油 150 克，水 200 克。

油心配料：面粉 310 克，白油 155 克。

馅料：白莲蓉 2090 克，咸蛋黄 176 克。

4. 五仁酥

面粉 500 克，砂糖 75 克，白油 150 克，水 200 克。

面粉 310 克，白油 155 克。

馅料：瓜子仁、芝麻仁、杏仁、橄榄仁、松子仁及金华火腿等，共 2200 克。

注：配料中所列面粉全部为低筋面粉，因为酥皮的口感不需特别"筋道"。

三、制法（以制作红凌酥为例）：

1. 制皮坯

将面粉、白油、砂糖、水及红色素放入和面盆中，和成面团取出，放案板上揉匀再"醒发"数分钟，后用拳头捣拌约 20 分钟，尽量使面团胀润而富有延展性，便于包制馅料，后将面团分摘成 30 小块饼皮坯。

2. 制油心

将面粉、白油、红色素在案板上用手反复揉搓成面团，油心分摘方式同"制皮坯"。

3. 制酥皮

将皮坯捏成小圆饼状包入油心，揉成面团，用面杖将面团擀成长形面饼状，用手指将面饼一端向另一端轻推，使之形成"面卷"，面卷放置约 10 分钟再用面杖擀压成圆饼状，即成酥皮。

4. 包馅料

取酥皮（约占饼重量的 30%）用手掌托住，像做包子一般放入莲蓉团，再放入半个蛋黄（馅料约占饼重的 70%），然后包馅料。此时手中的饼呈圆团形，注意收口处用力要匀，最后一点口子要将酥皮折一下再揉成圆团形，这是为了防止烤制时发生馅料爆裂。后将圆团轻轻按扁成为饼子形状（约 1.5 厘米厚），再在饼子中央用红色素点上"红心"（象征喜庆、吉利），红凌酥饼的生坯即告制成。

喜嫁礼饼之红凌酥制作工序——包馅料，此时作为馅料的红莲蓉与咸蛋黄已被包入酥皮中，即将收口

5.烘焙

将饼子生坯放入烤炉（烤箱），设定炉温。烘焙礼饼，切忌火力过猛，时间也较缓慢（需时20～25分钟），炉温当控制在150℃（面火）～170℃（底火）之间，避免烘焦。当饼皮圆周呈现微黄色时，即可取出冷却。

6.质量标准

没有焦斑，饼面平整，没有破裂露馅情况和明显的人工气孔。如饼面有凹凸不平，很可能是包馅时未将空气压去，或馅中水分过多。如饼边圆周翘起，中心下凹，则因烘焙不熟所致。口感应为皮薄酥脆，饼馅香肥软润，风味尤佳。

❋ 相关制品及其作品

一、用具

1.拌粉用的木盆或铁盆、陶盆，直径约50厘米，高约25厘米。

2.面杖，长约30厘米，直径2.5厘米，以杂木制成，用于擀制酥皮。

3.压辊，高级硬木制成，长约25厘米，直径约8厘米，中间钻孔贯通，孔的直径约2.5厘米，再经钻孔横穿一根硬木质地的轴，两边各长出约10厘米以便抓手。压辊用于将包入馅料的面团压扁成饼状，即喜饼生坯。

4.摆放喜饼生坯的粗篾匾，直径约60厘米。

5.刮刀，铁质，刀口较薄，用来铲去案台上的粉屑。

6.烤炉或烤箱，须具备炉温调节功能，如需烤制的礼饼生坯量较大，应选用体积、功率较大的烤炉。

二、作品

始自清末民初，深圳圩"合成号"商号生产、经营的"合成号"喜嫁礼饼，是深圳、东莞及香港地区民众婚俗活动中必备的重要礼品。

目前，"合成号"喜嫁礼饼的主要品种已在深圳批量上市。

❋ 传承谱系

陈水添（1886～1950年），祖籍宝安楼村，世居深圳圩。上世纪初曾在"合成号"从事喜嫁礼饼制作，为第一代传人；

陈桂流（1932年～　），陈水添之子。陈桂流在少年时就师从父亲陈水添学习喜嫁礼饼制作技艺，他15岁起进入"合成号"打工，制作技艺愈发精进。为第二代传人，传承方式为家传；

陈群妹（1967年～　）、陈淦忠（1970年～　），陈桂流之子女，出生于深圳宝安楼村。自父亲陈桂流处承袭了喜嫁礼饼（合成号）制作技艺，为第三代传人，传承方式为家传。

代 序	姓 名	性 别	出生年份	传承方式
第一代	陈水添	男	1886 年	家传
第二代	陈桂流	男	1932 年	家传
第三代	陈群妹	女	1967 年	家传
	陈淦忠	男	1970 年	家传

❈ 主要特征

一、民间手工技艺特征

自有历史记载后的上百年间，"合成号"喜嫁礼饼一直由民间手工生产。虽然历史悠久，过去却没有详细的生产技术记载，全凭师傅口头传授和实践经验积累，手传口授的民间手工技艺特征明显。

二、民俗特征

"合成号"喜嫁礼饼曾较大程度地进入了深圳原住民及相邻地域民众的生活，民俗特征明显。旧时深圳的民间婚

旧时深圳男方娶亲，会在婚礼前择日派人将礼金、喜嫁礼饼送到女方家

庆活动中，喜嫁礼饼一直是男方家向女方家"下聘"的重要礼品，当时女方家往往因男方家以"合成号"所产的喜嫁礼饼"下聘"而生出好感。

三、岭南小食特征

喜嫁礼饼既是重要的礼品，也是岭南人喜爱品尝的小食。有些喜饼的酥皮及馅料还加入了岭南地区特产的莲蓉、（咸）蛋黄、椰丝等，其口感为香、甜、酥、脆，符合岭南人的口味。

❈ 重要价值

一、历史价值

喜嫁礼饼历史悠久，"合成号"从创立品牌到生产、经营喜嫁礼饼，也有上百年历史，它对于研究我国南方传统小吃的衍变及发展进程，具有很好的参考价值。

二、传统文化价值

和我国许多传统小吃相似，"合成号"喜嫁礼饼的一些品种在本土人士的眼中不是食品，而是一个文化符号。譬如六个主要品种，其外观及口感各不相同，又正好是双数，被应用于婚俗时很符合人们"好事成双"的祈愿心理；又因这些品种各含其意，表现出形象而寓意很深的说法与认知。作为深圳传统名品中的重要成员，它的出现和制作技艺的提升，对于我国饮食文化的研究，也具有重要价值。

三、经济价值

如今，我国非常重视对传统手工技艺的保护和传承，各级政府也正在着力恢复"中华传统老字号"，深圳市也在着手开发地方名优小吃作为重要的旅游产品。可以说，"合成号"喜嫁礼饼正面临重要的发展机遇，经积极有效的宣传和扶持，将产生可观的经济价值。

❈ 濒危状况

1. 新中国成立以来，政府提倡"移风易俗"，传统婚俗已逐渐式微，喜嫁礼饼亦不再成为男方定亲时的必备礼品。改革开放后，深圳人的生活水平大大提高，进口食品大量涌入境内，深圳的食品厂家也加大了品种开发力度，市场上副食、小吃品种层出不穷，导致"合成号"喜嫁礼饼的原有地位和魅力逐渐丧失。

2."合成号"喜嫁礼饼生产全部为手工操作，耗时较长，难以大规模生产，故而成本较高，致使这些年来难以出现大的相关生产企业。

3.现今，健康、养生的观念深入人心，富含油脂、糖分的礼饼使人敬而远之，人们认为多食这种饼会对健康不利。依照喜嫁礼饼(合成号)制作工艺，有些酥皮及馅料中必须按比例掺入熟猪油，否则其性状和口感将大不相同，这让不敢吃动物油脂的人群有所忌惮。

4.喜嫁礼饼生产属于利润较低的传统手工行业，从业者报酬不易提高，加上深圳就业途径较多，年轻人对学习喜嫁礼饼制作技艺不感兴趣，这项历史悠久的传统手工技艺面临失传的危险。

❀ 保护内容

1.认定喜嫁礼饼（合成号）制作技艺的代表性传承人。

2.建立制作技艺档案。

3.恢复"合成号"商号（商铺），有利其品牌传播。

4.鼓励、资助年轻的食品技师学习、掌握制作技艺，壮大技艺传人队伍。

5.加强对制作技艺保护与传承工作的研究。

❀ 已采取的保护措施

1.在合成号食品有限公司内指定专门部门，研究保护喜嫁礼饼制作技艺。

2.用文字和影像将"合成号"喜嫁礼饼的原材料、生产工具、制作工艺流程等完全记录和保存下来。

3.扩大喜嫁礼饼生产、研发、营销队伍，着力拓展其生存、发展空间。

4.合成号食品有限公司向国家工商总局申报"合成号"商号商标注册已得到批准，喜嫁礼饼将作为"合成号"的主打产品。

5.已与深圳市、宝安区两级非遗保护中心和有关单位积极联系，探讨宣传、保护"合成号"喜嫁礼饼品牌及制作技艺的有效途径，得到相关部门的热情鼓励和支持。

6.2015年5月，被宝安区列入第三批区级非物质文化遗产代表性项目名录。

7.2015年10月，被深圳市列入第四批市级非物质文化遗产代表性项目名录。

张氏传统灯笼制作技艺

保护单位：深圳市景观亮苑照明科技有限公司

❀ 所在区域及其地理环境

深圳市龙岗区坪地街道位于深圳东北部，素有"龙岗后花园"之称，是龙岗中心城组团的重要组成部分，经济实力比较雄厚。坪地地势较为平坦，并因此而得名。这里交通便利，东北与惠阳新圩交界，西北与东莞清溪相临，东南与坑梓相连，西南与龙岗中心城毗邻，是深圳通往惠州、河源、梅州等地的交通要道，深惠一级公路、G25 长深高速公路（原惠盐高速）穿境而过。

坪地街道气候属亚热带与热带过渡型海洋性季风气候，年平均气温22.3℃，最高气温37℃，最低气温1.4℃，年平均降雨量1933毫米。辖区面积53.14平方公里，人口25万，下辖坪西、中心、六联、坪东、年丰、四方埔、坪地、怡心、高桥9个社区，50个居民小组。坪地地势较为平坦，并因此而得名。街道内道路四通八达，是深圳东北地区一个重要的工业城镇。拥有"国家卫生镇""省级教育强镇""省级文明镇"等荣誉称号。

❀ 分布区域

张氏传统灯笼制作技艺主要分布于深圳市龙岗区坪地街道，此外在广东省兴宁县宁中乡（今兴宁市宁中镇）鹅一村亦有分布。

❀ 历史渊源

因地利之便，广东省兴宁县（今兴宁市）古时就已成为广东、江西、福建交界处的商贸中心。赏灯在当地是格外重要的节日，特别是在农村地区有句老话："赏灯大过年"，很多人不会回家过初一，但一定会回来赏灯，可见赏灯比春节还重要。兴宁人过元宵节（赏灯节），要从正月初九直到二十，跨时十多天，其中偏偏不过"十五"，此外在赏灯节前还有"升灯"（正月初五至初十）、节后有"暖灯"（正月十六至正月二十八）习俗，这在全国实属罕见。还有最特别之处，各村各户庆元宵的赏灯日子不同。初十一是你家赏灯，十二是他家赏灯。这样分开赏灯日，最大的好处就是可以互相串门走亲拜友，热闹一番。

兴宁每年赏灯节第一个活动是"请花灯"，这也是一大特色。同村、同一天赏灯的人都会凑钱到别地买花灯，并且一起去接回花灯挂在祖屋的上厅。赏灯时的"升灯"，除了花灯以外，还有写着堂号的祖宗灯。祖宗灯是年年都要挂的，花灯则是每年新买的。"暖灯"的意思是将升上去的灯再请（降）下来烧掉或保存好，这是当地庆元宵的一种重要仪式。

赏灯有双重意义。一是观赏花灯，二是庆祝添丁，特别是庆"新丁"。"灯"同"丁"谐音，庆祝添丁就要"添灯"。"新丁"就是去年刚生儿子的人家在今年赏灯，赏"新丁"是赏灯中最重要最热闹的日子，会请亲坊、亲戚、好友到家同庆，再穷的人家也会这样做。若家中添丁多，灯笼必然挂得多，反之则觉得脸上无光、心中不快。最为风光的是"丁首"，即当年最先添丁的人家，所挂灯笼往往多得令人炫目。

赏灯在兴宁人的生活中地位如此重要，加上民间的婚嫁、添丁、升学、祭祀等贺喜及祈福习俗，民间对灯笼有着非常大的需求。邻近县城的宁中乡鹅一村，村中人原来多以编织箩筐等生活、生产用具为生。清康熙年间，曾有人自外地学得制作灯笼的手艺，经年累月，制作灯笼的工匠队伍逐渐扩大，鹅一村因此名气大增，所制灯笼也开始销往县城及至外县。灯笼产销量最大、制作技艺精湛、远近最有口碑的当属村中的张氏家族，当时人们纷纷称张家为"灯笼张"，张家拥有这个名号至少已逾百年。每逢年节，由于灯笼的需求量激增，张氏家族上上下下总会异常忙碌，一起赶工。

跟随张进枢学习传统灯笼制作技艺的学员们

张氏制作传统灯笼，工序较为复杂，有数十道编织口诀，且有相当的劳动强度。在旧时，张氏可应用户要求，制作宫灯（婚庆灯）、伞灯（字姓灯）、吉祥灯、花灯、异形灯等，但以制作伞灯（字姓灯）、吉祥灯为多。

据张家后人介绍，直至二十世纪七十年代以前，赏灯一直是兴宁主要的民俗活动，"灯笼张"也因为家家户户对"升灯"的无比重视而一直生意红火。每逢灯会，县城和乡村都会有"首事"负责办理花灯（灯笼）采购事宜。赏灯节前1～2天，"首事"会来找"灯笼张""请花灯"，他们买好花灯后，会有三人用红竹竿扛回，一路敲锣打鼓，鞭炮不断。

赏灯习俗在"文化大革命"期间曾一度被禁止，"灯笼张"的灯笼生意也就此冷清。20世纪80年代以来，兴宁民间的赏灯习俗有所恢复，但"灯笼张"既往的盛况难以再现。

1966年出生于鹅一村的张进枢，自幼向父亲学习编织箩筐。"文革"后赏灯习俗在当地又逐渐恢复，他对制作传统灯笼产生了浓厚兴趣。1978年末，张进枢被父亲送到"灯笼张"第二代传人张焕巨门下，学习张氏传统灯笼制作技艺。经过几年的刻苦钻研，张进枢完全掌握了这项技艺。1984年，张进枢离开家乡，前往深圳寻找发展机遇，后来他在深圳市龙岗区坪地镇（今坪地街道）开办了生产传统灯笼的作坊。虽然灯笼作坊在初始的几年间举步维艰，但张进枢对传统灯笼制作技艺的热爱一直未曾改变。随着国家对传统文化、民间传统技艺的保护力度不断加大，公众对传统手工制品的喜爱程度明显提高，张进枢灯笼作坊的"景气指数"也在不断提升。2011年，张进枢在坪地镇高桥工业区开办了主要以传统工艺生产各式灯笼的公司。

❋ 基本内容

张氏传统灯笼制作技艺，有破篾、编织、糊纱纸、上光油、写字等三十多道工序和数十道口诀。详解如下：

一、破篾

灯笼的绝大部分用料为细韧的竹篾丝，因此灯笼的备料，基本上就是破篾。

1.选用竹节较长且富有弹性的青竹，竹筒的直径约5～6厘米为宜。先整理竹筒顶端，削平，有利破篾。

2.用刀削平竹节，以免破篾时刮手。

3.破篾时将竹筒每次"对半"分开，共分8次，最后分为16部分，每部分宽约1厘米。破1厘米宽篾时，篾的两边用刀锋刮磨一下，以免伤手。

4.将每份1厘米宽的竹篾分10刀，每刀分出5～6厘米长、宽0.5～0.8毫米的竹篾。

5.再用竹篾工具拉出实际所需的竹篾长度，有40厘米、55厘米、70厘米不等，竹篾的厚度则为1.2～1.5毫米，此种规格的竹篾就可以用来编织灯笼了。

6.破篾中遇到竹节时停下来，若只有1个竹节可用手来分，竹节在1个以上则用刀分。

7.篾分完后要"松身"，即用双手搓篾，将其表面的乱竹丝去掉。

8.竹篾分好后要泡入水中（常温），竹丝遇水会变软，有利于编织。

二、编织灯笼

编织灯笼是该技艺的核心部分，操作时需格外细心。

1.开始编织灯笼口（起步）。用竹篾夹先夹住竹篾，3根1组，共19组，即57根。起篾头口诀：挑一压三，总共19次。

2.取下竹篾夹，将灯笼口收在一起，整理竹篾头端，每组分出2～2.5厘米长的篾头。要点：轻轻"松身"，以使灯笼口变成圆形。

3.将灯笼口泡入水中并马上拿出来，拿出后将所有竹篾反过来，叫做"添面"，即"加密"，加密后的竹篾还是19组，但长度已短了5～6厘米。

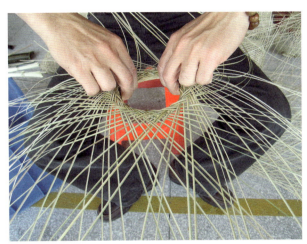

用细竹篾编织灯笼口技师为竹篾头端轻轻"松身"，使之呈现圆形

4."压一挑二"，用此手法将19组竹篾循环织一遍。

5.右手放在灯笼口圆圈上，左手拿一组"挑二"，19组竹篾依此法循环织一遍。

6.左手将最下面的一组拿起来，"挑二"，并且不要放手，再将19组循环织，循环织时要注意从1组到19组都不要松手。

7.用右手将19组竹篾向手掌中心按一遍，使之紧扣，形成一个灯笼的圆头主形。

8.将圆头主形放入水中取出（最好每道编织工序下来都在水中泡一下，可致所织部分保持密实）。

9.将每组竹篾往内里方向走，使竹青露出来。

10.按照竹篾方向，用双手将灯笼头轻轻捻压，旋转，形成一个圆形头部。

11.分篾。第一手，左手分起下面1根，上面横3根。接着，左手上面4根，下面1根，38组减去1组，"压一挑一"。

12.灯笼头编好，开始编灯笼身时，右手第一手，用最下面的1根挑起4根，口诀："撩四压一"，循环两次，第三次时是"撩二压一"；然后又是"撩一压一"，循环两遍。口诀："四四二二二"。

13.用右手掌将所织部分向左手反压（左手此时在下面托住圆圈头即"端口"），右手在上面压1～2分钟，形成圆形，双手的中指、食指、拇指对准圆圈反复旋转、捻压，捻压点距圆圈顶

编织灯笼开始收口

端的边缘约5毫米，保持圆形。

14. 捻压结束，头部的外面变成内面，再织，从下面1根挑起上面的2根，然后是"压一挑一"，循环编，编到距收口处15厘米左右就不编了。

15. 准备"收口"。收口前，将竹篾又反过来，用膝盖顶住圈口，左右两手由里往外翻，泡水。泡水后开始收口。

16. 收口。竹篾3根1组，1组挑2组，即3根挑6根，循环挑完后，双手虎口将竹篾靠拢，收小灯笼口，使之密实。

17. 继续收口。1组挑3组，即3根挑9根，然后将第1组插向第3组根部的空隙处，这样从外观上看不见篾丝的末端。注意左右手此时不能松开所编织部分，因为一松开就全散了。完成后用双手密实、紧固。

18. 紧固后再泡水，此时所编织部分已形成灯笼形状。再收竹篾的尾端部分，左手"压一挑三"收口，一直编完所有的"组"，此时右手守住圈口。

19. 左手挑完最后1组后，再用右手以1组压3组，篾丝末端插入第3组底端，隐没篾丝头。压完最后1组时，灯笼口已完全收好。

20. 因为担心所编灯笼变形，用2～4根竹篾从内部将灯笼的头、尾拉紧定型。灯笼成品形状有长圆形（50～70厘米长）、圆形、椭圆形，还有异形如葫芦形，象征福禄、平安。灯笼的长、扁或其他形状，全靠调节内中的几根竹篾制约，因编织灯笼的篾丝相当柔韧，"变形"并不困难。

三、调糨糊

糨糊根据用量的多少，以面粉加白粥和水调制。

四、糊纱纸

灯笼糊上纱纸，在古时是为了防止风将里面的灯火吹灭，以后逐渐演变为照明与审美兼顾，再往后更适用于喜庆与祈福。先用糨糊将灯笼的篾织框架通体涂刷一遍后蒙上纱纸，再用糨糊在纱纸上涂刷一遍，晾干，再涂刷一遍糨糊，这是为了防止在灯笼上面写字时纱纸"吃"颜料，也为了更加牢固。

五、写字

可按客户要求，写上"添丁""贵子""发财""吉""福"等祝福语，旁边还刻画上竹子等图案，象征"节节高""步步高"。还可根据客户需要，在黄色灯笼上面写红色字体，或在红色灯笼上面写黄色字体（黄色颜料用黄粉、金粉、墨汁调和而成）。

六、涂刷光油

灯笼写完字并晾干后刷光油，用刷子或软布通体涂刷一遍，晾干后即可。

七、写字笔制作

张氏在灯笼上面写字不是用毛笔，而是用竹子。将厚竹篾的顶端用铁锤或石块砸碎，形成笔的形状即可。

八、灯笼的照明

照明部分用竹节或木圈，上置蜡烛，用铁丝或竹篾丝将其吊住并挂起来。

经过上述工序，一只灯笼的手工制作才算全部完成。

❈ 相关制品及其作品

一、相关器具

1. 青竹筒，长度 50 ～ 70 厘米，直径约 5 ～ 6 厘米。

2. 竹篾刀，刀刃锋利。

3. 破篾凳，上有适应破篾的若干缺口或孔洞。

传统灯笼成品及半成品

4. 纱纸，用于裱糊灯笼。

5. 调制糊浆的盆或桶。

6. 光油及涂刷光油的毛刷。

7. 置放于灯笼内的蜡烛。

8. 用竹篾制作的笔，以便在灯笼上写字或绘制图案。

二、作品

1. 宫灯（婚庆灯）。

2. 伞灯（字姓灯）。

3. 吉祥灯。

4. 花灯。

5. 异形灯（如葫芦形灯）。

❈ 传承谱系

第一代 张伟杰，1908 年出生于广东省兴宁县宁中乡（今兴宁市宁中镇）鹅一村，1980 年去世。技艺传承关系为家传。

第二代 张焕巨，1947 年 12 月出生于广东省兴宁县宁中乡（今兴宁市宁中镇）鹅一村，传承关系为家传。

第三代 张进枢，1966 年 9 月出生于广东省兴宁县宁中乡（今兴宁市宁中镇）鹅一村，现居深圳市龙岗区坪地街道，传承关系为师传。

第四代 梅世玲，女，出生于 1987 年 2 月，现居龙岗区坪地街道，传承关系为师传。

第四代 褚美鹏，女，出生于 1998 年 3 月，现居龙岗区坪地街道，传承关系为师传。

代 序	姓 名	性 别	出生年份	传承方式
第一代	张伟杰	男	1908 年	家传
第二代	张焕巨	男	1947 年	家传
第三代	张进枢	男	1966 年	师传
第四代	梅世玲	女	1987 年	师传
	褚美鹏	女	1998 年	师传

❀ 主要特征

一、民间手工技艺特征

"灯笼张"张氏家族和张进枢一直以手工方式生产传统灯笼。虽然历史悠久，过去却没有详细的制作技艺记载，全凭家族成员或师傅口头传授和实践经验积累，民间手工技艺特征明显。

二、民俗特征

张氏传统灯笼曾较大程度地介入了兴宁及相邻地域民众的生活，无论是以前在兴宁人心目中无比重要的赏灯节，还是在民间的婚嫁、添丁、祈福、升学、祭祀等带有浓烈民俗气息的活动中，"灯笼张"制作的灯笼总是大受欢迎。张进枢近二十年来在深圳的罗湖、宝安、龙岗以传统手工技艺制作的灯笼，也受到当地许多民众青睐，在元宵节等节庆活动中更是如此，其民俗特征明显。

❀ 重要价值

一、历史价值

张氏传统灯笼制作技艺已经历百余年传承，对于研究我国南方乃至广东省民间的赏灯习俗，以及婚嫁、祈福等习俗的形成历史和内容构成，都具有重要价值；对于研究灯笼制作等传统手工技艺在岭南的发展进程，也具有很好的参考价值。

二、传统文化价值

张氏传统灯笼的造型、颜色、题字及图案，无不体现着传统文化的深厚内涵，如葫芦状的异形灯笼，象征福禄、平安；又如黄色灯笼上面写红色字体，带有显示地位的意味，而在红色灯笼上面写黄色字体，又象征着喜庆、欢乐；再如灯笼上题写"添丁""发财""吉""福"等祝福语，无疑表达了主人强烈的祈福意愿；所刻画的竹子等图案，则象征"节节高""步步高"……这些传统文化元素在灯笼制作上的应用，使得灯笼远远超越了照明、喜庆的功能范畴。

三、经济价值

在以前的兴宁县，民间对"灯笼张"所产灯笼有着巨大需求，而即使在今日，龙岗区许多民众也很欣赏张进枢以传统技艺制作的灯笼。当需求量达到一定规模，就会产生经济价值。目前国家非常重视对传统手工技艺的保护和传承，如果政府有关部门和社会有识之士对该项技艺予以扶持，加大宣传力度，使张进枢得以培育市场、扩大产能，张氏灯笼很有可能成为体现龙岗区传统文化印记的代表性特色产品，当然也将获得更好的经济收益。

四、工艺研究价值

张氏灯笼是典型的传统工艺品，其制作工序较为复杂（仅"编织"就有二十道工序），且有相当的劳动强度，并有数十道编织口诀；其品种及外观多种多样，适用于民俗活动的多种场合，因而具有较高的工艺价值。研究张氏传统灯笼制作技艺，将有助于开展对我国系列传统手工制作技艺的研究。

❀ 濒危状况

1.张氏灯笼全部为手工操作，工序多而复杂，耗时较长，技师劳动强度大，故而成本较高，难以大规模组织生产。

2.张氏传统灯笼过去曾是民间赏灯及其他民俗活动中的重要观赏用品（艺术品），而在现代工艺制作技术相当发达的今天，这方面的替代品很多，如内中装置电灯泡、不怕雨淋的塑料灯笼、彩色气球，彩色光带等，导致张氏传统灯笼的市场逐渐式微。

3. 张氏灯笼的生产属于利润较低的传统手工行业，从业者的报酬不易提高，加上龙岗及深圳就业途径较多，年轻人一般不感兴趣，这项历史悠久的传统手工技艺面临失传的危险。

❀ 保护内容

1. 保护技艺传人。

2. 建立制作技艺档案，建立技艺传承陈列室（馆）。

3. 鼓励、资助年轻的技师学习、掌握制作技艺，壮大技艺传人队伍。

4. 加强对制作技艺保护与传承工作的研究。

❀ 已采取的保护措施

1. 2015 年 7 月，被龙岗区列入第四批区级非物质文化遗产代表性项目名录。

2. 2015 年 10 月，被深圳市列入第四批市级非物质文化遗产代表性项目名录。

3. 2018 年 5 月，被广东省列入第七批省级非物质文化遗产代表性项目名录，现更名为《（灯彩）张氏传统灯笼制作技艺》。

4. 已在第三代传承人张进枢创办的深圳市景观亮苑照明科技有限公司内指定专门人员，研究保护张氏传统灯笼制作技艺。

5. 已用文字和光盘全面地将张氏传统灯笼制作技艺的原材料、生产工具、制作工艺流程完全拍照、记录并保存下来。

6. 技艺传承人张进枢正以传统工艺积极组织灯笼生产、扩大营销队伍，着力拓展其生存、发展空间。

7. 与龙岗区相关部门积极联系，探讨宣传、保护张氏传统灯笼制作技艺的有效途径。

传统医药

平乐郭氏正骨祖传秘方和配制秘方

不孕不育症中医疗法

道家龙门派（嗣广）点穴牵顿脊椎整复术

李氏筋伤点穴推拿术

平乐郭氏正骨祖传秘方和配制秘方

保护单位：深圳平乐骨伤科医院

❋ 所在区域及其地理环境

平乐郭氏正骨医术源于河南省洛阳市平乐村，位于深圳市罗湖区的平乐郭氏正骨伤科医院是该流派在国内的一个重要分支，已成为深圳及与之相邻的香港、东莞、惠州等地的骨伤诊疗中心。

罗湖区地处深圳中部，面积 78.36 平方公里。2016 年末，罗湖区常住人口为 100.40 万人，其中户籍人口 59.18 万人，非户籍人口 41.22 万人。

罗湖区地势东北高、西南低，多为丘陵山地和冲积小平原，海拔高度 943 米的梧桐山坐落在辖区东部。罗湖区属亚热带海洋性气候，夏无酷暑，冬无严寒，冬短夏长，常年日照充足，雨水充沛，四季怡人。辖区年平均气温 22℃，年均日照时数为 2060 小时，年降水量 1948 毫米。

❋ 分布区域

在深圳的郭氏传人及弟子主要分布在罗湖区、福田区、南山区的骨伤科专科医院、综合医院骨伤科和私人诊所，而位于罗湖区的深圳平乐骨伤科医院是郭氏传人及弟子最为集中的骨伤病诊疗机构。

❋ 历史渊源

洛阳是中国道教的起源地和中国佛教"祖庭"的所在地。中国早期宗教对中医骨伤学的特殊贡献，决定了洛阳与中医骨伤学的诞生和发展有着密切的关系。加之中原地区自古以来战乱不断，中医正骨医术在这里有着深厚的土壤。洛阳是历史悠久的都城，平乐郭氏正骨的发源地——河南省孟津县平乐村，距洛阳市仅 30 多公里，地理位置优越，成为民间正骨医术交流的中心。经过漫长岁月的历史积淀，于清朝嘉庆元年（1796 年）诞生了独特的中医正骨流派——"平乐郭氏正骨"。平乐郭氏正骨医术以其疗法独特、医德清廉的美名盛传后世，距今已有 221 年。

平乐郭氏正骨医术创始人郭祥泰，清乾隆、嘉庆年间人。据传，他正骨医术师承说法有三：一说，其授业之师是明末清初的洛阳道士祝尧民。据民国三十五年《洛阳县志·人物》记载，祝尧民，字巢夫，因伤感明亡，故"弃举业为医"；二说是受业于河南孟人（今河南孟州市）同姓道人郭益元，郭祥泰后人行医名号为"益元堂"以示感戴，即是证明；三说是得传于路遇的武林高僧。当时有一位擅医骨伤的武林高僧，欲经平乐北上，却因贫病交加，困于平乐，遇郭祥泰好心收留，热情照顾，病愈离别时，传授正骨医术和医书作为报答。郭祥泰潜心学习所得正骨医术，经过长期实践，成为远近闻名的正骨名医。平乐郭氏正骨医术由此而得名。

郭祥泰之后，经过第二代郭树信、第三代郭贯田、第四代郭聘三和郭健三、第五代郭灿若和郭春园世代相传，朴素的平乐郭氏正骨医术成为民国时期声名远扬的一大学术流派。1948 年，中国人民解放军解放洛阳，曾以陈谢兵团司令员陈赓的名义在平乐村口张贴了保护平乐郭氏正骨医术的布告。在党和政府传统文化政策的弘扬下，郭氏正骨第五代传人郭春园及郭氏其他传人或捐献祖传秘方，或著书立说，或亲自传授，将郭氏正骨医术传播广泛传播。在此基础上，国家相继成立了郑州市骨科医院、洛阳专区正骨医院、河南省平乐正骨学院、河南平乐正骨研究所暨附属医院，至此，源远流长的平乐正骨医术由分散集结为一体，由私传转为公学，由治病救人的朴素医技上升为造福人类的骨伤科学。

深圳经济特区成立后，随着大规模的开发建设。建筑工地屡屡发生事故，众多骨伤患者急需治疗。1985 年 7 月 20 日，平乐郭氏正骨第五代传人、郑州市骨科医院已退休的业务院长郭春园，率领弟子和一批业务骨干，在深圳市罗湖区开始筹建深圳平乐骨伤科医院。郭春园及其弟子、学生诊治大量骨伤患者，并取得良好效果，使得深圳平乐正骨医术成为平乐郭氏正骨的重要分支。而郭氏几代人探索、整理的骨伤药方，也在深圳的骨伤病治疗中发挥着重要作用。

✿ 基本内容

平乐郭氏正骨医术在理论上强调整体辨证、手法整复、夹板固定、内外用药、筋骨并重、动静结合和功能锻炼。郭氏传人还运用祖传秘方，对骨伤患者施以外敷、内服中药的辅助治疗，郭氏诊疗骨伤病的手法已经自成体系，疗效显著。郭氏用药的理论基础，既源自中原地区民间骨伤医生及郭氏几代传人的长期诊疗实践，也源自我国古代医家丰富的医学理论和浩繁的医学著述，如《医宗金鉴》《金匮要略》《伤寒论》《医林改错》《脾胃论》《小儿药证直诀》《药神书》《妇人良方》《景岳全书》《外科正宗》《外伤科学》等。在郭氏为骨伤病人开出的药方中，有些就出自上述古代医书。郭氏接诊病人，首先根据"辨证法"准确探明病人的伤情病况。"辨证法"是对形伤、气滞、形伤兼气滞的诊断之法。郭氏《益元正骨八法》中对此解释为："人体之筋骨受创者，谓之形伤。气之卫运受创而不济者，谓之气滞"；其次，在确定病人伤情病况后，郭氏将治疗分为外治法与内治法。外治法为：摸、端、提、接、推、拿、按摩；内治法为：伤药或辨证内治。郭氏后人又对"辨证内治"不断进行充实与完善。郭氏几代传人在二百余年间的骨伤病诊治过程中，不断根据自己的心得，创制、修订各种骨伤病医方，目前郭氏用药就有包敷、内服、按摩、浸泡等，实践证明这些医方疗效卓著，堪称宝贵的医学遗产。深圳平乐骨伤科医院用于治疗骨伤及骨病的纯中药制剂有《红桃消肿合剂》《归芎养骨合剂》《熟地壮骨合剂》《熟地强筋合剂》《川芎行气洗剂》《归芍通络合剂》《归原疏筋合剂》《黄芪胜湿合剂》《葛根祛湿合剂》《当归活血合剂》《独活除湿合剂》《赤芍化瘀合剂》《桑生除痹合剂》，经国家人事局、卫生部、中医药管理局认定的全国名老中医、"人民健康好卫士"，平乐骨伤科医院第五代传人郭春园在祖传正骨中药秘方的基础上，根据六十余年的临床经验不断改进的科学配方。

一、平乐郭氏正骨祖传秘方内服药配制方法简介

1.《红桃消肿合剂》（粤药制字 04000139 ）

骨折早期能够引起整个机体不同程度的变化，肢体受伤、经络受损、气血凝滞、营卫离经、瘀滞于肌肉膝理。"气伤痛、形伤肿"，"不通则痛、痛则不通"，故骨折早期治疗宜活血行气，化瘀通络，使气血经络通畅，气行则血行，血行则瘀散，肿消痛止，新骨得生。《红桃消肿合剂》由红花、当归、生地黄、金银花等十五味药材精制加工而成。主要功效是活血化瘀、消肿止痛。

骨适用于骨折初期、瘀血肿痛、
关节及软组织损伤。对骨折早
期引起的伤肢肿胀、疼痛等症
候有明显的改善作用。

2.《归芎养骨合剂》（粤
药制字04000137）

患者经过骨折早期处理或
治疗，虽然骨折周围软组织损
伤有所修复，但中医辨证局部
仍有瘀血未尽、气血失和、筋
脉不畅、断骨未续之证候。多
表现为骨折处局部疼痛、肿胀

制作平乐郭氏正骨祖传秘方的部分中药材

等症状。故以调和气血为主，整体辨证施治。此剂由川芎、当归、生地黄等十五味药材精制加工而成。
主要功效是祛瘀止痛、益肾养骨。适用于四肢骨折中期、局部肿痛、愈合缓慢、肾气不足者。

3.《熟地壮骨合剂》（粤药制字04000144）

骨折中后期的治疗应使脏腑气血趋于平和，促进骨折部骨痂的不断生长。本方为素体气血两
虚或骨折后耗气伤血而致气血两虚者而设。"骨伤内动于肾"，"筋伤内动于肝"，故骨折日久
常见气血肝肾不足。治疗应养气血、补肝肾、壮筋骨。《熟地壮骨合剂》由熟地、当归、龙骨等
十三味药材精制加工而成。主要功效是补气养血、益肾壮骨。适用于骨折中后期，筋骨间痛，气
血肝肾虚弱者。具有补气血、益肝肾、强筋骨之功，对骨折后期气血亏虚型患者的症状有明显的
改善作用。

4.《熟地强筋合剂》（粤药制字04000133）

骨折后期调动了整体的脏腑气血功能，疗程长久，机体耗损增大，导致真阴不足，肝肾亏损，
故骨折后期愈合缓慢。本方证为真阴不足、肝肾亏虚而设。《熟地强筋合剂》由山药、熟地黄等
十四味药材精制加工而成。适用于骨折或骨折愈合缓慢，肝肾虚者，使用后可明显减轻损伤已久
而致局部肢体难以消除的肿胀酸痛、愈合缓慢等症状。

5.《归芍通络合剂》（粤药制字04000132）

腰部软组织损伤的发病原因与外伤、劳损、感受风、寒、湿邪，体虚等诸多因素相关。外伤
劳损瘀血留滞经脉，或气滞日久而致血瘀，气血运行不畅，腰背部脉络阻滞发而为痹，治疗宜行
气、活血、止痛。此剂由当归、大黄等十三味药材精制加工而成。主要功效是行气活血、通络止痛、
壮腰健肾。

6.《归芍通络合剂》适用于急或慢性腰部软组织损伤，属气滞血瘀者。具有活血祛瘀、理气
止痛之功效，对扭伤或用力不当、劳累或劳损所引起的急性、慢性腰痛等症状有明显的改善作用。

7.《归原疏筋合剂》（粤药制字04000142）

中医认为，慢性腰腿痛多是由于局部气血运行不畅，进而或感受风寒湿邪或肝肾亏虚，筋脉
失养，瘀血阻滞经络，出现腰腿疼痛诸症状。《归原疏筋合剂》由当归、独活、鸡血藤等十四味
药材精制加工而成。主要功效是活血止痛、舒筋活络。适用于慢性腰腿疼痛、下肢麻木等症状者。

8.《黄芪胜湿合剂》（粤药制字04000143）

肩周炎，俗称"五十肩"，属中医"肩凝证"范畴，是中老年常见的一种肩部疾病。其病变

制剂人员运用现代化设备熬制平乐郭氏正骨祖传秘方

实质是肩关节囊及其周围软组织的无菌性炎症，以及因此所导致的广泛粘连。中医认为"肩凝证"多由慢性劳损所致或风、寒、湿三气痹着日久，肝肾不足，气血两虚所致。本方由黄芪、当归、红花、防风等十九味药材精制加工而成。主要功效是以益气活血、祛风通络为主，兼补益肝肾之功效。适用于外伤、慢性劳损及风寒湿侵袭所致肩关节疼痛难忍、活动障碍、肩周组织萎缩。对中医辩证属气血两虚，肝肾不足型肩周炎也具有较好的治疗效果。

9.《葛根祛湿合剂》（粤药制字 04000140）

颈椎病是中老年常见病，属中医"骨痹""血痹""项强""眩晕"等证的范畴。临床实践证明，中药治疗颈椎病有较好的效果，其主要治疗方法有补益肝肾、益气养血、除湿祛痰、活血化瘀、祛风散寒、解痉止痛等。《葛根祛湿合剂》由葛根、威灵仙、地黄等十三味药材精制加工而成。主要功效是祛风止痛、通经活络、滋肾养肝。主治风湿阻络型颈椎病，以祛风除湿，疏通经络，舒筋止痛恢复颈部及上肢活动，对风湿阻络型颈椎病具有较好的治疗效果。

10.《当归活血合剂》（粤药制字 04000138）

现代医学中的骨性关节炎又称骨关节炎、退行性关节炎、增生性关节炎等，属中国传统医学骨痹范畴。患者由于久居潮湿之地，或年老体弱，感受风湿，导致气血运行不畅，阻滞不通，留滞筋骨关节，久而成骨痹。患者随年龄的增大，加上外力的长期作用，关节的正常形态与结构及周围骨质发生变化，关节面软骨钙化，边缘唇样增生，因而压迫刺激周围软组织、神经，出现各种症状。《当归活血合剂》由红花、当归、生地黄等十九味药材精制加工而成。主要功效是活血通络、消肿止痛。对膝关节骨性关节炎所引起的关节疼痛、关节肿胀、膝关节功能障碍有明显的改善作用。

11.《独活除湿合剂》（粤药制字 04000141）

由独活、防风、桑寄生等二十五味药材精制加工而成。主要功效是祛风除湿、散寒止痛、益气养血、补肝益肾。适用于风、寒、湿痹症（以类风湿性关节炎，风湿性关节炎为主）。

12.《赤芍化瘀合剂》（粤药制字 04000135）

中医认为，急性胸部软组织损伤主要是由于内外邪侵入肌肤，脉络受损，气机受阻，血行失畅，不通则痛。治疗宜行气、活血、止痛。《赤芍化瘀合剂》由赤芍、当归、地黄等十七味药材精制加工而成。主要功效是活血散瘀、宽胸利气。对胸部软组织损伤引起的胸闷、胸痛等症状有明显的改善作用。

13.《桑生除痹合剂》（粤药制字 04000136）

中医认为肝肾亏虚之痹证疼痛，其本在肝肾，其标感受寒湿，所以治疗上采取补益肝肾、散寒除湿的方法。《桑生除痹合剂》由桑寄生、当归、地黄等二十六味药材精制加工而成。主要功效是祛风除湿、散寒止痛、益气养血、养肝益肾。

适用于脊柱及四肢的退行性骨关节病，如增生性脊柱炎、骨性关节炎等。对于腰椎增生性脊柱炎所引起的腰背疼痛等症状有明显的改善作用。

二、平乐郭氏正骨祖传秘方外用药配制方法简介

平乐郭氏正骨部分外用制剂有：川芎行气洗剂、三七散、展筋丹等。有关骨伤病诊疗过程中传统用药的方法、口诀等，内容极其丰富。在第五代传人郭春园的骨伤科医学专著《平乐郭氏正骨法》和《世医正骨从新》中有详尽的记述。

医务人员调制平乐郭氏正骨祖传秘方——三七散

1.《川芎行气洗剂》：

配方：川芎、当归、红花、川牛膝、鸡血藤、伸筋草、透骨草等。

作用机制：活气血、消肿胀、荣筋骨、活关节。

主治：用于跌打扭挫，局部损伤活动受限，局部肿痛。

制作方法：以上十味药材，加60%药用酒精浸泡提取二次，第一次加生药量7倍的酒精，浸泡三天，提取；第二次加生药量6倍的酒精，浸泡二天，提取；合并浸出液，放置24小时，滤过，滤液相对密度为不低于0.95，过滤，灌装，即得。

2.《三七散》：

配方：当归、川芎、川断、土元、儿茶、制乳香、田三七、川牛膝、生龙骨、煅龙骨、煅自然铜等。

作用机制：活血化瘀、消炎、消肿止痛。

主治：用于跌打损伤，骨折早期肿胀，慢性劳损等。

制作方法：以上十三味药材，制成100目的细粉，均匀混合，即得。

3.《展筋丹》：

配方：血竭、冰片、藏红花、麝香、乳香等。

作用机制：舒筋、活血、消炎止痛。

主治：各种骨端炎症、疼痛、慢性劳损等。

平乐郭氏正骨祖传秘方中的展筋丹

制作方法：以上五味药材，制成100目的细粉，均匀混合，即得。

❋ 相关制品及其作品

药碾、药盅、药筛、砂锅等器具，前述内服外用药剂。

❋ 传承谱系

平乐郭氏正骨创始人郭祥泰生前将其医术传其子郭树楷，同时传其族侄郭树信。郭祥泰之后，平乐郭氏正骨医术的传授分为两支：一支是郭树楷，另一支是郭树信。郭树楷传授其子郭鸣岗（字

勇），郭鸣岗传其侄郭金锡（字耀堂）、郭金成（字义番）。郭树楷一支世居平乐中街，人称"南院人和堂"；郭树信传其子贯田，郭贯田传其子登三、聘三、建三、九三，郭登三传其子景轩（字式南）；郭聘三传其子郭景星（字灿若），郭建三传其子景韶（字春园）；郭九三传其子景耀、景象。抗战爆发后，日寇进逼洛阳，郭氏后裔一部分外迁，留在老家平乐的郭氏后裔中，郭树信一支名声日高，成为平乐郭氏正骨医术发展的主流，平乐郭氏正骨医术六代传人有五位出于这一支。

代　序	姓　名	性　别	出生年份	传承方式
第一代	郭祥泰	男	不详	创始人
第二代	郭树信	男	1820 年	家传
第三代	郭贯田	男	不详	家传
第四代	郭聘三	男	1865 年	家传
第五代	郭春园	男	1923 年	家传

郭祥泰（出生于乾隆年间，具体生卒年不详）为郭氏正骨医术创始人。

第二代传人郭树信（1820～1889 年）术理精深，为清廷多名官吏治愈骨伤，因功领衔从九品。他将平生医术撰入《郭氏家训》，传给长子郭贯田。

第三代传人郭贯田（郭春园的祖父，生卒年不详）继承父业，中年时成为方圆百里闻名的正骨高手。曾为慈禧侄儿文悌之子疗愈骨伤，光绪皇帝赏赐贯田五品衔位。晚年将前代正骨八法，合其行医心得撰成《正骨手法要略》传给 4 个儿子。

第四代传人中的佼佼者当数郭聘三（1865～1929 年）。他继承父业，吸收各派之长，自成一家，据说经他诊治的无不愈者。晚清许鼎山所著《龙嘴山馆文集》和民国 35 年（1946 年）出版的《洛阳县志》对平乐郭氏正骨医术及其几代传人都有所记述。

第五代传人郭春园（名景韶）（1923～2005 年），学习其父郭建三所传《正骨手法要略》，22 岁随母李秀云操习正骨手法。1956 年，他参加组建洛阳联合医院（郑州市骨科医院的前身）。1959 年，他编写并出版了《平乐郭氏正骨法》。1985 年，创建深圳平乐骨伤科医院（任院长）。2001 年，他编写、出版了 50 余万字的《世医正骨从新》。郭春园所著的《平乐郭氏正骨法》和《世医正骨从新》，是郭氏第五代传人中颇具理论水平和指导价值的骨伤科医学专著。他医术精湛，医德高尚，被人尊称为"大医"。郭春园是全国著名中医骨伤科专家，是国家人事部卫生部中医药管理局认定的 500 名老中医之一。他医术精湛，医德高尚，被人尊称为"大医"，2005 年 2 月，郭春园去世，国家卫生部、中医药管理局追授其"人民健康好卫士"荣誉称号，中共广东省委追授郭春园"广东省模范共产党员"称号，深圳市委市政府授予其"一心为民的好医生"称号。

此外，平乐郭氏正骨祖传秘方和配制方法的传人、继承人还有：

黄明臣，深圳平乐骨伤科医院院长，曾跟随郭春园研习郭氏祖传中药制剂。2002 年 10 月，郭春园将祖传 13 种方剂配方的开发研制专利权交给深圳平乐骨伤科医院，并将药方亲自递交到黄明臣手中。

王贵金，郭春园弟子，由郭春园指定，国家人事部、卫生部、国家中医药管理局共同审定的郭春园的医学继承人，从事中医骨伤科工作近四十年，现为深圳平乐骨伤科医院副主任医师。

李郑林，曾在洛阳正骨医院接受郭氏第六代传人郭维淮指导十余年，从事中医骨伤科工作二十余年。现为深圳平乐骨伤科医院副院长、主任医师。在深圳平乐骨伤科医院工作期间，曾接受郭春园的指导。近年来一直从事郭春园验方的整理提高和临床应用研究。

郭玉龙，郭春远女儿，为平乐郭氏正骨第六代传人，曾跟随平乐郭氏正骨郭春园研习平乐郭氏正骨祖传秘方和配制方法。近年来，一直从事郭春园验方的整理提高研究和临床应用研究。现为深圳平乐骨伤科医院主任医师。

杨泽晋，从事中医骨伤科工作二十余年，在深圳平乐骨伤科医院工作期间，曾接受平乐郭氏正骨第五代传人郭春园的指导。近年来，一直从事郭春园验方的整理提高研究和临床应用研究。现为深圳平乐骨伤科医院首席专家、主任医师。

史临平，在深圳平乐骨伤科医院工作期间，曾接受郭春园的指导。目前为深圳平乐骨伤科医院医务科科长、副主任医师。

❀ 主要特征

传统用药是郭氏治疗骨伤和骨科杂症的重要手段。平乐郭氏正骨传统用药技法的主要特征有三个方面：

一、辨证施治，效果显著

依据郭氏"辨证法"，确定骨伤病人的伤情病况，除按照郭氏"正骨八法"进行手法整复治疗外，还运用各种祖传中药秘方对症配合治疗，能有效促进患者消除血淤肿痛，促进复位骨骼生长，帮助创伤愈合。

二、医学理论丰富

郭氏几代传人都注重对正骨医术的探索、总结，对秘方不断修订、改进、创新，每代传人留下的相关著述，使民间朴素医技逐渐上升到理论高度，而第五代传人郭春园先后所著的《平乐郭氏正骨法》和《世医正骨从新》，更是成为该流派理论水平较高、著述内容最为完善的骨伤科医学专著，其中对于应用郭氏"辨证法"对患者辨证施治（包括手法诊治和药物治疗），对于应用祖传秘方、验方对骨伤科诸症进行综合治疗都有相当详尽的论述。

三、秉承祖训，把治病救人放在第一位

平乐郭氏正骨的医德医风，也成为这个传统医学流派的鲜明特点。

❀ 重要价值

一、医学学术价值

平乐郭氏正骨医术诞生至今已有两百多年历史。几代传人在收治骨伤患者的过程中既秉承祖训，又不断在诊疗手法和用药配方上总结创新，使得正骨理论逐渐丰富、成熟，由民间医术上升为独特的学科体系，正骨技法愈发精湛，用药方剂愈发科学、精准，具有疗效显著、康复期短、用具简便、患者费用较低等特点。第五代传人郭春园在深圳创建骨伤科医院后，平乐郭氏正骨医术又得到极大发展，成为国内业界公认的骨伤科重要流派，得到了海内外医学界同行的广泛关注。此外，郭春园在其医学专著中对将中药应用于骨伤病治疗的详尽论述也成为了宝贵的医学文献。

二、传统文化价值

平乐郭氏正骨医术诞生于嘉庆元年（1796年），历经衰落的清王朝和民国乱世，及至新中国成立后的太平盛世，以疗法独特、医德高尚的美名饮誉中华。该流派的发展过程和对骨伤科研究、实践的过程，都显现出道家、儒家的思想印记。郭春园及其弟子、学生治病救人、辩证施治的医德医风，体现了中华民族的传统美德。平乐正骨传统用药技法已成为中华医药学的重要组成部分、传统文化宝库中的一颗璀璨明珠。

三、经济价值

深圳平乐郭氏正骨医术在珠三角一带及香港颇负盛名，成为骨伤科诊疗的著名品牌。2016年，深圳平乐骨伤科医院挂号人次达216.3万人次，住院病人9805人次，开展手术6647台，是深圳特区规模第一的、并且是唯一一家三甲骨伤专科医院。医院发挥平乐中药验方制剂特色，平乐郭氏正骨十三种中药验方制剂每年产出120多万副，产值2千多万元。依照郭春园捐献的祖传秘方制成的内服、外用药剂，除了可满足深圳及周边地区使用外，还可进入国内、国际医药市场，其经济价值应相当可观。

❋ 濒危状况

虽然平乐正骨流派创立以来建树颇丰，成就斐然，但从目前的境况和发展预期看，仍存在许多隐忧，主要表现有：

1. 平乐郭氏正骨是我国重要的骨伤科流派，在业内具有标志性的品牌价值，但在今天，这块品牌正在失却往日的光泽，在骨伤科领域中，平乐郭氏正骨受西医冲击明显，有逐渐被边缘化的倾向。

2. 近年来社会上有关中医、中药是否科学，是否真正具有明显疗效的争论，也难免使骨伤患者对传统医药的疗效产生疑问，这也在一定程度上对平乐郭氏正骨传统用药的发展产生了障碍。

3. 郭氏传统用药秘方中，有多种秘方选用了象骨、象皮、虎骨、豹骨、麝香等珍稀动物骨骼或其他脏器。随着国家有关环境保护和动物保护的法律、法规的普及以及严格执行，秘方、验方中已不可能再采用这类药物，而替代药物则难以保证疗效。

4. 新中国成立后，郭氏传人将公开祖传秘方和正骨技法视为美德，纷纷无偿捐献秘方，平乐正骨的秘方现均已公开，却并未在国内或更大范围内注册，亦未申请知识产权保护，存在有人利用平乐正骨品牌（或改头换面）生产、销售骨伤内服及外用药牟利的可能性。

5. 随着第五代传人郭春园的去世，深圳平乐郭氏正骨就此失去了"掌门人"。郭氏在世的第六代传人及至他们的子孙，虽有不少在骨伤科领域工作或学习，但他们之中几乎无人能够完整、系统地阐述、解析郭氏正骨传统用药的理论和技法，郭氏传统用药技法的传承面临危机。据了解，郭氏过去在传统制药方面的焙、烤方法，以及贴膏制作中的熬制、炼制方法，现已基本不再沿用，而这些方法过去在临床应用中显著疗效已被证明。

❋ 保护内容

1. 由国家权威部门对郭氏后人及学生、弟子进行该流派正宗传人的认证，制定相应措施，鼓励正宗传人教授学生、弟子，并要求学生全面而完整地学习掌握郭氏正骨手法和传统用药技法且具有相应的理论水平。

2. 在全国或更大范围内对平乐郭氏正骨品牌及药剂配方进行知识产权保护，对其内服、外用药名称及配方申报专利，郭氏传人应在相当范围内对该流派的挖掘或创新过程中总结出的新手法或新配方进行严格保密。

3. 选派、培养郭氏传人担任深圳平乐骨伤科医院负责人或重要科室负责人，增强郭氏传人在骨伤诊疗方面的权威性。

4. 卫生管理部门应做出规定，平乐郭氏正骨目前在深圳创建的主要医院，若进行股份制改造，或与机构、公司等合组医院，均应由原医院控股，且必须保留"平乐郭氏正骨"或"平乐正骨"

名称 50 年以上，否则不予审批。医院今后若变相"更名"，应责令其恢复原有名称并进行经济处罚。合组医院亦必须保证郭氏传人在骨伤诊疗方面的权威性，防止出现挂平乐正骨招牌，而实际上郭氏传人"空心"的状况。

✺ 已采取的保护措施

1. 2010 年 6 月，被罗湖区列入第二批区级非物质文化遗产代表性项目名录。

2. 2013 年 12 月，被深圳市列入第三批市级非物质文化遗产代表性项目名录。

不孕不育症中医疗法

保护单位：深圳市福田区中医院

❀ 所在区域及其地理环境

不孕不育症中医疗法代表性传承人张瑞友开办的深圳瑞友中医馆坐落在深圳市福田区梅林路。

福田区位于深圳经济特区中部，是深圳的行政、文化、金融、信息和国际展览中心。区内经济发达，交通便利。全区面积 78.66 平方公里，占全市总面积的 4% 左右，全区常住人口约 144.06 万人，户籍人口约 89.01 万人。

福田区地势北高南低，海滨、丘陵、山地占面积的 25%。属于亚热带海洋性季风气候，雨水充沛，冬暖夏凉，温和湿润，四季长春，生态环境良好。

❀ 分布区域

深圳市福田区。

❀ 历史渊源

中医治疗不孕不育症，最早的记载可见于中国古代著名医学典籍《黄帝内经》，据此推算，已有两千多年历史。但历代医家多是医无定方，因人而异，辩证施治。明末清初，著名医家傅山编撰《傅青主男科》及《傅青主女科》（清道光七年 [1827 年] 首次刊印），对中医治疗男科和妇科疾病作了系统论述，在《傅青主女科》中专设有《种子》等篇目，讲述不孕不育症的治疗。

张瑞友家传的不孕不育症中医疗法起源于陕西省泾阳县。清朝时期，该县有一贾姓人家，世代行医。1854 年，贾济仁出生于这个中医世家。他从小跟随父辈学习炮制草药、研习《黄帝内经》《本草》等中医典籍，长大后在泾阳县三里庙镇开医馆行医，尤善治疗男女不孕不育症。他结合历代中医著作，研究、整理祖父、父亲治疗不孕不育症的经验、验方，在临床实践中不断验证和补充完善，逐渐形成一套独创的治疗不孕不育症的家传医术和系列秘方。

贾济仁育有一子一女，其子贾晔15岁时随父学习中医，先后在陕西泾阳、三原、高陵、西安、蓝田一带行医。按照贾家"传男不传女"的祖训，贾济仁将治不孕不育症的医术和秘方也传给了贾晔。贾晔善于结合中医"四诊""八纲"理论，在运用祖传秘方时临床随症加减变化，形成汤剂、冲剂、外敷药袋等不同剂型，治疗效果进一步提高。贾晔治疗不孕不育症的名气也越来越大，在蓝田、灞桥一带几乎家喻户晓。贾晔一生无子，只有两女。次女贾桂芳一直跟随父亲辗转于泾阳、三原、蓝田、灞桥等地，从小耳濡目染，对中医产生了兴趣，父亲忙不过来时就去当当助手。到十六七岁时，已记住了不少中医知识及药方，并暗暗记下了祖传治不孕不育的秘方。贾晔临终前对贾桂芳说："你自幼跟随我，也知道了咱家的祖传秘方，我也不瞒你了，现在只有交给你了。你以后有了儿子一定要把这手艺传给儿子。咱家祖传秘方有人继承，我对你爷也就有个交代。"并把一生积累的大量医书、整理、记录的验方和祖传秘方都交给了贾桂芳。

贾桂芳嫁入张家，膝下四子二女。次子张瑞友聪慧好学，她便经常鼓励他好好学习，今后长大了继承祖传秘方当医生。1960年，张瑞友15岁，贾桂芳主持仪式，让张瑞友当着全家人的面，在外祖父和外曾祖父的遗像前叩了三个头，从母亲手上接过祖上留下的治不孕不育秘方和医书等资料，宣誓要把祖传的医技继承下去，成为家传的不孕不育症中医疗法的第四代传人。1965年，张瑞友进入陕西省蓝田县卫校中医班学习，经过三年系统学习，成了一名小有名气的乡村医生。1970年，进入陕西蒲北矿务局运销公司卫生

第二代传承人贾晔

所任内科、妇科医生。1977年，进入陕西中医学院西学中研修班学习两年，得到张学文、杜玉茂等名家指导。1981年，参加陕西中医学院四年制函授班学习，由名老中医张流朝教授中医妇科，在治疗经验、用药特点、剂量把握上得到指点、博采众长、融会贯通，医技有了质的飞跃。张瑞友以系统的中西医理论、名医教诲和自身多年临床实践经验，对祖传治不孕不育秘方进行研究、论证，由此丰富和发展了秘方并取得明显的治疗效果，在蒲城、白水、澄城、合阳、富平、大荔等县名声大噪。

第三代贾桂芳（第一排中间）和第四代传承人张瑞友（第一排右一）全家人合影

1998年，张瑞友来深圳，先后在福田中医院和深圳瑞友中医馆开设不孕不育症科，对祖传秘方进行进一步的研究整理，2004年5月，其祖传的治疗女性不孕的中药制剂获国家发明专利证书；2008年8月，祖传的治疗男性不育症的中药组合物及其制备方法获国家发明专利证书。十多年来，张瑞友共接诊病人2万余人，治愈率达33.4%且已有4000余人成功怀孕生育。张瑞友家传治不孕不育症的中医医疗技术在理论和实践上丰富了传统中医学，为不少家庭带来了和谐和幸福，在深圳及珠三角地区产生了较大影响。

❀ 基本内容

贾济仁于19世纪中晚期创立独特的中医治疗男女不孕不育症的医疗技术及方剂，经过四代人一百多年的传承、发展，以"呼唤生命，完美家庭"为宗旨，形成了系统、完整的理论、技术和系列秘方。它以中医学的阴阳五行、脏腑经络理论为指导，以整体观念、辨证施治为基本纲领，紧密结合西医的人体解剖学，依据女性和男性的生理特点及造成疾病发生的病理机制与特点而组成系列方剂，且在临床使用方剂的过程中，通过望、闻、问、切，判断疾病的阴阳、表里、寒热、虚实，按各人不同类型的病症辨证施治，依据疾病的发展趋势做准确诊断，随症加减变化，得当用药，

以使效果显著。

其次，合理利用西医的科学检测手段，20世纪50至60年代以前主要是血液化验等，现在进一步使用了超声波、电脑精液分析仪等设备，检测和跟踪观察女性排卵及男性精液的变化情况，从而指导用药和调整治疗方案。

治疗男性不育的中药组合物是由有效成分和药学上可接受的辅料组成。其中制备有效成分的原料为菟蔚子、寒水石、车前子、棉花根、九香虫、蛇床子、淫羊藿、黄狗肾、葫芦巴、紫石英、楮实子、潼蒺藜、女贞子和胡颓叶。该中药组合物具有补肾壮阳、益肾滋阴、增强生殖能力的功效，可用于治疗由于阳痿、早泄等性功能障碍及精液不液化等肾亏症导致精子异常所引起的男性不育症。

根据男性患者的不同病理特征，分为三种不同的治疗方案和药剂：

1.对于患前列腺炎、精液液化时间长或液化不全的少弱精子症或畸形率大于20%的患者，采用调和-4号药方，连用2至3个疗程，一疗程一个月；

2.对少弱精子症患者（精子计数少于200万、精子活动率低、活动率不足），使用男性1号汤剂，连用2至3个疗程；

3.对于男性自身免疫抗体阳性的患者，采用调和+4号汤剂，每日早晚各服一次，连用三个疗程。

对于女性患者根据不同病理特征，分为5种不同症状和治疗方法，共有10种不同的方剂：

1.对输卵管炎症、积水、阻塞和伞端粘连患者，用女通6号和-6号药，用药时间是月经干净后到月经前三天；

2.对卵巢功能不全、黄体不足、子宫内膜薄的患者，用调和4号药，用药时间是月经黄体期，即月经第15天；

3.对月经量少、痛经、血块多者，用女行7号药，用药时间是月经期；

4.对女性免疫抗体即抗精子抗体和抗子宫内膜抗体患者，用调+4号药，用药时间是非月经期；

5.对女性内分泌紊乱、非排卵型月经和排卵障碍患者，用女生1号、女孕2号、女孕3号（冲服）、调和5号、生育8号，用药时间是月经第5天开始服，连服6天。

✿ 相关制品及其作品

一、祖传秘方：

（一）、女性用药：

1.生育1号、女孕2号、女孕3号、调和5号、生育8号，

2.调和4号（包煎汤药），

3.女通6号，

4.女通-6号，

5.女行7号，

6.调和+4号；

（二）、男性用药：

1.调和-4号，

2.男生1号，

3.男育2号，

4.调和+4号。

以上祖传中医方剂，又分为三种不同类型：

1. 汤剂：传统的煎服药（包煎药）；

2. 冲剂：开水泡服的粉末药；

3. 外敷药：小纱布药袋外贴病位。

二、发明专利证书《一种治疗女性不孕的中药制剂》（中华人民共和国国家知识产权局2004年5月19日颁发）；

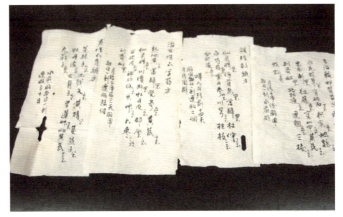

方剂

三、发明专利证书《治疗男性不育症的中药组合物及其制备方法》（中华人民共和国国家知识产权局2008年8月27日颁发）；

四、吕雪良编著《求子——中医教授不孕不育症专家张瑞友临床治验》一书（中医古籍出版社，2009年7月出版）。

✳ 传承谱系

代 序	姓 名	性 别	出生年份	传承方式
第一代	贾济仁	男	1854年	家传
第二代	贾 晔	男	1876年	家传
第三代	贾桂芳	女	1918年	家传
第四代	张瑞友	男	1945年	家传
第五代	张 媛	女	1977年	家传

✳ 主要特征

一、独有特征

以独有的家传医术和具有自主知识产权的祖传秘方作为主要方剂，专治男女不孕不育症。

二、辨证施治特征

家传秘方共有13个中药方剂，分为汤剂、冲剂和外敷药三种不同类型，根据男性不育症患者的不同病理特征，男性分别采用3种不同的治疗方案和药剂；女性分为5种不同症状、使用10种不同方剂，采取不同的治疗方法。

三、中西结合特征

把中医的祖传秘方同西医的科学检测手段相结合，使用超声波、电脑精液分析仪等设备，检测和跟踪观察女性排卵及男性精液的变化情况，从而指导用药和调整治疗方案，大大提高了中药方剂的治疗效果。

四、密切结合女性生理周期用药的特征

在对女性患者的治疗上，密切结合女性的生理特点和月经周期用药，分月经期、非月经期、月经前、月经后，不同的时间周期服用不同的方剂，以取得令人满意的疗效。

五、治疗理念上的整体特征

不孕不育症中医治疗技术强调天人合一、整体观念，认为病是局部，人是整体，病是在人身上出现的，人出了问题，病也就上身了。在看病时，先看人再看病，着眼局部，通观全身。对于有心理障碍的病人，通过心理疏导，不用药也能治好病。

✳ 重要价值

一、医学价值

不孕不育症中医疗法具有令人满意的治疗效果。通过统计，张瑞友在来深圳的十多年时间，共接诊病人2万余例，治愈率达到33.4%，已有4000余人成功怀孕生育。与目前西医界的主流治疗技术，如试管婴儿、人工授精、腹腔镜手术等费用昂贵、技术难度大，而且成功率仅有15%至20%。的特点比较，不难看出不孕不育症中医疗法的重要医学价值。

二、文化价值

中医治疗不孕不育症技术传承至今，形成的一套独特完整的中药方剂和诊断治疗技术，是我国博大精深的传统中医药文化中一个重要组成部分，并以其独特的"呼唤生命，完美家庭"的思想宗旨丰富了传统的中医药文化。这项医疗技术还蕴涵着"不孝有三，无后为大"传统儒家文化思想，体现了祖先对人类生殖繁衍的敬畏和崇拜。

三、社会价值

不孕不育症是临床上的常见病，据资料统计，其发病率在我国达到育龄夫妇的3%至10%，在国外这个比例更高一些，在全球人口中约有8000万至1亿人深受不孕不育之苦，所以，对于不孕不育症的有效治疗，不仅能治愈患者生理上的疾病，并有可能解除人们精神上的痛苦，给家庭带来和睦、幸福，为社会创造和谐。

✳ 濒危状况

1.中医是中华民族的传统医学，在我国已有几千年历史，但是现在中医却面临艰难的生存环境。在学术界，甚至有人以科学性不足为由，要求中医从医院中退出。

2.治疗不孕不育症的秘方虽已申报国家专利，但每年均需缴纳专利保护费，积年累月对个人来说是一个较重的负担，如果要进一步申请"国药准"字号批文，实现产业化生产，负担不言而喻。

3.治疗不孕不育症技术一直为家传，而且每代都是单传，现在的家庭多为独生子女，只要有一代人不愿学医，立即就会面临失传问题。其濒危状况不言而喻。

深圳瑞友中医馆第34次"喜得贵子"座谈会留影

✳ 保护内容

立足中医学基本理论体系，结合现代医学科学的检测手段，对张瑞友世代家传的不孕不育症中医疗法进行多学科、综合性、系统性的研究，对其祖传秘方进行系统的药理研究，建立明晰的指标体系，实现其治疗技术的科学化，是我们保护、研究和传承应当遵循的原则。目前我们拟定的保护内容如下：

1. 中医治疗不孕不育症技术经过几代人一百多年的传承和实践，证明其具有重要医学价值、文化价值和社会价值，因此首先应对这一医疗技术予以全面、系统的保护，组织专人运用现代医学理论和科技手段对这一医疗技术开展深入研究。

2. 其祖传秘方除两项已申请获得国家发明专利者应按专利法的要求继续予以保护外，其余的方剂也需全面深入系统的发掘整理，且其特殊的炮制方法予以保护并开展科学的药理研究，以期全面掌握和合理开发利用这些方剂。

3. 保护项目传承人，为其提供良好的工作环境，支持其正常的医疗活动和研究整理工作，在经费、场地等方面予以支持。

4. 支持项目传承人依法开展传承活动，以保证这一医疗技术得以继续传承而不失传。

5. 将不孕不育症中医疗法列入非物质文化遗产名录予以保护。

✳ 已采取的保护措施

1. 张瑞友来深圳后，福田区中医院开设不孕不育专科，聘其为主任，有关部门后又支持其自办中医馆，使其能够继续发挥其专长为患者服务，也使他的家传绝技和秘方能得以传承。

2. 其祖传的治疗女性不孕的中药制剂和治疗男性不育症的中药组合物及其制备方法分别于2004 年和 2008 年先后申请获得国家发明专利证书。

3. 2000 年开通了福田区中医院不孕不育网站，开展远程医疗热线，与全国各地特别是偏远地区的患者进行交流予以指导，以满足更多患者的需求。

4. 2012 年 9 月，被福田区列入第三批区级非物质文化遗产代表性项目名录。

5. 2013 年 12 月，被深圳市列入第三批市级非物质文化遗产代表性项目名录。

道家龙门派(嗣广)点穴牵顿脊椎整复术

保护单位：深圳市中医院

❀ 所在区域及其地理环境

福田区位于深圳市中部，是深圳的城市中心区，也是深圳市委、市政府所在地。全区面积78.66平方公里全区常住人口约144.06万人，户籍人口约89.01万人。

福田区地理坐标为东经113°59′~114°06′，北纬22°30′~22°36′。地势北高南低，海滨、丘陵、山地占面积的25%。属于亚热带海洋性季风气候，雨水充沛，温和湿润，年平均气温22.2℃，年最高气温38.7℃，最低气温0.2℃。年均日照时数2134小时，无霜期达355天以上。

❀ 分布区域

道家龙门派（嗣广）点穴牵顿脊椎整复术遍及全国26个省市地区，主要医疗基地集中于湖北省十堰市及广东省深圳市。

❀ 历史渊源

道家龙门派（嗣广）点穴牵顿法与针灸、按摩同出一脉。从远古开始，人们在与大自然的斗争中，发现在体表点、按、叩、打能使疼痛减轻或消失。在我国现存最早的医学文献《黄帝内经》可见记载，在《素问·举痛论》中记有"寒气客于肠胃之间，膜原之下，血不得散，小络急引故痛，按之则血气散，故按之痛止"，则指出了寒凝中焦脾胃，致使气血运行不畅，脉络拘急而发生疼痛，应用点、按手法，使气血运行通畅，通则不痛，所以可治愈痛症。从比较系统的史料记载可

1985年5月，朱其广（左）于武当山紫霄宫拜郭高一道长为师，道号嗣广。图为朱其广拜师后与恩师合影

知，点穴牵顿疗法是从中国武术演变而来，始于内功点穴、顿击术，创始人为明代张三丰。《道教大辞典》中的："盖以三丰，绰号张腊遢，为明技击之泰斗，先居于宝鸡之金台观，后学道于鹿邑之太清宫，于少林师法练习最精……能融贯少林宗法，而着力于气功神化之学，晚年发明七十二点穴技术，为北派中之神功巨子"可说明点穴方法在明代盛行。在实践中人们发现点穴不仅能致伤而且能疗伤，点穴疗伤便应运而生，到了清代点穴疗法有了较为广泛的应用。《穴

位数伤秘方》曰："点穴，顿击之妙，在于选中穴位，击中要害，灵在眼疾手快，视其准，点其速，力之雄，无不妙也"，由此丰富和发展了点穴牵顿疗法。

❋ 基本内容

道家龙门派（嗣广）点穴牵顿脊椎整复术依据道家医术思想与传统中医理论，运用传统武当内功、点穴顿击等技巧，与中医临床脊椎病的推拿治疗手法相结合，不断探索实践，研发创新，逐渐发展成为蕴含道家医术精髓又凸显中医特色的成效显著的临床脊椎整复术。

一、仰卧位点穴牵顿颈椎整复术

1.①患者取仰卧位，术者或立或坐于其头侧，用拇指指腹与中指指腹同时点按风池穴，从风池穴起至颈根部，用拇指指腹与食、中指指腹对称用力由上而下拿捏颈部两旁的肌肉。

②患者取俯卧位，术者用滚法放松患者颈肩部、上背部及上肢的肌肉，适当点按颈肩部风府穴、天宗穴、肩井穴及上肢部的曲池穴、手三里穴、小海穴、合谷穴等。

2.姿势、动作：患者改为仰卧位，头身正直，双手合抱置于丹田，全身放松，接受卧位牵顿复位手法治疗。术者坐于患者头端，一手托拿患者枕部及后颈，一手托其下颌并用前臂紧贴患者面颊部，术者腰背部发力，双手合力沿纵轴方向牵引（此为"牵"，力度以使患者身体微动为宜）并逐渐前屈至适合角度（治疗节段为中段颈椎：前屈 20 ~ 30°；下段颈椎：前屈 30 ~ 45°），持续放松数秒后，嘱患者放松肌肉，双手协调快速向后发短力（此为"顿"，此时可闻及关节复位"咯得"声，但非绝对，以患者自觉轻松感即可视为成功），之后手法和缓减少牵引力至治疗结束。

二、坐位点穴牵顿胸椎整复术

1.患者俯卧位，术者立于或患者一侧，用拇指指腹顺次点按华佗夹脊穴及背部膀胱经第 1.2 条线，并循膀胱经作直推、滚法及揉法，使偏歪棘突周围及背部肌肉充分放松。

2.姿势：患者端坐于无靠背的方凳上，上身保持正直，嘱患者双手抱于枕后部，术者立于患者后方。若为年长患者，术者双手分别从患者双侧腋下于患者胸口部抱紧；若为年轻患者，则术者双手从患者腋部伸入患者上臂之前，前臂之后，双手扣于患者后头部；若体形肥胖者，可嘱一助手双手分别压住患者双侧大腿根部。

3.动作：诱导患者最大程度放松，嘱患者低头张口呼吸，术者扎马步，由腰部发力向上牵，引发顿力，意到、气到、力到。要求发力方向与患者胸腰椎处于同一直线上，将患者胸、腰椎向上牵引提拉，用力平稳、轻巧、短促，随发随收，顺势而为，使刺激充分渗透到机体组织深部，有时可听见轻微的"咔嚓"复位声，可重复 2 ~ 4 次。

三、俯卧位点穴牵顿腰椎整复术

1.患者俯卧位，医者立于患者一侧，先用深沉而柔和的滚法、揉法沿两侧足太阳膀胱经从上至下，用掌根在痛点周围重点按揉，使腰部肌肉充分放松。并以双手拇指依次按压两侧三焦俞、肾俞、气海俞、大肠俞、志室、秩边等穴位，达到提高痛阈，解痉止痛的目的。

2.姿势：患者全身放松，去枕俯卧，双臂自然下垂；头身平直，术者立于患者一侧，双手拇指点按于与突出、变性的椎间盘相对的体表投影位置，第一助手弓步站立于患者足部床尾，双手紧握患者双脚踝，并根据患者腰椎病变的节段，适当调整患者双下肢高度。第二助手弓步立于患者头侧，双上肢分别兜住患者两侧腋下，使患者上半身保持相对固定，以配合术者和第一助手牵顿挤压发力。

3.动作：诱导患者最大程度放松，嘱其低头张口呼吸，术者发"1、2、3"的口令，"1、2"时，第一助手持续牵引患者双下肢，要求双下肢牵引力需平衡、均匀、沉稳；当发出口令"3"时，第一助手运用内力发出顿力牵引，在腰椎被牵顿开的一瞬间（即腰椎椎间隙被牵顿开的瞬间），术者拇指同时用沉稳短促的顿力挤压发力，随发随收，顺势而为，使刺激充分渗透到机体组织深部。多数情况下，术者可听见腰椎轻微的"咔嚓"复位声，但不强求一定听到声音，而应以术者指下的感觉作为主要参考。术者顿力挤压点按与第一助手发力需一体同步。可重复2～4次。

四、六向拔伸法（以右侧肩关节为例）

1.患者仰卧位，右上肢置于外展位，术者或坐或立于患者右侧，先施滚法、揉法由上而下放松患者右肩臂，用拇指指腹与中指指腹同时点按肩井、肩贞、肩髃、肩髎等穴，充分放松肌肉后，一手捏住患者肱骨远端，一手握住前臂中段，先缓慢拔伸，力量由小到大，再持续拔伸9秒钟左右，然后缓慢放松，拔伸力量由小到大，休息4至5秒，同时，外展角度逐渐增大，外展角度由无痛范围慢慢跨越到能耐受的微痛范围，如此反复操作6至7次。

2.患者仰卧，右上肢置于外旋或内旋位，术者一手握住患者肱骨远端，一手握住前臂近肘关节处，缓慢纵向拔伸，力量由小→大（持续拔伸）→小，牵伸同时外旋或内旋，角度逐渐增大。

3.患者仰卧，右肘屈曲，右指尖触摸左肩，术者固定其肘部，纵向拔伸，力量由小→大（持续拔伸）→小，肩关节内收角度由小到大。

4.患者左侧卧位，右上肢置于屈曲位或伸展位，术者立于其面侧或背侧，缓慢纵向拔伸，力量由小→大（持续拔伸）→小，拔伸同时屈伸或伸屈肩关节，角度逐渐增大。

以上每个方向力量均由小→大（拔伸）→小，持续拔伸9秒左右休息4至5秒，随着外展、内收、屈曲等角度由小到大，患者会出现无痛→微痛→剧痛的反应，本法要求患者跨越到微痛范围。

近年来，在朱其广及其带领的深圳市中医院推拿科团队的不断努力下，临床整复术之后，通过整体辨证，在适当的穴位施以温针（即将针灸针刺入腧穴得气后并给予适当补泻手法而留针时，将一段长约2cm左右的艾条插在针柄上，点燃施灸）及拔罐治疗（用火在罐内燃烧，形成负压，使罐吸附在皮肤上），使得临床疗效进一步提高。

❈ 相关制品及其作品

相关制品：

扎实的内家功功底是道家龙门派（嗣广）点穴牵顿脊椎整复术成功实施的关键图为朱其广指导学生练功

嗣广点穴牵顿脊椎整复术主要依靠术者长期练就的内功和高超的整复技术，借助手、指施治，并需配备推拿治疗床、凡士林按摩膏、板凳、垫枕、针灸针、艾条等推拿整复必备的工具和材料，即可实现目标。

相关作品：

①独特的手法：如仰卧位点穴牵顿颈椎整复术、坐位点穴牵顿胸椎整复术、俯卧位点穴牵顿腰椎整复位术。

②参与编辑并出版《推拿宝典》《王岱针灸临床七讲》《中国整脊学》

《韦以宗整脊手法图谱》等著作。

③发表《仰卧位牵顿手法治疗疑难性神经根型颈椎病举隅》《腰椎牵顿法治疗腰椎间盘突出症40例临床观察》《卧位牵顿手法治疗神经根型颈椎病临床研究》等论文47篇。

④多次受邀外出讲学及会诊治疗，留下许多珍贵的影视及图片资料。

✳ 传承谱系

代序	姓名	居住地	出生年份	传承方式	备注
第一代	唐崇亮	安徽颍上	1869年	师传	已去世
第二代	郭高一	河南商丘	1921年	师传	已去世
第三代	朱其广	广东深圳	1955年	师传	
第四代	张劲	湖北武汉	1978年	师传	
	李胜利	湖北武汉	1972年	师传	
	郭蜀豫	广东深圳	1984年	师传	
	汤琛	广东深圳	1987年	师传	

第一代 唐崇亮（1869～1984年），原名唐池远，后改名唐道成，道号中和子，安徽颍上县三唐村人。1898年到湖北武当山金顶三天门八仙庵出家，拜王信堂（河南云阳人，通养生，晓术数，号慈庵）道士为师，师赐法名崇亮，全真道邱祖龙门派第26代后裔。在武当山修道期间，唐崇亮运用所学的武当内功给当地百姓疗伤治疗，逐渐形成了嗣广点穴脊椎整复术的雏形。

第二代 郭高一（1921～1996年），河南省商丘人。少年习拳，抗日战争爆发后在东北参加抗日战争。因仰慕武当传人宋唯一、李景林之神技，故向太极拳传人杨奎山，郭应山等讨教内家武术。后于辽宁省北镇闾山道观出家，得闾山道观武当三丰自然派传人杨明真道长传授武当三丰太极拳及内家拳功。"文革"期间被迫还俗回老家，1981年在河南桐柏山重入道门，拜唐崇亮道长为师，受教诲得点化，始悟内家真谛，并学得道家医药知识，并进一步发展了点穴牵顿术，为嗣广点穴牵顿脊椎整复术的进一步发展作出了重要贡献。1984年唐老道羽化后，郭高一道长回武当山紫霄宫常住，并开始在武当山道人内传授武当功夫。

第三代 朱其广（1955年～　），自幼随祖父习武，后拜师郭高一道长，为武当山龙门派第28代传人，道号嗣广，得郭高一道长武当内功及道家医药知识真传，并一直致力于将传统中医推拿、道家武当内功相结合，用于脊椎整复临床工作的推进和发展。根据脊椎改变导致的不同病种和病情，结合中医推拿与武当内家功法，创新施治，将"点、弹、牵、顿、调、复、理、炼"八字秘诀运用于临床，将点穴牵顿手法运用于治疗脊柱的疑难杂症，传承创新并系统完善了道家龙门派（嗣广）点穴牵顿脊椎整复术，成为代表性传承人，不遗余力为项目培养了大批优秀的骨干。

第四代 张劲、李胜利、晏禄金、彭锐、沈勇、汤琛、郭蜀豫、成发、王海洋等，随朱其广学艺，习得嗣广点穴牵顿脊椎整复术要领，能独立开展常见疾病的点穴牵顿整复治疗。

✳ 主要特征

道家龙门派（嗣广）点穴牵顿脊椎整复术是一种施治安全、疗效显著的医术。

一、疗法独到、新颖

它重视整体观念在整复过程中的应用，根据疾病的发病机理，在用手法改善脊椎局部解剖关系及内环境的同时，重视脊柱整体的调整，遵循自然规律因势利导，进而有效地恢复脊柱的正常承重力线，从整体上恢复脊柱生理力学平衡，突破"头痛医头、脚痛医脚"的机械推拿模式。

二、施治安全、快捷

它是医者用娴熟的推拿手法将扎实的内功功法作用于人体脊椎疾患处的，医治时程较短，过程安全可靠，患者症状明显缓解，疗效显著且无副作用。

三、起效快、远效佳

它糅合中医传统理论与道家医术思想、传统武当内功顿击等技巧与中医临床脊椎病的牵拉复位术，并历经几代人的不断摸索、实践、研究、改进，不但临床治疗效果快速呈现，而且患者对中长期治疗效果反应满意。

四、无创伤、不用药

它依赖医者自身长期功法的锻炼，养形修心聚气和于四时阴阳而形成的功力，并结合创新的纯手法的中医推拿技术施予患者，使患者无须开刀、服药即解除病痛，避免了患者因开刀带来的经济和身体负担，更为拒绝服药或药效不佳，甚至不宜服药的患者（如孕妇）提供了一条新的医治途径。

五、适应症广

它是对患者失稳的脊椎处和适当穴位，通过手法循经点穴进行牵顿复位，促进气血流通，使体内因经络不通和脊椎不稳所致的功能活动障碍得以恢复，对因脊椎病理改变引起循环系统、消化系统、呼吸系统、血液系统、免疫系统等相关疾病同样具有临床疗效。

六、医者功深技熟

它是将传统内功、顿击等技巧与临床脊椎病的牵拉复位相结合而来的，除具有明显中医特色外，还有浓厚内家功色彩。故对医者要求极高，除自身道家功法的锻炼，养形、修心、聚气，法于自然，和于四时阴阳外，推拿手法练习必不可缺。医者不仅要具备扎实的内功功底并能迅速调节至最有利的状态，还要能用娴熟的推拿手法将扎实的内功功法作用于人体脊椎疾患处，即内功与手法完美配合，方能使疗法发挥得淋漓尽致。

✹ 重要价值

道家龙门派（嗣广）点穴牵顿脊椎整复术是蕴含道家医术精髓又凸显传统中医特色的、具有医学及推广、社会与经济等价值的临床脊椎整复术。

一、文化传承价值

道家龙门派（嗣广）点穴牵顿脊椎整复术运用道家武当内功及点穴牵顿医术，内功点穴推拿更是中华传统医药学的重要组成部分，且融入太极、阴阳变化，注重内功，讲求意、气、力的协调统一，嗣广点穴牵顿脊椎整复术将两者有机结合，既传承了蕴含道家医术的精髓又创新了凸显

朱其广（左二）在指导德国、瑞士、西班牙等国家的进修医生学习推拿、点穴手法及脊椎整复术等

中医推拿的特色。

二、医疗创新价值

道家龙门派（嗣广）点穴牵顿脊椎整复术，经过不断的传承创新和多年的临床验证，近期和中长期疗效均显著，是一种独特的脊椎整复绝技；其无须开刀，避免患者经历手术痛苦的同时，在目前当代医学对人体脊椎病尚缺乏无创治疗手段的情况下，成为脊柱疾患无创治疗的创新疗法。

三、推广应用价值

道家龙门派（嗣广）点穴牵顿脊椎整复术因施治安全快捷，起效快、远效佳，可降低脊椎疾病患者继发损伤概率，避免手术痛苦和经济负担等，受到脊椎疾病患者的青睐；加之传承人不懈的努力，使来自民间、源于实践的点穴牵顿脊椎整复术更臻完善，得到海内外医学界认可，成为为数不多的正脊流派；因其对因脊椎病理改变引起循环系统、消化系统、呼吸系统、血液系统、免疫系统等相关疾病同样具有独特的临床疗效，还可发展成为多学科研究与治疗脊椎疾病以及脊椎起因的跨科类疾病的辅助治疗的途径。

四、社会与经济价值

通过上百年的努力，尤其是近30年，嗣广点穴牵顿脊椎整复术疗效被广大患者认可，社会声望与日俱增，学科带头人朱其广讲学交流、会诊治疗足迹遍布海内外，社会效益和经济效益由此提高。

❋ 濒危状况

1. 点穴牵顿脊椎整复术的传授方式多以口头讲授及跟师学习为主，传承方式单一；另对医者要求不仅局限于施术技巧，更重在"意"的渗透传导，眼疾手快，视其准，点其速，意至气到，气到力到，故对医者的领悟和反应能力要求高，普及推广受限。

2. 点穴牵顿需要一定武功基础，需要耗损术者气力，需要坚持内功锻炼，术者需要有强壮的体魄、持久的耐力和坚韧的毅力，故对求学者要求较高，一些求学者因自身条件受限半途而废。

要大力推广嗣广点穴牵顿脊椎整复术，须解决后继人才问题，以免导致传承瓶颈。

❋ 保护内容

1. 通过搜集、记录、整理相关档案，用录像等数字化媒体手段对嗣广点穴牵顿脊椎整复术进行真实、全面、系统的记录。

2. 重视人才培养，注重嗣广点穴牵顿脊椎整复术的传承和传播工作。首先，在具有执业资格的医务人员中培养并选拔传承人，鼓励高水平的点穴牵顿专家举办各类学习班。其次，与中华中医药学会联合办学，全面系统地培养学生学习、掌握传统中医理论、内家功法及点穴牵顿技术。

3. 积极申报非物质文化遗产项目及知识产权保护，开展宣传，介绍点穴牵顿脊椎整复术的基本知识、特点、治病范围、适应症等，出版相关论著、科教 VCD。

4. 重视临床与科研的结合，进一步探索研究嗣广点穴牵顿脊椎整复术，对嗣广点穴牵顿脊椎整复术进行更深入的研究。

❋ 已采取的保护措施

1. 举办学习班，培养技能人才。招收具有培养基础的人才，传授内家功法及中医基础理论，包括中医推拿学、中医骨伤科学、中医经络腧穴学等学科。并遴选优秀的中医人才，传授嗣广点穴牵顿脊椎整复术，为点穴牵顿脊椎整复术的传承储备人才。

2. 继承发扬，著书立说。在国家级刊物上发表多篇论文，主编《推拿宝典》等专著，并编撰和完善用于教学的 VCD 专辑。

3. 提高知名度，扩大影响力。多次举办国家级、省级等继续教育学习班，总结、宣传、推广嗣广点穴牵顿脊椎整复术。

4. 开展科学研究，推进学科发展。开展"仰卧位点穴牵顿整复术治疗神经根型颈椎病""俯卧位点穴牵顿整复术治疗腰椎间盘突出症及对腰曲影响"的临床研究，以及点穴牵顿手法治疗疑难脊椎病的研究，并将成果用于临床。

6. 2015 年 6 月，被福田区列入第五批区级非物质文化遗产代表性项目名录。

7. 2015 年 10 月，被深圳市列入第四批市级非物质文化遗产代表性项目名录。

李氏筋伤点穴推拿术

保护单位：深圳市颐和门诊部

✿ 所在区域及地理环境

福田区位于深圳市中部，全区面积 78.66 平方公里，全区常住人口约 144.06 万人，户籍人口约 89.01 万人。 地理坐标为东经 113°59′ ~ 114°06′，北纬 22°30′ ~ 22°36′。地势北高南低，海滨、丘陵、山地占面积的 25%。属于亚热带海洋性季风气候，雨水充沛，温和湿润，年平均气温 22.2℃，年最高气温 38.7℃，最低气温 0.2℃。年均日照时数 2134 小时，无霜期达 355 天以上。

福田区是深圳的城市中心区，是深圳市委、市政府所在地，区内经济发达，交通便利，深南、滨海、北环三条主要交通干道横贯境内。南面有我国最大的陆路口岸皇岗口岸以及福田口岸，与香港相连。深圳博物馆、图书馆、音乐厅、会展中心都位于福田区。区内闻名全国的电子一条街——华强北商业街是深圳市最繁华的商业中心。

✿ 分布区域

主要分布于深圳市福田区，在内蒙古鄂尔多斯市亦有分布。

✿ 历史渊源

李氏筋伤点穴推拿术起源于陕西府谷县黄甫镇。府谷县位于陕、晋、内蒙古交界处，在汉高祖时期便已设立县治，是陕西省历史文化名城。黄甫镇因尽享与邻省及少数民族地区文化、物资交流之便利，在古时就呈现出繁华之势，这种景状在清朝中期达到顶峰。与社会的繁盛相对应，这里的中医、中药业态也声名远播。据有关记载和传承人记述，清嘉庆年间，皇甫镇药材经营世家——李氏家族中的李诚，根据中医的经络理论和传统的诊治手法，创立了李氏筋伤点穴推拿术。

第二代传人李亨甫（李诚之子，生于道光年间，卒年不详），在少年时见到家乡瘟疫流行，腰腿痛病患甚多，遂下决心继承祖业，发奋学医。成年之后，他凭着娴熟的医技走遍黄河流域及京城、府县，并遍访名医以图医术精进。清咸丰九年（1858 年），三十多岁的李亨甫回到家乡，在皇甫镇办起"仁德堂"行医济世。

第三代传人李杰（李亨甫之子，字时真，生卒年不详），八岁开始随父亲学习中医，十七岁独立行医。清末民初时，军阀混战，民不聊生，伤寒流行。李杰不辞劳苦挨家挨户行诊，有的患者因腰腿疼不能起身，上门探病的李杰用祖传的"单病独法"点穴推拿术治疗，一两次就能手到病除，每治每愈，医术驰名乡里。当时有患者手捧"术绍仲景"的金匾登门致谢，此匾现今仍悬挂于李氏祖屋。

第四代传人李来通（李杰之子，字达聪，生于 1900 年 2 月，卒年不详），他少年即随父学医。

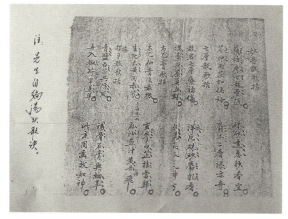

第四代传承人李来通自编的"妙香散"汤头歌诀

1921年，他继承父业，一面办私塾收徒授业，一面继承"仁德堂"精操医业。他在祖传医术的基础上，精研历代医学，他认为寻经点穴既能为患者省钱又能使其病痛顿消，当应发扬光大。在前辈"单病独法点穴推拿"的基础上，李来通补充了"复位法"医技，使祖传医术又得到了充实和发展。李来通认为，医家探病，医技固然重要，却更倚重医德，他去世前给儿子李生美等留下的遗训是："谦恭浑厚涉世之基，忠信和平交人之法；长存克己责己之心，多作救人济人之事"，对后世立业立身都有很大影响。

第五代传承人李生美（字麒麟，李来通第三子，生于1930年7月，卒于2009年），八岁起就读于其父自办的私塾，1950年师从父亲传承了李氏中医骨伤点穴推拿术。他先后在内蒙古的达拉特旗医院、鄂尔多斯市医院中医科、鄂尔多斯市中医院工作并曾担任主任医师、内蒙古中医学会理事，他多以点穴推拿术诊治患者，医术精湛，医德高尚，他还举办多期进修班，热心培养旗、县中医人才，在当地备受欢迎。由于李氏门中几代传承人都勤于探索、勇于实践，不断丰富和完善诊疗理论和手法，该医术近两百年间在陕、晋、内蒙古三角地区享有很高声誉。

第六代传人李寿亭（李生美之长子，生于1952年12月），从小受中医熏陶，十六岁时师从父亲学习祖传医术。他视野开阔，在全面继承李氏筋伤点穴推拿术的基础上，不忘博采众家之长，由此不仅能诊治更多病症，且疗效更好。他从内蒙古医科大学毕业后曾留校任教多年，1989年前来深圳发展，开办了香蜜湖推拿诊所。前国务院副总理田纪云在接受李寿亭治疗后，书赠李寿亭"医学精湛"；深圳市一些领导也对他的高超医术交口称赞。因诊所名声日盛，前来就医者络绎不绝，甚至有外省患者慕名乘飞机前来求治，李寿亭遂于2002年在深圳市福田区福田口岸附近开设面积约2000平方米的"颐和门诊部"，每天接诊约50～70人次，李寿亭本人在深圳总共已收治颈、腰椎病患者数万人次。

李寿亭四十多年来一直致力于该医术的发展与传扬。他认真整理前辈的医案，总结复位手法的感觉与心得，潜心研究祖传秘方在不同患者身上的疗效，尝试治疗方法上的创新。为能帮助更多的患者去除病痛，李寿亭除了常年向其子李相伟传授医技，还打破家规，热心授徒，先后培养了三十多名学生和弟子。

✿ 基本内容

李氏筋伤点穴推拿术是以中医经络理论为指导，通过望、闻、问、切和触诊等传统中医诊断方法，再结合患者的点穴反应，来判断疾病的阴阳、表里、寒热、虚实，根据不同的症型辨证施治的一种推拿诊疗医术，其核心特点是将传统推拿术和点穴术有机结合，既是诊断疾病的手段又是治疗疾病的方法。此法对于诊治

李寿亭（后排左二）在北京中医医院进修时与医院部分专家及名医合影

颈椎病、肩周炎、骨质增生症、椎管狭窄症、腰椎间盘突出症、坐骨神经痛、风湿类风湿性关节炎、强直性脊柱炎、椎管外软组织疼痛等骨伤病具有独特疗效，而应用点穴推拿对腰椎滑脱和女性子宫内膜异位症及痛经、闭经的治疗效果尤为突出。

李氏筋伤点穴推拿术的构成要素为点穴（触诊）辨病、点穴手法复位。诊治程序如下：

李寿亭多年来行医、学习、深造时所记录的医案与心得

辨病：首先通过望、闻、问、切初步了解患者基本病况，再针对患者疼痛的部位，点压（触诊）相应经络的腧穴；根据点压腧穴部位的力度和患者的感受，来判断疾病的虚、实、寒、热、表、里。凡点压腧穴部位有刺痛感、胀痛感、不耐受力、拒按，为实、为表；喜按有耐受力，有酸痛感，为虚、为里；腧穴疼痛部位有刺痛感为热，酸胀为寒。

松弛：在相应的疼痛部位按照疾患的寒热虚实，以专用手法如推、按、捏、揉、搓，结合点穴，放松病灶附近肌肉的紧张度，松弛韧带，疏通经络。

点穴：根据病症、病型，辨证选取相应经络上的主穴位一到两个，再配上几个奇穴，专病专穴，对于奇穴通常使用超常力度（如 40 ～ 60 公斤力度）点穴，吸定、打通瘀阻的脉络，促使气血流通顺畅，迅速恢复机体功能，为复位和康复打好基础。有时点穴和复位同时进行，在穴位选择上有时是上病下治、下病上治、左病右治、右病左治。

复位：经过辨病、松弛，尤其点穴治疗这些程序后，患者病痛往往十去八九。之后再用手法对错位的组织进行复位，复位时全凭施治者手上功夫，一步到位，手法应依轻重缓急不同而发力各异，力求轻巧快速。

试举腰椎滑脱、女性痛经的点穴复位及颈椎的反弓复位程序：

一、腰椎滑脱二步点穴推拿复位法操作流程

第一步 单人复位

嘱病人俯卧位。医生站在患者右侧，用毛巾卷成直径 15 厘米的圆枕。将圆枕放于患者腰椎滑脱对应部位，调整好位置，医生双手并掌放置于患者腰骶部，嘱患者深吸气，待患者呼气时用力向下推压腰骶部，致使滑脱回位。

第二步 三人复位

嘱病人俯卧位，用双手撑起上半身。医生站在患者右侧，一名助理双手托住患者双肩周，另一名助理双手抱起患者双大腿，使患者下半身悬空。医生双手并掌放置于患者腰椎滑脱部位，嘱患者深吸气后待呼气时用力向下点穴复位，致使滑脱回位。

二、女性痛经二步点穴推拿复位操作流程

第一步 检查患者有无盆骨错位，如有错位必须矫正骨盆，再行点穴推拿治疗。

第二步 点穴推拿时间一般在经期前 5 至 10 天，点穴时患者取侧卧位，双侧分别点压一次，如左侧则取在左侧卧位。患者左下肢伸直，右下肢曲膝曲髋 90 度。医生站立于患者左侧，先寻找患者左侧腰骶角处的痛经穴（酸痛敏感点），再用肘尖对该穴位点压治疗（点压力度为 40 至 60

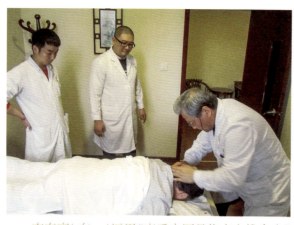

李寿亭（右一）运用"李氏中医骨伤点穴推拿术"治疗患者的颈椎疾病

公斤），以患者感觉酸胀为度（以酸为主），如能放射到小腹部效果更佳，点压时间持续30至60秒，之后如法对右侧腰骶角处的痛经穴施行治疗。点穴推拿后嘱患者忌食生冷，腰部避免受寒。5～10天为一周，一般1～3个推拿周期即可大大缓解或治愈痛经。

三、颈椎的反弓复位程序

第一步，施行颈椎的推拿松解术。如此，患者的所有肌腱部分都不会与医生的双手对抗，经此程序后方可进行复位治疗。

第二步，开始复位。嘱患者俯卧，医生右手拇指按住患者颈椎右侧的反弓点，所用力度约30～40公斤（视患者的胖瘦和体质而定），左手向上扳动患者右肩（右肩向上提升约40～45度），用时仅0.3秒，可谓瞬时完成。之后如法对患者左侧颈椎反弓点施行复位治疗。

❀ 相关制品及其作品

相关制品主要有：专用推拿床、垫枕、垫箱；实心卷枕；自制外用解痉药水；用于针灸的银针系列。

主要作品有：有助于患者骨伤病康复的中成药"一身轻"；颈腰外敷散；李氏筋伤点穴推拿术光碟。

❀ 传承谱系

代 序	姓 名	性 别	出生年份	传承方式	住 址	备 注
第一代	李 诚	男	嘉庆年间	创始人	陕西府谷	已逝
第二代	李亨甫	男	道光年间	家传	陕西府谷	已逝
第三代	李 杰	男	道光年间	家传	陕西府谷	已逝
第四代	李来通	男	1900年	家传	陕西府谷	已逝
第五代	李生美	男	1930年	家传	内蒙古鄂尔多斯市	已逝
第六代	李寿亭	男	1952年	家传	深圳福田	
第七代	李相伟	男	1979年	家传	深圳福田	

❀ 主要特征

一、手法诊治特征

李氏筋伤点穴推拿术的诊断（辨病）主要靠"手法"，即触诊；治疗也主要靠"手法"，即点穴。其核心要义是，"手法"将传统推拿术和点穴术巧妙融合，它既是诊断疾病的手段又是治疗疾病的方法，这是该医术有别于其他民间传统医术的主要特征。当然，施治者必须谙熟人体经络学和望、闻、问、切等传统中医诊断方法，且能够安全掌控对患者腧穴的点压力道，方能对患者正确施行手法诊治。

二、民间医术传承特征

该医术创立、发展于民间，而几代传承人都毕生致力于纾解民众疾苦，频密巡回探诊，未能著书立说；此外，由于创立者李诚留有家训，为避免有人靠一手绝技赚取不义之财，该医术只能家传，故两百年来李氏几代人都是心口相授、父子相传，民间医术传承特征明显，这也是该医术至今只有少数人掌握的重要原因。

❀ 重要价值

一、医学价值

李氏筋伤点穴推拿术依据传统中医经络理论，主要依靠触诊和点穴医治骨伤病和某些疑难症，疗效显著且安全系数高，在我国传统民间医术领域独树一帜。它使许多疼痛患者免除了因西医手术治疗导致的并发感染、康复困难等痛苦，为综合运用传统中医治疗疼痛病提供了鲜活样本，具有重要的医学价值。

二、传统文化价值

李氏筋伤点穴推拿术绝不是随心所欲地对患者施行"手上功夫"，它以严肃而周密的中医经络理论作为支撑，其辩证过程中所要把握的阴阳、表里、寒热、虚实关系，施治手法中所要依循的上下、内外等与经络对应的腧穴方位，以及点压时的缓柔细腻、疏散归位等要求，都体现了传统文化的精妙特点；而该医术传承两百余年，从李氏的"勤风俭德""存仁心施仁术""谦恭浑厚""忠信和平""长存克己责己之心，多作救人济人之事""不分贫富贵贱，一视同仁"等家训中可感知中华传统文化的影响。

三、经济价值

运用该医术诊治颈肩腰腿疼痛病患，对场地、设施的要求都比较简单，诊所（或医院）收费相对不高，疗效好，能让他们较快地恢复正常生活、从事工作与学习，这实际上是助推了国家的医疗卫生事业，间接为国家创造了价值。此外，若能培养出一批较高水平的弟子、学生，有效扩大诊疗场地，如设立该医术的专科医院及若干专科诊所，当可令千千万万患者得到有效治疗，并可为他们节省不少看病费用，相关医院的规模扩大又可解决更多医技人员的就业问题。

❀ 濒危状况

1. 李氏筋伤点穴推拿术第六代传承人李寿亭虽然仍能身体力行，娴熟地运用该医术诊治患者，但毕竟年事已高，而他在医术上的功力及养成，弟子、学生尚无人能够企及，医术的全面传承面临危机，急需采取有效措施，对医术进行整理、发掘，并保护主要传承人的诊疗和授徒、传承工作。

2. 该医术的点穴复位手法，施治者需要强大的功力，这种功力需要较长时间修炼，在施治过程中，施治者往往要付出较大体力，使得一些本来有意学习该医术的人望而却步。

3. 由于诸多原因，当今有志从医的年轻人大都热衷于学习西医，愿意学习中医的人较少；而学习李氏筋伤点穴推拿术，除了应掌握中医的经络理论、中医基本探病知识、中医药理知识及针灸技术，更重要的是需花费数年时间认真研习，方能悟得触诊、点穴的手感与经验，其间的复杂与难度，也是该医术传承人队伍青黄不接的重要原因。

❋ 保护内容

1. 保护该医术施行诊疗及传承的场所。

2. 由政府部门主导并积极推动，树立并提高李氏筋伤点穴推拿术的医疗品牌形象。

3. 努力壮大医术传承人队伍，鼓励和资助有志青年学习、掌握李氏筋伤点穴推拿术，尽快使他们能够运用该医术独立诊治病患。

4. 联合广东省医学院校、中医研究机构，对该医术中的颈肩腰腿疼医治原理，独特的诊断、治疗手法，以及系列配套治疗方案等展开研究、研讨，并实行抢救性保护。

5. 保护李氏筋伤点穴推拿术的辨病（触诊）手法及治疗（点穴）手法，建立医术档案。

❋ 已采取的保护措施

1. 2014 年 11 月，被福田区列入第四批区级非物质文化遗产代表性项目名录。

2. 2015 年 10 月，被深圳市列入第四批市级非物质文化遗产代表性项目名录。

3. 2018 年 5 月，被广东省列入第七批省级非物质文化遗产代表性项目名录，现更名为《中医诊疗法（李氏筋伤点穴推拿术）》。

4. 创办了以李氏筋伤点穴推拿术为主要诊疗手段、收治病人与传授医技并重的深圳颐和门诊部，以及以康复为主要内容的颐和门诊分部。

民俗

西乡北帝三月三庙会

西乡北帝三月三庙会

保护单位：深圳市宝安区西乡街道党群服务中心

❄ 所在区域及其地理环境

西乡街道位于宝安区西南部，辖区面积 58.51 平方公里。同时，西乡街道也是深圳市人口最多的街道。截至 2017 年上半年，全街道管理人口 96.4 万，其中常住人口 48.83 万，户籍人口 14.3 万，流动人口 33.27 万。

西乡属于亚热带海洋性季风气候，光照充足，雨量充沛。年平均气温 22°，最高气温 32°，最低气温 5°，无霜期 355 天。年总日照时间平均 2134.2 小时，年平均降雨量 1450 毫米。

❄ 分布区域

北帝古庙位于深圳市宝安区西乡街道，地属西乡社区居委会，坐落在真理街，面对西乡河。来赶庙会的乡亲们则遍布西乡街道全境及周边各区县、市和香港、澳门同胞。

❄ 历史渊源

北帝，全称北方真武玄天上帝，其又有玄天、玄天上帝、武大帝、真武大帝、北极大帝、北极佑圣真君、开天大帝、元武神等名称，俗称上帝公、上帝爷或帝爷公。其为统理北方、统领所有水族（故兼水神）之道教民间神祇，又称黑帝。

北帝庙为崇拜北帝的庙宇，亦常作真武庙、玉虚宫、玄天宫、北极殿等名称，国内又以武当山上的真武庙最为著名。北帝庙多散布于珠江三角洲各地，台湾地区亦有建庙。北帝据说拥有消灾解困、治水御火及延年益寿的神力，故颇受民众拥戴。

根据《太上说玄天大圣真武本传神咒妙经》所载，北帝是太上老君第八十二次变化之身，托生于大罗境上无欲天宫，为净乐国王及善胜皇后之子。皇后梦而吞日，觉而怀孕，经一十四月及四百余辰，降诞于王宫。后既长成，遂舍家辞父母，入武当山修道，历 42 年功成果满，白日升天。玉皇大帝有诏，封为太玄，镇于北方。

《佑圣咒》称北帝是"太阴化生，水位之精。虚危上应，龟蛇合形。周行六合，威慑万灵"。因此，北帝属水，当能治水降火，解除水火之患。明代宫内多建真武庙就为祈免水火之灾。北帝因消灭龟精蟒妖于脚下的功劳又被元始天尊封其为玄天上帝。而北帝不仅仅统理所有水域的安全，他还是北极星的化身，可指引船只航行于正确方向，不会迷失于海上。

至于玄武一词，原是古代二十八宿中北方七宿的总称。屈原《楚辞》之《远游》篇称："召

北帝古庙重修石刻纪念碑

玄武而奔属"。玄武七宿之形如龟蛇，"玄武谓龟蛇，位在北方，故曰玄，身有鳞甲，故曰武"。北宋开宝年间，玄武神降于终南山。太平兴国六年（981年）封为翌盛将军。宋真宗大中祥符七年（1014年）加封为翌圣保德真君，后为避圣祖赵玄朗之讳，改玄武为真武。北宋真宗、徽宗、南宋钦宗等屡有加封。

玄武七宿之中有斗宿。道教重视斗星崇拜，称"南斗注生，北斗注死"，凡是人从投胎之日起，就从南斗过渡到北斗。人之生命寿夭均由北斗主其事。因此，人祈延生长寿，都要奉祀真武大帝。

传说北帝诞于专门用来消灾解厄的上巳节三月初三，一如其他神明的诞辰，善信均带备香烛元宝祭拜，以祈消灾解难，平平安安。其中以武当山进香朝拜为最盛，其他各地的贺诞活动亦壮观非常。明成祖朱棣崇奉真武，更自诩为真武化身，御用的监、司、局、厂、库等衙门中，都建有真武庙，供奉真武大帝像。永乐十年（1412年）又命隆平侯张信率军夫二十余万人大建武当山宫观群，从而使武当山获得了极大的发展，亦使武当山真武庙的香火达到了鼎盛。武当山同时也成为道教洞天福地中的众多名山之一。

西乡"北帝古庙"始建于明朝万历年间，距今已近500年，占地面积约850平方米，布局颇有古风，是西乡古刹之标志。据传，明成祖登基后，为答谢真武，令全国百姓信奉他，并加封真武帝为"北极镇天真武玄天上帝"，取头尾各一字，简称"北帝"，俗称"北帝公"或"北帝爷"。此庙历经康熙朝，道光九年（1829年）、光绪十七年（1891年）、民二十五年（1936年）等数次重修。据嘉庆年间《新安县志》记载："当时南头附近有北帝庙……为官方认可。"1992年又一次重修北帝庙，其正宫、行宫均有"北方真武玄天上帝"神像和条幅。"玉虚宫"左侧墙上所嵌光绪十七年（1891年）"重修北帝古庙立碑"称"真武玄天上帝庙建于康熙……嘉庆、道光间叠次重修"。20世纪40年代尚有两道士在此住持。西乡三月三北帝庙会乃随北帝贺诞而设，1992年庙宇重修后，此民俗亦由原来蛰伏状态迎来重生，一年比一年办得旺盛并重新成为西乡民众最喜爱的一项自娱自乐民俗活动。

❋ 基本内容

每年农历三月三，西乡北帝古庙都要举办为北帝贺诞的大型庆典活动。活动时间从二月二十八日开始，逢大月从二十九日开始，是"北帝爷"出位的日子，请他巡游看戏，保佑风调雨顺、天下太平、五谷丰登。到三月初二请他返位，庙会连续九天，至三月六日方止。活动的项目：1.庙内外祭祀活动；2.庙会大巡游，以西乡民俗风情为主调；飘色、麒麟舞、狮舞、龙凤等于庙会前贺诞和巡游；3.木偶剧和粤剧的九天演出活动；4.千岁大盆菜宴。

大巡游是以北帝古庙为中心，沿真理街河西路转回北帝庙，在方圆两公里左右的范围转圈游演。中午十二时先在公园搭台聚集开会，会后出发游行。由十多面彩旗引路，两条长龙打头，两

庙内祭祀

条长凤紧跟，两头麒麟尾随。狮队六支，分别是河东队、河西队、开屏队、盐田队、固戍队、黄麻布队、上川队，每队起码两头以上的狮子。狮子肤色以黑为多，场面壮观。狮队后是民俗舞蹈队，有鲜花艳服，有婚嫁队伍，有抛绣球、闹房场景，打伞的伴着秧歌、腰鼓队，有装扮成蚌的，还有织网的、捞虾网兜，还有煲汤的大缸和瓢盆碗杓的队伍，生活气息浓厚。高潮部分是飘色队，这是大巡游中的亮点。十个小舞台（游动车）分别展示"财神莅西乡""观音送子""双状元""康熙王朝""八仙过海""李靖哪吒""女巡按""穆桂英招亲""盗灵芝"和"六国封相"。其中"六国封相"一个小车舞台上竟有十个人表演，场面浩大。这些凌空而飘的各式造型，汇聚了祝福、神话故事和历史戏剧人物，伴随着八音锣鼓，将巡游推向高潮。它不单融杂技、魔术、造型、音乐为一体，更因悬高飘架吸人眼球，让人惊诧，继而欣喜，转而猜疑：这些小孩是怎么上去的？又是怎样悬空而立的？这些各具特色的巡游队伍，从北帝庙门开始，须先向北帝公定点致礼拜寿，接着就进行各自的表演活动：龙、凤、麒麟各展风姿，既有欢腾威武的雄浑，也有婀娜多姿的柔媚；狮舞中男扮女装的大头鬼比女人还女气，让人忍俊不禁；十几头狮子轮番叩拜，恭敬跪磕和互相戏耍相映成趣；在这些带有武术武技的表演里，一般会在北帝庙门口某个高处挂上红包彩头利市，让神兽经过高难度攀登，在观众的喝彩声、鼓掌声中取得胜利果实，俗称"采青纳红"。巡游线路的沿街上，高挂着彩色祝寿大幡，五颜六色，喜气洋洋；巡游队伍中，有外请高手，更多的是本乡乡民；围观的人更是层层叠叠，如山如海，还有不少是从香港返回的同乡会员。与巡游展开的同时，北帝庙内由乡民和演员装扮成的八仙，也一丝不苟、一板一眼地向北帝公拜寿，施祝贺礼。巡游和祝寿过程持续两个多小时。下午五点，千岁大盆菜宴开席，分别在北帝庙前两侧沿街和西乡公园内摆开了流水式的宴席，人们争相品尝着美味佳肴。晚上，精彩的木偶戏吸引着上千观众。为了提高演戏看戏的档次，还邀请了省市较有名气的粤剧团和木偶剧团，如：如广东省粤剧院一团、二团；广东省红豆粤剧团；佛山、珠海、湛江等粤剧团；广东省木偶剧团；高州市木偶剧团等。北帝庙内则举行打醮仪式，由法师在几个神桌神像前摆上供品，烧符念咒喷符水，向西方揖拜，念着，唱着，随着鼓乐舞蹈着，水袖袍服飘着摆着，另有数人端着供物一直跪在北帝公前，恭请北帝爷享用，以规范仪式和动作直接面对寿星祝寿。庙内庙外，同样热闹，庙外唱戏、看戏，庙内烟火萦绕，鼓乐不停，钟钹频响，神与人同乐，人与

千岁盆菜

飘色巡游

人同庆，人娱神，神佑人，热闹壮观。

据老人们说，新中国成立前的庙会巡游，会把北帝神像请出来，谓之"出位"，带领着巡游队伍前进，一路鞭炮不停，鼓乐争鸣；然后请北帝公看戏，神位放在台下正中贵宾席。直到仪式结束才"归位"。还有烧炮仪式：在99响或101响的特制火炮中放有一个吉祥物，把吉祥物打出去，谁拾到吉祥物，就能得到北帝公的赐福保佑。然后，将"玉虚宫"牌匾放到他家供奉，可幸运一年。第二年交出复置一块比原来大一点的牌匾给第二年的幸运者。但这两项仪式现在被省略了。

❋ 相关制品及其作品

庙会内容分两类：一为组队巡游和演出。所需的器具由各表演队自备，比如巡游队伍中的龙队、凤队、狮队、麒麟队、生活习俗队、飘色队各自准备所需的服饰、道具、响器、队旗等。生活习俗队里的服装较为贴近生活，如渔女身穿彩裙、头戴斗笠，新郎新娘各穿彩服、嫁衣，还有些道具就是生产生活用具，如修补的渔网、虾捞。二为庙内祭祀打醮。平时庙内上香祭神常用用具已备齐，比如沿庙沿街所需的大旗、彩旗、拨子旗、门旗、钱粮挑子、枕幌、香袋、会贴儿等，但祭祀所需物品器具，更具专用化，比如香炉、蜡插、烛台、签筒、花瓶、香烛、纸码、祭桌，乐器锣、鼓、镲、铙、钹和笙、管、笛、唢呐等。

❋ 传承谱系

代 序	姓 名	性 别	出生年份	传承方式	备 注
第一代	林至溥	男	不详	集体	已故
第二代	李普生	男	1890 年	集体	已故
第三代	麦 翔	男	1932 年	集体	已故
第四代	黄细梅	男	1927 年	集体	
第五代	黄镇光	男	1959 年	集体	

❋ 主要特征

一、民俗特征

三月三庙会是典型的民间信仰活动，是西乡地区北帝信仰的集中体现。巡游中的各支队伍，从各个不同的侧面，以各自的不同表现，艺术地展现了当地人喜闻乐见的生产生活方式和场景。

二、民间艺术表演特征

出队巡游，邀请省内外著名粤剧团、木偶剧团演出，在祭祀圣诞的吉庆日子里，表达了以老百姓为主体的社会各阶层，祈福消灾、祈求平安理想的心愿，人娱神，神佑人，同时体现出浓浓的民间艺术气氛。

三、传承特征

民间信仰是传承群众习俗的基础。西乡北帝三月三庙会已延续数百年至今，虽偶有中断而又接续起来，不断传承下来。

❋ 重要价值

一、民间文化价值

西乡三月三庙会是宝安区特别是以西乡为中心及其周边地区的传统民间信仰活动，是研究岭南民众世界观和生活情状的重要根据，在民俗学研究中具有重要作用。

二、传承价值

西乡三月三庙会的内容、程序、习俗和民间组织是乡土社会的重要组成部分，具有传承价值。

三、艺术价值

庙会保留了众多的民间艺术，传承着各种传统艺术形式，具有一定的艺术价值，值得研究和保护。

四、社会价值

庙会是当地群众自发组织、自娱自乐的民间活动，集聚专业、业余的文艺展演于一堂，有很大的吸引力和凝聚力。各方宾朋汇聚一方，增进群众团结友爱、互相帮助的精神，营造安全、祥和的氛围，对构建和谐社会起到很大作用。

❋ 濒危状况

随着城市化、现代化进程的加剧，民间信仰逐渐淡化，行业的变化、居住区的变化，原有的社区或自然村落格局被打破，传统的"规矩"等礼仪不得不简化或取消，久之将失传。

以庙养庙会或靠社团组织养庙会，缺乏政府经济的有力支持。比如组织队伍，其中含有较高技术含量的飘色队伍，要从高州等外地聘请，经费明显不足。

理事会人员年龄老化，年轻人信仰淡化，组织者后继乏人。本地人才的缺乏，当地有几个狮队是本地艺术品种，而龙凤麒麟皆外聘。古庙董事会也是管委会，其成员年龄都已不小，业余时间帮助做一些管理和组织方面的事务，虽然乐此不疲，毕竟力不从心，而年轻人似乎兴趣不大，后继乏人已成为现实问题。

❋ 保护内容

1.古庙董事会（即管委会）组织及传承；

2.庙会的活动内容、技艺及传承；

3.庙会活动程序、礼仪及发展过程；

4.庙会的传统器物、搭建舞台技艺、巡游各队的器具。

❄ 已采取的保护措施

1. 日常的庙事管理由管委会负责，庙会由管委会组织协调，2009 年以来政府部门介入并给予支持，极大地鼓舞了民众情绪，让庙会更兴旺，群众更奋发。

2. 现在每年庙会活动由政府组织，有关部门进行支持和协调管理，保障庙会活动顺利进行，保障了活动安全。

3. 政府引导、民间组织通力合作，人民群众积极参与，将保护此民间习俗列入日常工作内容，将非遗活动与保护古庙文物一视同仁，一同重视起来。

4. 2010 年 3 月，被宝安区列入第二批区级非物质文化遗产代表性项目名录。

5. 2013 年 12 月，被深圳市列入第三批市级非物质文化遗产代表性项目名录。

深圳市第三批第四批

市级非物质文化遗产项目代表性

传承人名录

叶恩麟

应人石的传说代表性传承人

叶恩麟

叶恩麟，男，1937 年 8 月生于宝安区上屋村石岩街道，是"应人石的传说"第三代传承人。他从小就爱听祖母和父亲讲故事，受他们影响，十几岁便开始给同龄人或小朋友讲故事，其中包括"应人石的传说"。从十几岁到 1974 年至 1976 年在石岩中心小学教书期间，也用课外或语文课堂时间给学生讲民间故事"应人石的传说"；再到 1976 年至 1996 年，叶恩麟在政府机关工作期间，也经常利用空闲时间给年轻人讲述民间故事及本地历史传说。

多年来，叶恩麟努力挖掘客家文化，为石岩非物质文化遗产的传承与发展做出了贡献。特别是 1996 年退休后，叶恩麟不辞劳苦收集、整理石岩当地的客家山歌、客家方言（歇后语）、民风民俗、地方掌故等，并编辑出版了《闲雅集》《乡韵》《沧桑碎影》等文集，其个人搜集或创作的民间文学作品在宝安区时有获奖。"应人石的传说"这一口头文学也得以完整地记录下来，他本人时常受邀到当地中、小学校学生中传讲石岩民间故事。

"应人石的传说"作为口头传承的民间文学，其技艺传承方式灵活多变，一般是年长的讲给年轻的听，通常情况是采用客家话口耳相传，多以石岩当地客家人日常生活中的口头语言为主，不分场合、时间、地点，受众也不论年龄、性别，或在繁星密布的夏夜，众人围坐在屋外的大树底下，孩子们常常躺在老人怀里边乘凉边听故事；或在农忙时节的小歇时间，人们围坐在田间地头互相传讲。口头传讲的语言朴实、生动、形象、风趣；讲故事者表情丰富，声情并茂，语言诙谐风趣。

目前，石岩街道办出版单行本和动漫版《应人石的传说》，并向各学校派发，供孩子们课外阅读。作为代表性传承人，叶恩麟时常受邀到各学校向学生讲述"应人石的传说"故事，使得这个民间传说在当地广为流传。当地学校语文课教师基本都是叶恩麟传讲"应人石的传说"的学徒，包括学生在内，叶恩麟已授徒上百人。比较好地履行了传承人的职责，在他的努力推动下，"应人石的传说"这一省级非遗项目得到了进一步的传承和发展。

2008 年 12 月，叶恩麟被宝安区认

叶恩麟在整理"应人石的传说"相关项目资料

定为第一批区级非物质文化遗产项目代表性
传承人；2014 年 6 月，被深圳市认定为第
三批市级非物质文化遗产项目代表性传承
人；2014 年 10 月，被广东省认定为第四批
省级非物质文化遗产项目代表性传承人。

叶恩麟指认传说中的应人石曾矗立在这座石头山上

叶恩麟向石岩本地小学生传讲应人石传说

房运良

观澜客家山歌代表性传承人

房运良

房运良，男，1940 年 3 月生于龙华区观澜樟坑径村，是观澜客家山歌第三代传承人。1959 至 1962 年就读于宝安师范学校，毕业后担任教师，后长期从事环卫行业，1996 年退休。他从小就经常听村里的老人唱山歌，特别是老山歌手曾思财的山歌尤其让他着迷，于是他就跟着老人们学唱起来，久而久之对山歌的板调、音韵越来越熟悉。房运良工作期间，经常自己创作山歌演唱并得到人们的称赞。20 世纪 60 年代末至 70 年代上半叶，房运良被下放回樟坑径村务农，担任生产队队长。在此期间，每逢佳节或队里总结表彰会上，他都会编写山歌，以唱山歌的形式对村里的好人好事进行表扬，深受村民们的欢迎。改革开放后，家乡面貌发生了很大变化，唱山歌颂家乡更加流行。根据村容村貌的改变，他创作的四句山歌："樟坑径来是山坑，过去山坑无路行，如今山坑变平地，四通八达文明城"将家乡的变化描述得很形象。

退休以后，房运良有了更多的时间从事客家山歌的创作、传承、培训与宣传工作，经常参加市、区、街道办事处组织的各类文艺演出活动，在舞台上演唱观澜客家山歌，广泛宣传观澜的传统文化。2012 年 10 月，房运良在深圳市首届山歌大赛中荣获优秀演唱奖。他擅长演唱传统观澜客家山歌，演唱时精神饱满，声音洪亮，富有表现力。舞台上他形神兼备，歌词精炼，语言幽默。音律基调为平平仄仄的声韵，既借景抒情，又寓情于景，既借物抒情，又寄情于物，由此达到情景交融，情物相通的境界。

为更好的传承和发展观澜客家山歌演唱技艺，观澜街道每年在老干部中心客家山歌培训基地定期举办观澜客家山歌学习班，房运良每期都在学习班上向学员教授观澜客家山歌的历史和演唱技艺，培养了一批山歌爱好者。他还在樟坑径村以师带徒的传统形式培养接班人，培养了廖伟坚、房国强、林瑞贤等一批在当地小有名气的客家山歌手。

房运良参加 2013 年客家山歌学习班研讨会

房运良在演唱观澜客家山歌

为广泛宣传观澜客家山歌，房运良积极参加深圳市非遗保护中心组织的非遗进社区展演活动，受到社区居民的欢迎。另外，他还参加了观澜办事处每年举办的龙舟赛客家山歌非遗演出，以及观澜文体中心、樟坑径社区举办的各类文艺演出活动，得到市区各级有关部门的充分肯定。

作为一名土生土长的客家山歌传承人，房运良除了亲自创作和参加各类展演活动外，还参与收集和整理观澜本地客家山歌1000多首，为观澜客家山歌的传承和发展做出了积极的贡献。

2008年12月，房运良被宝安区认定为第一批区级非物质文化遗产项目代表性传承人；2014年6月，被深圳市认定为第三批市级非物质文化遗产项目代表性传承人。

房运良在教学员唱山歌

黄兴良

上川黄连胜醒狮舞代表性传承人

黄兴良

黄兴良，男，1953年9月生于宝安上合村，是"上川黄连胜醒狮舞"第二代传承人。他少时便对习武感兴趣，1974年正式拜上川黄连胜醒狮舞第一代传人黄连胜为师，学习醒狮舞和洪拳。黄兴良身材高大，舞起狮头来虎虎生威，再加上他的拳术功底，使他的舞狮不仅显得勇猛无比，而且步法灵活，张弛有度，颇具欣赏性。他学习刻苦、用脑用心，熟练掌握了醒狮舞的全部套路和狮舞表演中的武术套路，并且对伴奏锣鼓如三星、五星、七星鼓点进行灵活运用。师傅黄连胜1984年去世后，黄兴良铭记嘱托，1986年接班教习醒狮舞与拳术至今。

黄兴良注重根据现代人的欣赏需求编排狮舞套路，在表演风格上，充分体现醒狮的"武狮"形象，像"狮子出洞""狮子采青"和若干"破阵"舞，动作狂野、凶狠、大起大落，步伐迅猛敏捷。在狮舞的表现形式上，他要求平地、平台和高台表演有机结合，观之惊险刺激，现场效果火爆。二十多年来，他时常感到中国的传统舞狮

上合广场表演舞狮

黄兴良在传授舞狮技艺

青少年学习舞狮

技艺博大精深，每教一批徒弟，亦觉得自身的技艺随之提高。在狮舞传习过程中，黄兴良领悟到，传统狮舞也应切中时代的脉搏，符合现代人的生活节奏，于是他在教学中对狮舞步法做了一些调整。例如，1991 至 1993 年，他在教徒弟们练习"狮子上高台"和"狮子过长桥"等套路的时候发现，传统套路重复动作比较多，需时很长会影响到整个表演结构的完紧性，与人们生活节奏加快的今天有点不合时宜，因此他把重复动作减少，加上一些高难度动作，将过去一场套路表演时需要二至三组人员替换的传统动作，改为狮头狮尾互相替换，整个套路表演一气呵成，得到了观众的一致好评。

1990 年以来，黄兴良带领上川黄连胜醒狮团夺得省、市、镇级多次醒狮、拳术比赛奖项；2009 年，他带领上川黄连胜醒狮团夺得广东省传统龙狮锦标赛成年组男子比赛二等奖；2013 年，他带领上川黄连胜醒狮团参加上海第五届世界龙狮锦标赛国内预选赛荣获表现优异奖；同年他带领上川黄连胜醒狮团参加广东省首届南狮新增传统竞赛项目比赛，获得一项银奖、两项铜奖。

黄兴良于 2002 年被推选为上合村委会主任，2005 年当选为上合股份合作公司副董事长，但他一直没放弃对上川黄连胜醒狮团学员的教习传承。不管工作有多忙，他都与所有师兄弟互相配合，以老带新、兄教弟、弟敬兄，互相鼓励，保证醒狮团学员每星期训练 2 至 3 天，目前已授徒达千人以上。在传授技艺的同时，黄兴良不忘请年纪比较大的师兄弟给徒弟们讲一些品德修行的故事，力求做到舞狮、武功与武德同步传授。黄兴良还注重群策群力，克服训练和比赛经费不足的困难。他们誓愿，无论如何也要把上川黄连胜醒狮团这中华民间艺术瑰宝传承下去。

黄兴良带领下的上川黄连胜醒狮团除了不断地传承发展、不断地实践创新，同时还积极参加省内外各项大型公益事业，在业界影响深远。其参与的具有重要影响力的公益活动主要有：1997 年，参加欢送驻港部队赴香港行使主权活动；2007 年，参加深圳湾大桥通车庆典；同年，参加深圳市第 26 届世界大学生夏季运动会揭牌仪式庆典、大运之夜、驻大运村文化团队巡演；2012 年，参加深圳娱乐公共频道邀请"世界之窗"跨年晚会展演活动；2011、2012、2014 年，参加"我们的节日"深圳市欢乐闹元宵——非遗展演活动；每年大年初一，参加宝安区海滨广场春节展演活动。通过参加各类公益性活动，上川黄连胜醒狮舞的传承和发展之路越走越宽广。

2008 年 12 月，黄兴良被宝安区认定为第一批区级非物质文化遗产项目代表性传承人；2014 年 6 月，被深圳市认定为第三批市级非物质文化遗产项目代表性传承人；2014 年 10 月，被广东省认定为第四批省级非物质文化遗产项目代表性传承人。

黄耀华

坪山麒麟舞代表性传承人

黄耀华

黄耀华，男，1958年3月生于坪山墟镇，是"坪山麒麟舞"第四代传承人。

坪山麒麟舞起源较早，约在清末年间，有江西竹林寺李观清禅师（又名红梅和尚）常南下江南一带，行医济世。偶在广东惠阳县收得门徒张耀宗，并携回江西寺中传艺。李观清禅师在少林寺三达祖师南下江西龙虎山时学会了螳螂拳，后在螳螂拳的基础上创编了坪山麒麟舞，成为坪山麒麟舞创始人。坪山麒麟舞第二代传人张耀宗从李禅师处习得武艺，1917年艺成下山，于广东惠阳淡水定居，并在坪山镇开设医武馆，其所供奉祖师神位匾额为"江西竹林寺螳螂派"，联称"三达门中传妙手"。1928年，坪山人黄毓光（坪山麒麟舞第三代传人）得张耀宗真传。在他的带领下，20世纪40～70年代坪山麒麟舞在粤、港地区规模非常大，人数达上千人，分部有十几个，在各种活动中都有坪山麒麟的身影，为粤、港地区的文化发展做出了重大贡献。

黄毓光将坪山麒麟舞传于其子黄耀华，使其成为坪山麒麟舞第四代传人。黄耀华从小特别爱好麒麟舞，16岁开始在麒麟队学习，掌握了坪山麒麟舞武术表演的全套动作及乐器节奏的伴奏。黄耀华舞麒麟的动作干净有力、步步到位，展现了坪山麒麟舞内柔外刚、阴阳八卦步法的特点，将麒麟的喜怒哀乐表现得活灵活现。武术方面，包含了螳螂拳，拳术以吞、吐、浮、沉、惊、弹、搓为运力法门，以短距离发劲为特征，强身健体，攻击性极强；兵器方面包含棍、刀、剑、枪等；伴奏乐调方面，包含了坪山麒麟舞的闹锣调、七星调、下田调、瞌睡调、采青调、吐丝调、丰收调七种伴奏乐调；乐器方面，包含了唢呐、响鼓、锣、镲四种乐器。他是迄今为止坪山麒麟舞唯一一位掌握全套动作、武术、伴奏节奏、乐器的传人。他还掌握了跌打骨伤医术，使训练受伤的麒麟队员得到及时救助。

黄耀华传授螳螂拳基本步　　　　　　　　　　元宵麒麟巡游前参拜

　　黄耀华因自小对麒麟舞有特殊的感情，担任麒麟队总负责人以来，为解决活动经费，他自掏腰包三十多万人民币帮助麒麟队发展业务，添置器材、支付培训费用，还鼓励村里青年人加入麒麟队，充实力量，确保光武堂麒麟舞得以传承与发展。

　　在黄耀华的带领下，和平社区光武堂麒麟协会于2012年成立，黄担任会长。2013年建立和平社区光武堂麒麟协会学员的个人档案，并完善管理规章制度，促进坪山麒麟舞规范化管理，他至今共组建了19支麒麟队，分布在深圳各地和香港，人数达到1000多人，队员年龄最大的40多岁，最小的5岁。每年也受邀到香港交流和传授技巧，从2006年至2014受坪山办事处文体服务中心及坪山麒麟协会邀请参加各类公益麒麟培训1000多次，学员达到1000多人。

　　2010年，坪山麒麟队参加广东省第三届麒麟舞大赛，获得金奖，这也是坪山麒麟舞至今获得的最好成绩。近年来，黄耀华还带领及组织麒麟队参加各类演出活动次数达100多场次，如欢乐闹元宵麒麟巡游、文化遗产日展演、深圳市非物质文化遗产进校园、进社区演出等活动。经过多年的努力，坪山麒麟舞已经形成了自己独特的麒麟文化，在深圳乃至广东省具有较大的影响。

　　2008年12月，黄耀华被龙岗区认定为第一批区级非物质文化遗产项目代表性传承人；2014年6月，被深圳市认定为第三批市级非物质文化遗产项目代表性传承人；2014年10月，被广东省认定为第四批省级非物质文化遗产项目代表性传承人。

刘旦华

平湖纸龙舞代表性传承人

刘旦华

刘旦华，男，1954年1月生于深圳平湖，法学硕士研究生，"平湖纸龙舞"第五代传承人。出生于书香世家的他，自小对"刘氏平湖纸龙舞"情有独钟，每年春节期间必看"舞龙"。

20世纪60年代"文化大革命"期间，纸龙舞被视为"四旧"被迫停演。70年代末，刘旦华在担任大队团支部副书记时，曾参与舞龙队的重建与培训，并带领平湖龙队到深圳市（当时为宝安县）展演，荣获文艺会演第一名。但随着时代变迁，文化环境及生活模式的改变，传统的平湖纸龙舞在因文革停演后，1983年虽有机会表演一次，却难以呈现原舞蹈的风采。1983年后，现代文化的冲击使纸龙舞再次停演二十五年。时光流逝，懂得全套传统平湖纸龙舞舞技的老人大多离世，而且，参与此项传统民俗文化项目的人越来越少，传承人和爱好者均出现明显断层，纸龙舞的制作、乐曲、舞技等均濒临失传。

自幼深受传统文化熏陶的刘旦华深感抢救平湖纸龙舞的紧迫性。他率先提出要发掘"刘氏平湖龙"，使舞纸龙的传统习俗传承下去。一方面，他多次登门拜访，邀请当年平湖唯一懂得扎纸龙、舞纸龙，已93岁高龄的刘寿发老人"出山"，一招一式地教授纸龙制作技艺，花费半年多的时间才用纸和竹篾制作出栩栩如生的纸龙。同时，召集年轻时舞过龙的老人们，回忆当年舞龙的动作姿势，将舞蹈慢慢复原。两年之后刘寿发老人去世，如果不是刘旦华的力主和平湖社区领导班子的重视，独具特色的平湖纸龙舞可能就此湮灭。另一方面，刘旦华排除各种干扰，亲自主持有关工作。在历时五年多的时间里他主持召开各种会议近百次，走访人员数百人次，培训老、中、青和少年队员二百多人，组建了老、中、青、少年纸龙队。最终不仅完成了对"刘氏平湖龙"的历史渊源、基本内容、纸龙制作、传承谱系、保护内容等方面的发掘、

刘旦华在指导舞龙队员排练纸龙舞表演套路"游龙戏水"

调查和研究整理，而且做好了传承、创新工作，使"刘氏平湖龙"后继有人，圆满完成了"刘氏平湖龙"申遗的各项工作。

刘旦华与"刘氏平湖龙"发掘整理小组成员紧密配合，成功地使"刘氏平湖龙"重现平湖，2008年春节期间为平湖的居民奉献了精彩的演出。近年来经过不断的培训和参加各类非遗展演活动，平湖纸龙舞逐步取得了一系列的成果。2009

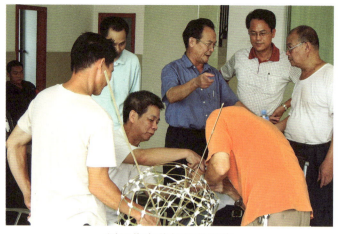

刘旦华在监督织龙工作

年以来，平湖纸龙舞已经为龙岗区非物质文化遗产展示会、深圳公共频道、深圳锦绣中华、深圳民俗文化村闹元宵、深圳市欢乐闹元宵及少儿舞龙队平湖街道贺新春等媒体、活动平台录制节目数百分钟，社会影响逐年扩大。

2015年8月，他被龙岗区认定为第三批区级非物质文化遗产项目代表性传承人，2014年6月，他被深圳市认定为第三批市级非物质文化遗产项目代表性传承人，2017年4月，被广东省认定为第五批省级非物质文化遗产项目代表性传承人。值得一提的是，作为联合国和平书画院院士、中华文化传承委员会专家委员、汉文化促进会常务副会长兼秘书长的刘旦华在书法领域也取得了较高的成就。因其黑篆体独特的艺术风格，他的书法作品于2014年、2015年连续两年经百家媒体评选入选《特邀名家名作献礼全国两会》媒体特展，本人并获中企报盟信息科学研究院荣誉证书和最受欢迎的人民书画家光荣称号。其在文化艺术上成就突出，被中共广东省委、广东省人民政府授予"南粤当代文化艺术功勋人物"称号，还被中国文艺协会授予"文化强国·国家文化传承贡献奖"。

刘旦华参加平湖社区"刘氏平湖龙"发掘抢救及申遗工作座谈会

邱荣青

龙岗舞龙代表性传承人

邱荣青

邱荣青，男，1981年生于龙岗街道南联社区邱屋村，是"龙岗舞龙"的第五代传承人。

邱荣青从1997年在平冈中学读书时就开始学习舞龙技艺，师从刘养石、李爱廉。在边学习边实践的过程中，他不仅对中国舞龙的起源、文化以及舞龙理论、技能、现代舞龙审美观有了系统、科学的认识，而且多次参加国内外重大竞技比赛、大型表演活动和文化交流，受到专家一致好评。

1998年10月，龙岗舞龙队应香港政府邀请，代表深圳参加香港元郎体育会的舞龙表演；2000年10月，参加在四川绵阳举行的全国农民运动会开幕式舞龙会演。从2000年开始，龙岗舞龙队开始参加各类非遗展示活动，并取得了不错的成绩：2000年，广东省龙狮大赛舞龙比赛第一名；2001年，深圳市龙、狮、麒麟比赛（舞龙）第一名；2004年，深圳市龙、狮、麒麟比赛（舞龙）第一名；同年，"长安杯"广东省第六届龙狮大赛第九名；2005年，参加大型龙舞山歌《山歌乘着彩龙飞》MTV拍摄，并参加深圳鹏城金秋特色品牌展演，荣获金奖；2006年，参加香港江华采风团龙岗慰问演出；2006年，参加深圳市首届客家文化艺术节开幕式表演。

在区、街道的大力支持下，舞龙队自2001年起每个星期三、星期五下午都设定3个小时的培训时间，每次20至30人，主要训练队员的体能和舞龙修复、打击乐等技艺技能。除了带领队员们刻苦训练，邱荣青还不断摸索舞龙创新的新路子，比如在舞龙的技巧方面，舞龙音乐方面，都有一些新的尝试，到目前为止，在龙岗舞龙队传授技艺技能近百人。

在加强队伍训练、不断提高队员们技艺的同时，邱荣青也寻找机会为自己充电，扩大自己的视野。他2002年到化州

邱荣青带领舞龙队在鹤湖新居展演

舞龙训练

邱荣青（左二）在舞龙

市参加舞龙指导员培训；2006 年 8 月，参加湖南省龙狮协会文化交流项目；2009 年 5 月，参加陆大杰专家举办的舞龙技能培训。这些培训学习和文化交流大大促进了邱荣青自身的舞龙技艺，进一步增强了他传承、传播舞龙技艺的信心。2010 年 5 月，他开始把龙岗舞龙送进校园，开展进校园授艺活动；2011 年 8 月 29 日，应邀参加了世界大学生运动会文化园表演；2012 年 3 月，带领深圳市龙岗街道舞龙队参加广东省"龙腾盛世"舞龙比赛获得金龙奖。这些成绩的取得，离不开邱荣青一步一个脚印、认真践行一个舞龙传承人的责任和承诺。

2015 年 8 月，邱荣青被龙岗区认定为第三批区级非物质文化遗产项目代表性传承人，2014年 6 月被深圳市认定为第三批市级非物质文化遗产项目代表性传承人。

蔡劲笋

潮俗皮影戏代表性传承人

蔡劲笋

蔡劲笋，男，1965年3月生于汕尾陆丰，潮俗皮影剧社社长，"潮俗皮影戏"第四代传承人，大鹏新区非物质文化遗产促进会会长。

蔡劲笋从小受民间艺术熏陶，喜爱皮影艺术表演。15岁拜著名皮影表演艺术家卓顺意为师，后又经卓幼儿、陈茂孝、卓荣光、蔡娘仔等名家悉心指导，潜心学习皮影艺术。1981年以优异成绩被陆丰皮影剧团录取为专业演员，接受艺术专业系统培训。

蔡劲笋从事皮影艺术三十多年，在艺术上博采众长，既保留了潮俗皮影艺术的流派特征，又不断创新和发展，形成了独立的艺术风格。唱腔洪亮饱满，操作手法灵活细腻，深得传统潮州影戏艺术真传。他根据时代特色编、导、演贺岁皮影戏《福虎贺岁》《玉兔迎大运》及少儿剧《哥俩好》《冬冬遛狗》《海龟妈妈和她的孩子们》，深圳本土历史剧《九龙海战》等，深受观众好评。

蔡劲笋一方面坚持不懈，努力提高皮影表演技艺，另一方面积极宣传开拓市场，参加、策划各类社会活动。他从1981年开始参加全国木偶皮影会演；1984年应文化部邀请进京参加国庆35周年献礼演出，受到时任文化部部长朱穆之的亲切接见，并合影留念；1987年参加中国首届艺术节获演出奖，作为演员代表受到时任文化部部长王蒙及其他领导的接见，并合影留念；同年，参加广东省首届民间艺术欢乐节，因个人工作突出被组委会授予工作奖；1989年参加广东省第二届民间艺术欢乐节演出，并赴日本进行文化交流及访问演出；1992年来深圳定居经营开发皮影工艺品；2008年筹建"深圳潮俗皮影剧社"，任社长；2011年筹建"深圳市大鹏古城皮影艺术馆"，多次应邀参加文博会、深圳华南城国际工艺品博览会；同年第26届大运会举办期间，为各国运动员展演精彩的皮影戏；2013年当选大鹏新区非物质文化遗产促进会会长；同年，承办策划"深圳市第九届外来青工才艺大赛"，受到深圳各大媒体的肯定和赞扬，取得了较好的社会效应，为潮俗皮影艺术的保护和传承做出了

潮俗皮影戏校园传承

蔡劲笋工作照

重要贡献。

以蔡劲笋为社长的皮影剧社一边致力收集整理传统剧目，一边编演新剧，并招收、培养新人，常年坚持公益性演出，使潮俗皮影艺术这一宝贵的非物质文化遗产得以传承和保护。目前，蔡劲笋一方面收集整理了较为丰富的关于潮俗皮影戏的文献资料、老艺人的回忆录、乐器（民国时期二胡、唢呐）、影人（民国初期影身）、剧本《白蛇后传》《桃花娘过渡》道具（皮影戏箱）等，另一方面，他十分重视对潮俗皮影戏的传承、宣传工作，重视对第五代传人的培养，已经培养的第五代传人有孙晓敏、卓少艺、蔡力转等。在他统筹多方的努力下，成立了深圳皮影艺术爱好志愿者组织，定期传授皮影操作基本功、皮影制作、皮影表演，现有志愿者200多名。他常年坚持参与社会公益性演出，每年不少于30场；承办各类非遗展演展示活动，大力宣传非遗传统文化。2012年在大鹏古城承办"文化遗产日"，开展非遗展演公益活动；同年，参与深圳市"非遗"进校园展演、展示——侨城中学专场；2013年承办深圳市、区"非遗"进校园、进社区展演活动；协办深圳市首届地铁庙会；同年参与龙岗区新春"非遗"展示、深圳市非遗"欢乐闹元宵：我们的节日"公益活动、"高手在民间，才艺秀梦想"深圳市第九届外来青工文体节民间艺术互动体验活动；2014年，参与福田区竹林文化广场"最炫民族风、非遗在福田"文化公益活动等。多年来将传统非遗表演艺术送进深圳大学、红岭中学、大鹏小学等。他本人被多家学校、幼儿园聘为校外辅导老师，并帮助南山后海小学、南山实验小学、簕杜鹃幼儿园成立快乐皮影艺术团。

2014年4月，蔡劲笋被大鹏新区认定为第一批区级非物质文化遗产项目代表性传承人；2014年6月，被深圳市认定为第三批市级非物质文化遗产项目代表性传承人。

蔡劲笋参加上海戏剧学院中国非物质文化遗产传承人群研修研习首期"皮影戏"进修培训

方向东

肘捶代表性传承人

方向东

方向东，男，1966年7月生于江苏省金坛市儒林镇，是深圳市精武文化体育发展有限公司法人代表，深圳肘捶传承研究会会长、深圳市武术技术研究会副会长、深圳精武馆馆长，"肘捶"的第六代传承人。

方向东自幼酷爱武术，少年时在其家乡江苏省金坛市儒林镇随吉洪宝师傅学习形意拳。1987年10月，方向东怀着追崇武术的心愿来到深圳创业。1988年9月，他在深圳被肘捶第五代传人孟宪海收为入室弟子。二十多年来，他刻苦练拳，目前已完整掌握了肘捶全套拳路与心法，系统掌握了肘捶的理论和技法，了解其源流和发展过程，能从理论和实践结合的高度处理教学和实践问题。

方向东在展示肘捶

　　经过多年努力，方向东在保护和弘扬肘捶方面取得了一定成绩：

　　自1988年起，方向东协助恩师孟宪海对肘捶进行挖掘整理和考证，系统地整理了肘捶拳谱。目前他本人持有肘捶拳谱、历代传承人照片、肘捶门规戒律等相关资料。2013年6月8日（当年的文化遗产日），方向东设场授徒，多年的教学实践积累了丰富的武术教学经验，形成了系统、有效的教学模式和方法，所教徒弟和学员超过二百人，组建了十多名弟子的肘捶展演团队，林浩彬、程健更是成为亲传弟子并已开场授徒。他还自筹资金建设肘捶传承基地，弘扬、传承肘捶这一优秀武术拳种，担负着抢救濒危武术传统文化的重任。

　　他除积极参加文博会、文化遗产日等展演展示活动外，还积极开展各类非物质文化遗产传播活动，主要有：2003年国庆带领肘捶团队参加深圳市首届梧桐山登高节，进行武术大会演并获优秀奖；2010年、2012年、2013年应邀参加香港国际武术节，荣获多项奖项；2011年以来积极参加市、区文化部门组织的非遗进校园、进社区活动；2012、2013年5月连续两次参加第八、九届文博会专项活动；组队参加2013年11月深圳第七届武术公开赛获得六金十二银佳绩；参加2014年2月14日深圳市民中心"欢乐闹元宵"非遗展演活动。通过参与各类非遗展演活动，扩大了肘捶的影响力，起到了很好的宣传作用。

　　2013年9月，方向东被罗湖区认定为第三批区级非物质文化遗产项目代表性传承人；2014年6月，被深圳市认定为第三批市级非物质文化遗产项目代表性传承人。

方向东在传授肘捶动作要领

何海林
咏春拳代表性传承人

何海林

何海林（1944～2016年），男，祖籍广东南海，是与叶问同时代的另一名咏春拳高手姚才支脉的嫡传武术传人，深圳"咏春拳"的第八代传承人。

1960年，16岁的何海林在佛山被咏春拳宗师姚祺收为首徒，而姚祺自幼即师从父亲姚才及阮奇山等大师（祖籍深圳宝安的姚才当年与阮奇山、叶问被武术界誉为"咏春三雄"）学艺，成就不凡。同时，他也跟随蔡李佛名师陈艺林学习蔡李佛拳及刀抢棍法，得到当时有"棍王"之称的李寿彭指点六点半棍术。何海林精通咏春拳的小念头、标指、寻桥、黐手、八斩刀、六点半棍、木人桩等多种拳法及套路；另外，"闭目黐手""掌风熄灯"是他的自家秘技，"竹桩"更是独家秘传。

1984年，何海林定居深圳市罗湖区，一直致力于推进咏春拳的发展、传承。除在当地开馆授徒，他还被深圳市武术协会任命为市武协咏春拳培训中心主任，并负责该中心的筹办工作。曾多次代表佛山、深圳武协与国内外的武术名家交流、切磋；曾为中国武术协会咏春拳段位制编委会编委、咏春拳标准套路编辑委员会主任；曾任世界功夫武术段位制总会副会长、佛山市精武体育会名誉会长兼咏春拳研究办活动中心主任、佛山武术博物馆筹备委员会顾问、深圳市武术协会咏春拳辅导中心主任。经过多年来的发展和努力，何海林在武术领域取得一定成就。2009年，世界功夫武术段位总会颁授何海林武术九段段位，国际武术联盟授予其武术教授荣誉称号。

除了个人取得了不凡的成绩外，何海林还坚持授徒传艺，所授徒弟广布佛山、深圳、香港、澳门、美国等地。在第十届深圳传统武术锦标赛上，何海林的七位参赛弟子获得了八枚金牌，并荣获集体表演一等奖。

在传徒授艺、推广咏春拳的基础上，何海林率领众弟子积极参加公益活动，曾多次参与罗湖区非物质文化遗产优秀资源项目展览表演以及深圳市文体旅游局组织的天天健身、天天快乐的大型演出、梧桐山艺术小镇的咏春拳展示、各地庆典的舞狮采青表演，为咏春拳这一中华优秀武术拳种的传承、传播做出了自己的贡献。

何海林展示咏春拳对练前的准备手势——桩手

2013 年 9 月，何海林被罗湖区认定为第三批区级非物质文化遗产项目代表性传承人；2014 年 6 月，被深圳市认定为第三批市级非物质文化遗产项目代表性传承人。

何海林示范咏春拳基本马步

罗晓琳

棉塑（肖氏）代表性传承人

罗晓琳

罗晓琳，女，1970年9月出生于甘肃甘南合作，是"棉塑（肖氏）"纯手工技艺第四代传承人。她1992年6月毕业于西北民族大学美术系油画专业，原为甘肃电视台广告中心美术编辑，2002年3月调入深圳宝安广播电视中心任编辑，现为中国民间文艺家协会会员、广东省民间文艺家协会会员、深圳宝安民间文艺家协会副会长。

罗晓琳从1992年起先后从事平面媒体广告设计、影视制作以及文化创意策划等工作，工作之余跟母亲丁维桂学做棉塑，母女合作创作了一系列棉塑作品。1994年，30余件人物阵群棉塑作品在第四届"中国艺术节"展出，10件作品被组委会收藏，并发表在大型画册《黄河潮》《西藏旅游》《甘肃画报》《世界知识画报》《中国民间工艺精品集》等刊物；合作作品《田野》《卓玛草》分别获省级展览一等奖和二等奖；《母子》获得1998年首届中国国际民间艺术博览会银奖；《姊妹情》参加2004年中国民间艺术节博览会荣获优秀奖，并收入《中国民间艺术精品集》；表现民族大团结的《一家人》于2009年8月由深圳宝安区文联选送，入选第五届中国（长春）民间艺术博览会的中国民间文艺山花奖和第十三届中国人口文化奖（民间工艺美术品类）并获二等奖，次年10月还入选了文化部在北京民族文化宫"向祖国汇报"——庆祝新中国成立60周年美术、书法、摄影、民间艺术精品展。另外，《菩萨与弟子》《敦煌飞天乐舞》等作品也先后在北京、天津、长春、兰州、敦煌、广州、深圳等城市展览，获得国家级、省、市多项表彰。此阶段本人以绘画和针线的方式参与创作，注重刻画人物神情，学习棉塑的工艺流程和工艺要则，边学边做。

2010年后，罗晓琳用针

第二代传承人肖英及其作品《飞天》

第四代传承人罗晓琳在大浪社区参加非遗进社区活动

棉塑传承——客家情 "型" 出心裁

线、棉花、布、丝绸，纯手工从头到脚缝制棉塑作品，独立创作了一批反映客家风情和民俗文化的作品。如《母爱》歌颂母爱的力量，呵护孩子的梦；《娃娃舞狮》表现传承；《雨打芭蕉》表现岭南客家女勤劳善良，温婉唯美的形象。

2004 至 2010 年，在宝安区文化局、宝安群艺馆和宝安广播电视中心的大力支持下，罗晓琳的棉塑作品相继参加了区、市、省、国家级的多种展览。尤其是 2005 年在北京参加了"首届中国民间工艺品博览会"，博览会汇集了来自全国 26 个省、自治区、直辖市的 200 多家参展团体和个人的 5000 多件精美工艺品，棉塑作品以其独特的造型语言和创造力获得第五届中国民间文艺山花奖·民间工艺奖铜奖；2009 年参加文化部举办的建国 60 周年"向祖国汇报"摄影美术书法民间精品展览。参加这些高端艺术品展览活动，既展示了棉塑作品的魅力，又让公众进一步认识和了解棉塑工艺。

棉塑技艺呈现出的民俗民间的纯手工的审美趣味，吸引了很多爱好者，制作琐碎繁复的过程，却又让很多人望而却步，熟练掌握其繁杂的工艺者如凤毛麟角。为了扩大棉塑艺术的影响力，罗晓琳积极开展传承和传播活动，从 2009 年 6 月开始，已在宝安区艺术馆开展公益性讲座、残联举办学习班，南方日报、深圳新闻网、宝安区电视台、宝安日报等媒体作了专题报道。从 2009 年开始，每年都参与进社区、进企业、进校园展演展示，参加深圳市民中心广场欢乐闹元宵活动，并有计划地组织棉塑艺人在文化馆等举行展览和展演活动，开展授课，扩大影响，深度发掘热爱民间艺术、有潜质的学员，培养棉塑技艺传承人，从而保护棉塑工艺的发展和传承。

目前，罗晓琳收藏的作品有八十多件套，均完好保存在展示柜里，定期除湿除尘以防受潮变质。同时她还花费大量精力和时间记录棉塑技艺制作过程，收集、整理、录像、拍照，研究棉塑技艺，保留电子文档存储完整的制作工艺视频档案。从 2011 年起开始编撰中国国粹艺术读本《棉塑》一书，详细介绍了棉塑艺术的历史沿革、造型语言、制作过程、工艺要则等，内容丰富，通俗易懂。该书于 2015 年 10 月由中国文联出版社正式出版发行。

2012 年 6 月，罗晓琳被宝安区认定为第二批区级非物质文化遗产项目代表性传承人；2014 年 6 月，被深圳市认定为第三批市级非物质文化遗产项目代表性传承人。

田　星

剪纸艺术（田氏）代表性传承人

田星

田星，女，1966 年 4 月生于宜君县尧生乡孟黄村，田氏剪纸艺术第三代传承人，三级美术师，现为中国美术家协会广东分会会员、中国工艺美术家协会民间工艺美术委员会会员、中国当代美术家协会会员、深圳市龙华新区珂雅美术家协会副会长、深圳市福田区剪纸协会理事。

田星自幼受家乡民风民俗的影响，随祖母（第一代传承人）和母亲（第二代传承人）及几位姐姐学习剪纸技巧，1983 至 1985 年两次被陕西省宜君县文化馆推选参加"民间剪纸提高培训班"，自此后从未间断自己对民间剪纸艺术的传承和创作实践。1988 年 4 月至 1991 年 5 月，师从西安市美术家协会副主席修军学习美术。1991 年被深圳锦绣中华有限公司特招至民俗文化村，从事民间剪纸、绘画表演工作。1995 年 9 月至 1997 年 7 月，进入中国书画函授大学的国画专业学习。2002 年至今在罗湖区、南山区、福田区从事民间剪纸表演、研究工作，继续传承民间剪纸技巧和发扬民间剪纸艺术。2003 年 9 月至 2004 年 7 月，在中央美术学院民间美术专业非物质文化遗产中心研修肄业。

经过多年努力，田星在剪纸艺术的道路上越走越宽，作品接连展出、获奖，有的还走出国门：1987 年，作品《龙舟》在中国美术馆展出，并在《人民日报》发表；1988 年，作品《百龙图》获"全国农民书画大奖赛"三等奖；1989 年，与他人合作《鸡》被中法友好协会主席吉莱拇先生选中并带往法国展出；1990 年，作品《追云奔月》《抓髻娃娃》获"陕西省首届西衡杯剪纸面花电视大奖赛"一等奖；1998 年，作品《吉祥娃获》获第二届"全国农民书画大奖赛"优秀奖，并在中国美术馆展出；2004 年，作品《剪花女子》参加由南京大学举办的"中国（国际剪纸大赛）"获三等奖；2012 年，作品《团花》参加广东省廉政文化剪纸优秀作品展览获三等奖，《母亲》《树正根深》《母与子》获优秀奖。此外，田星剪纸艺术及其民间画作、事迹多次在市级、省级刊物、报纸发表，由市级电视、电台报道。

田星多次举办、参加展演、讲座、出版作品集：1991 年，在广州华侨学校

田星在剪纸

田星在清湖小学传授剪纸技艺

参加深圳"世界大学生运动会"活动，为世界各地的外国友人展示剪纸技艺

举办个人画展；1992 年，应邀参加香港政府和中国旅行社联合举办"中秋彩灯会"，展出作品 40余幅；1993 年，《田星现代民间绘画选集》由香港大学出版社出版；1995 年，参加为迎接世界妇女大会而举行的"中国百名女画家"联合绘画，作品《孔雀牡丹图》在中国美术馆展出；1997 年，赴香港参加"中国百名女画家迎九七庆三八作品联展"，作品《迎九七》在香港大会堂展出；同年，参加"深圳—香港回归画展"；1999、2002、2006 年三次应邀赴新加坡，举办"民间剪纸艺术"讲座及表演活动；2002 年，应香港基督教正生会邀请，赴香港举办"民间剪纸艺术"讲座及表演活动；2003 年，应深圳市罗湖区文化馆邀请，举办"民间剪纸艺术"讲座及表演活动；同年应香港警务署邀请，赴香港举办"民间剪纸艺术"讲座及表演活动；2004 年，参加中国（北京）非物质文化遗产剪纸研讨会；2004 年元宵节应邀在深圳民俗文化村为外宾表演剪纸艺术；2006 年分别应美国夏威夷州檀香山博物馆、美中友好协会和中华总商会邀请，两次赴美国举办"民间剪纸艺术"讲座及表演活动；2012 年 6 月，罗湖区文化馆与罗湖区非物质文化遗产保护中心联合举办了《田星剪纸艺术展》。

为进一步传承和传播田氏剪纸艺术，2010 年 3 月以来，田星一直积极参与深圳市非遗保护中心和区级部门组织的各项非遗展演展示活动以及非遗进校园、进社区活动；2012 年 9 月应深圳大学传播学院邀请，为深大学生讲授《陕西民间剪纸》并现场指导和表演剪纸技巧；此外，田星还认真指导广大市民和中小学生参与到剪纸艺术创作中来；2012、2013 年两次参加罗湖区文体局组织的市民剪纸艺术竞技大赛，做指导和评委工作；2013 年 11 月应龙华新区清湖小学邀请，为小学生讲授《民间剪纸技能与传承》，并现场指导和表演剪纸技巧；2014 年 1 月参与福田区宣传文化基金支持的紫荆会所组织的剪纸表演和宣传。十多年来在深圳大学以及龙华新区清湖小学授徒传艺达上千人。

为表彰田星在剪纸艺术领域的贡献，联合国教科文组织和中国民间文艺家协会 1996 年授予其"民间工艺美术家"称号；同年被日本国艺书道院委聘为该院八年客座教师；1997 年，《中国民间名人录》收入田星本人艺术略传。

田星本人对自己的创作和展演展示资料整理并建档保存，已保存本人剪纸作品上百件，以及大量表演、宣传、授徒照片和录像。

2012年4月，田星被罗湖区认定为第一、二批区级非物质文化遗产项目代表性传承人；2014年6月，被深圳市认定为第三批市级非物质文化遗产项目代表性传承人。

詹培明

潮彩代表性传承人

詹培明

詹培明，男，1948 年 12 月出生于潮州枫溪詹厝村，"潮彩"第二代传人詹锦昌先生之子，高级工艺师，"潮彩"第三代传承人。

詹培明从小热爱瓷艺，1963 年进入詹厝彩瓷厂跟随父亲学习传统潮彩技艺，并在长辈和老厂长、老艺人的指导下，掌握了潮彩的基本技法。早期彩绘代表作品"鸡碗"系出口产品，其构图头、尾、爪及枝、叶均用十三笔画成，亦称"十三笔碗"。一天画上几千条线条，成就了詹培明精湛的潮彩技艺，使他成为熟练掌握选瓷、设计、彩绘、色釉、窑工等生产流程的民间艺人。其代表作品有：《十三笔鸡碗》《金地满花》茶具、《万寿无疆》粉彩、《人像》瓷板画等。

1968 年，詹培明进入香港荣泰公司，任生产部经理；1979 年升为该公司生产技术总监；1989 年，他来到改革开放的前沿深圳，创建斯达高瓷用花纸有限公司，任总经理；1998 年，公司扩大生产经营范围，由专业生产陶瓷贴花纸转变为生产日用陶瓷、艺术陶瓷和陶瓷贴花纸，更名为斯达高瓷艺发展（深圳）有限公司，詹培明担任公司董事长兼总经理。

经过多年努力探索与实践，詹培明在潮彩设计研发上取得一系列成绩和荣誉成绩：2002 年 10 月，詹培明设计制作的《蛇年日历工艺陶瓷挂盘》荣获国际网印及制像（SGIA）网印大赛金奖；2006 年 4 月，詹培明出任"情系奥运——国奥杯产品设计暨制作大奖赛"顾问委员会副主席；2006 年 10 月，詹培明设计制作的《熊猫·九寨沟之春夏秋冬图工艺陶瓷挂盘》第三次荣获国际网印及制像协会（SGIA）网印大赛金奖；2007 年 5 月，詹培明荣获中国国际网印及制像协会颁发的第五届科技贡献奖；2009 年 9 月，詹培明被评为"印刷行业百名科技创新标兵"；2009 年 10 月，詹培明创作的《乾隆大阅图轴》荣获 2009 年亚太网印精品奖金奖；2010 年 5 月，詹培明创作的《乾隆大阅图》拼接瓷板画被上海大世界基尼斯总部认定为世界上面积最大的拼接瓷板画；2012 年 7 月，詹培明被中国轻工业联合会评为"十一五"轻工业科技创新先进个人；2013 年 7 月，詹培明被中国陶瓷工业协会评为"有突出贡献的陶瓷科技工作者"；2013 年 7 月，詹

詹培明在讲解潮彩的历史渊源

詹培明在绘制潮彩   詹培明在进行潮彩作品创作

培明被中国陶瓷工业协会评为"中国陶瓷行业杰出企业家";2013 年 7 月,詹培明设计创作的《乾隆大阅图》瓷板画获得欧洲网印协会联合会(FESPA)网印精品评比玻璃和陶瓷类金奖;2013 年 9 月,詹培明被福田区委区政府评为福田区杰出人才。

为了使潮彩工艺能够得到有效保护和传承,詹培明近 20 年来已培养潮彩第四代传承人 5 人,培养潮彩技艺学徒 200 余人。1998 年以来,主持召开潮彩传承与发展专题研讨会 6 次,开展潮彩技艺讲座 8 次,搜集了潮彩文字资料 2000 万字、影像资料 100 余件和实物 220 件。

2015 年 8 月,詹培明被龙岗区认定为第三批区级非物质文化遗产项目代表性传承人;2014 年 6 月,被深圳市认定为第三批市级非物质文化遗产项目代表性传承人。

罗桂芳

凉帽、围裙带编织技艺代表性传承人

罗桂芳（左）在传授技艺

　　罗桂芳，女，1957年生于东莞市塘厦镇蒲心湖溪头村，12岁跟随母亲学习编织凉帽带和围裙带，为"凉帽、围裙带编织技艺"第四代传承人。

　　罗桂芳从小在家里跟随母亲邓英莲学习编织凉帽带和围裙带，很小就掌握了编织凉帽带和围裙带的基本技能，后来又虚心向村里的编织高手学习，并经常与姐妹们交流，技术水平不断提高，能够熟练地掌握各种不同花色、图案的编织技术和口诀，成为村里编织丝织带的一把好手。其编织丝织带的手法熟练，编织的图案精美，色彩鲜艳，而且图案种类丰富，富于变化，编成的凉帽带、围裙带光滑平整，具有非常高的技艺水平。她在前人总结的编织口诀基础上又有所创新，编织起来又快又好，其工艺和质量均属一流。

　　罗桂芳除常年坚持编织凉帽带和围裙带外，还积极参加各类公益活动，推广凉帽带和围裙带的编织技艺。比如，2007年6月，她参加了深圳市首届文化遗产日非物质文化遗产展演展示活动，在展演活动现场编织出精美的凉帽带、围裙带，受到观众好评。再如，在上梅林股份公司每年组织的大型传承活动中，罗桂芳常年进行表演和现场传授；在其他小型传承活动中她也耐心地手把手传授技艺。

　　为了将凉帽和围裙带编织技艺传承给下一代，2014年她将自己的两个女儿黄京梓、黄福娣正式收为徒弟，利用晚上时间在家里传授编织技艺，目前二人都已基本掌握了编织技艺，有望成为下一代传承人。目前罗桂芳保存有编织凉帽带、围裙带的全套工具，各色丝线，各种图案的式样以及成品实物。

　　2009年5月，罗桂芳被福田区认定为第一批区级非物质文化遗产项目代表性传承人；2014年6月，被深圳市认定为第三批市级非物质文化遗产项目代表性传承人。

参加非遗进社区活动

传承活动现场

陈淦忠

深圳传统小食制作技艺代表性传承人

陈淦忠

陈淦忠，男，1970年2月生于公明镇楼村，深圳市合成号食品有限公司公司董事长，深圳市宝安区政协委员，宝安区传统文化协会会长，"深圳传统小食制作技艺"第五代传承人。

1989至1992年，陈淦忠就读于深圳大学工艺美术专业；1992至1997年，他进入深圳市宝安区民政局工作；1997至2003年，他就职于宝安区某企业；2004年，他创办深圳市金好彩饮食管理有限公司；2011年，创立深圳市合成号食品有限公司；2014年1月，他被增补选为深圳市宝安区政协委员。

1990年，陈淦忠跟随第四代传人、父亲陈桂流系统地学习并掌握了传统小食制作技艺。2008年，陈淦忠在深圳弘法寺本焕老和尚与印顺方丈的倡议下创建"弘法禅月"品牌，为孤老弱残等弱势人群捐赠超过十万盒爱心月饼，被中国爱心工程委员会授予"爱心大使"称号。2011年，为恢复家族百年品牌"合成号"，让深圳传统小食重现往日的光彩，他创建了深圳市合成号食品有限公司，并以公司为平台，着力发掘、恢复传统小食制作，将各种小食不断推向市场。2012年和2013年，陈淦忠率领公司员工分别参加了第八届和第九届"中国（深圳）文化产业博览交易会"，并举办"第九届文博会专项活动"，把本土悠久文化重新展现在世界面前。2013年，他接受凤凰卫视的专访，论道如何让深圳文化走向世界，让世界了解深圳的传统小食。同年，陈淦忠积极倡导成立的"宝安传统文化协会"正式揭牌，陈淦忠当选会长。协会致力于挖掘、整理和研究本土优秀传统文化，保护和推广传统习俗。

陈淦忠20岁时自父亲陈桂流处承袭了传统小食制作技艺，作为第五代传承人的他技艺全面，坚持改良创新，用料讲究真材实料。首先，出于对中国传统文化的热爱和对本土小食的喜爱，陈淦忠悉心揣摩父辈传承的技艺，并不断总结、努力探索，熟练掌握了多种传统小食的选材、配料比例和制作工序，特别擅长制作油品类的油角、糖环和糕品类的云片糕、艾果、松糕、鸡椿角等；第二，陈淦忠在继承深圳

陈淦忠展示传统小食——云片糕生产中的"调粉"技艺

陈淦忠指导徒弟制作传统小食——红凌酥

小食特色的同时，借鉴港式、西式点心的优点，根据现代人的现实需求取其精华，改良传统深圳小食的口味以适应市场需要，既保留了传统品种，又有创新品种，如在传统的小食制作中增加艾草汁，创新制作出艾草饼，使小食具有一定的养生功效；第三，陈淦忠始终坚持着传统的制作工艺，同时保持着传统的用料习惯，用料讲究真材实料，经过多年努力，合成号现已有三十多种传统小食产品，拥有艾草饼制作技艺国家发明专利和合成号传统小食所有包装外观设计专利。

自 2008 年开始，陈淦忠一直致力于传授深圳传统小食制作技艺、传播深圳传统文化，这方面的教学与宣传成为其生活的一部分。陈淦忠收徒较为严谨。首先，注重考核弟子的品德，一年后师徒双方互相认可，再正式收为弟子。教学方式一般采取一对一或同时对数人进行传授，因材施教、义务教学，不仅传授传统小食制作技艺，并且将深圳传统文化、历史知识以及为人的道理、做事的方法，辅之以简单而朴素的哲学思想，有机地融会于教学实践之中，使受教者技艺与品德双修。目前已收学徒数十人，包括陈博、张钟辉、陈伟聪、鲁文雅、林惠娇、吴月圆等，弟子们在日常学习技艺中都很认真，并且都能独立制作个别小食。

近年来陈淦忠多次出资赞助、参与公益事务，自 2011 年 8 月起，他就开始举办或参与各类社会公益活动：与深圳原住民联合举行"把深圳味道带回家"百年记忆分享会；为第 26 届世界大学生运动会外国运动员代表送上深圳味道；喜迎中秋，为福利院、敬老院送上深圳特产"弘法禅月"；参加欢乐闹元宵、客家文化节、文化遗产日、文博会等活动，展示深圳优秀传统小食文化。

陈淦忠建立的深圳传统小食制作技艺传习所，设立了传统小食用具收藏室，收藏有流传下来的用具，如制作饼食的饼模、饼锤、铜盆、煮糖用的铜锅、筛粉用的竹筛、木盘、木盆、糖果罐、瓷碗、瓷盆、担饼用的礼篮、桌、台、座椅等，约 200 多件藏品。还拥有传承族谱。

2012 年 6 月，陈淦忠被宝安区认定为第二批区级非物质文化遗产项目代表性传承人；2014 年 6 月，被深圳市认定为第三批市级非物质文化遗产项目代表性传承人；2017 年 4 月，被广东省认定为第五批省级非物质文化遗产项目代表性传承人。

李郑林

平乐郭氏正骨祖传秘方和配制秘方代表性传承人

李郑林

李郑林，男，1958年生于河南省郑州市，博士研究生，深圳平乐骨伤科医院副院长、主任医师，罗湖区第一批优秀中医，"平乐郭氏正骨祖传秘方和配制秘方"第六代传承人。目前担任广东省中西医结合学会理事、广东省中西医结合学会治未病专业委员会副主任委员、深圳市中医药学会理事、深圳市中西医结合学会疼痛专业委员会副主任委员、郭春园中医发展基金会理事长等，还是广州中医药大学教授、硕士研究生导师。

1978年10月至1983年7月，李郑林就读于河南中医学院中医系；1983年8月至1998年3月，进入河南省洛阳正骨医院从事骨科临床工作；1998年4月至2000年3月，赴日进修（其中第一年为笹川医学奖学金研究者、国家卫生部派遣）；2000年4月至2004年8月，在日本国立山口大学医学部研究生院攻读医学博士；2004年9月至今，在深圳平乐骨伤科医院任院长助理、副院长、主任医师、广州中医药大学教授、硕士研究生导师。

在洛阳正骨医院工作期间，李郑林在洛阳平乐郭氏正骨第六代传人郭维淮指导下从事中医骨伤科工作，参加了由郭维淮指导的多项部级科研课题，如三七接骨丹促进骨折愈合的临床研究、手法复位夹板固定治疗三踝骨折的临床研究、磁性接骨膏促进骨折愈合的实验研究等。

在深圳平乐骨伤科医院工作期间，他接受平乐郭氏第五代传人郭春园的指导，致力于郭春园验方制剂的整理、提高和临床应用，并重视深圳平乐郭氏正骨医术的传承工作。2004至2005年，李郑林负责实施并完成了郭春园祖传13种验方的临床药用机理、用药辩证、用药功效的归类总结和制剂批号的申请报批工作；在负责管理中药制剂室期间，进一步改进平乐郭氏正骨第五代传人郭春园祖传13种验方制剂的生产工艺

李郑林解读三七散及十三种中药制剂

和质量，编写 13 种验方制剂的临床使用说明书和深圳平乐骨伤科医院中药制剂室介绍，主持中药制剂室固体净化车间的设计和建设工作；自 2006 年起，李郑林承担广东省中医药局建设中医药强省重点科研项目"熟地强筋合剂的剂型改革——名老中医郭春园验方整理提高性研究"（资助 10 万）；2010 年起主持平乐正骨"三七散 2 号"的研制与临床试验，目前已应用临床，获得患者好评；2011 年承担广东省中医药局建设中医药强省重大科研项目"熟地强筋合剂剂型改革——全国名老中医郭春园祖传验方制剂整理提高性研究"，获得 10 万元资助经费；2013 年完成项目并结题，通过省药监局组织的专家评审获得注册批号；2013 年起主持广东省科技项目（编号 2013A032500019）"全国名老中医郭春园验方制剂——'红桃消肿合剂'对下肢骨折病人围手术期血栓前状态影响的临床研究"，获得省市资助经费 16 万元；2013 年获深圳市科创委科技项目立项"红桃消肿合剂的剂型改革——红桃消肿颗粒剂的研制"。

李郑林总结个人临床行医经验，多年来在专业期刊上发表论文 30 多篇，如《熟地强筋合剂的稳定性考察》《归芍通络合剂的质量标准研究》《川芎行气洗剂微生物限度检查方法学验证》及《当归活血合剂的质量标准研究》等。

除了在自身业务上不断学习和提高外，李郑林还十分重视对平乐骨伤科医药理论的传承和发展。2013 年 3 月李郑林指导学生在《中国中医骨伤科杂志》发表《深圳平乐骨伤专家李郑林临床用药经验》一文。2013 年 5 月，医院组织平乐郭氏正骨医术拜师仪式，李郑林在仪式上共收 4 名弟子，并签署一份名老中医药专家学术经验继承教学协议书，这份协议书将作为规范性的政策框架，指导师徒教学相长，助推"平乐郭氏正骨医术"薪火相传，惠及更多病人，惠及医院，惠及中医药事业的大发展。

作为知名中医，他还积极参加各类公益活动，推广和普及中医药知识。2011 年参加"深圳市关爱办"在深圳中心书城举办的深圳关爱行动，在系列科普讲座发表演讲；2012 年至今，多次参加平乐医术进万家健康大讲堂活动；2013 年 12 月，参加深圳市首届健康公益月活动。

2015 年 3 月，李郑林被罗湖区认定为第四批区级非物质文化遗产项目代表性传承人；2014 年 6 月，被深圳市认定为第三批市级非物质文化遗产项目代表性传承人。

李郑林参加电视台《都市养生佳》栏目录制，向大
众传授平乐郭氏正骨的独特之处　　　　参加非遗宣传活动，为患者义诊

张瑞友

不孕不育症中医疗法代表性传承人

张瑞友

张瑞友，男，1945年出生于陕西省西安市蓝田县，"不孕不育症中医疗法"第四代传承人。

张瑞友从小聪慧好学，立志长大后继承祖传秘方当医生。1960年，15岁的他从母亲手上接过祖上留下的治疗不孕不育的秘方和医书等资料，宣誓要把祖传的医技继承下去，成为不孕不育症中医疗法的第四代传承人。1965年，张瑞友进入陕西省蓝田县卫校中医班学习，经过三年的系统学习，成为当地小有名气的乡村医生。1970年，进入陕西蒲北矿务局运销公司卫生所，任内科、妇科医生。1977年，到陕西中医学院第六期西学中研修班学习两年，得到张学文、杜玉茂等名家指导；1981年，进入陕西中医学院四年制函授班学习，由名老中医张流朝教授中医妇科，在治疗经验、用药特点、剂量把握上得到张老的指点，医技有了质的飞跃，获得中医专业大专毕业证。1984年至1996年，担任蒲白矿务局卫生院院长。张瑞友以系统的中西医理论和自身多年临床实践经验，对祖传治疗不孕不育的秘方进行研究、论证，丰富和发展了秘方，取得满意的治疗效果，名气也越来越大，在蒲城、白水、澄城、合阳、富平、大荔等县都有名声。

1998年，张瑞友移居深圳，先后在福田中医院和深圳瑞友中医馆开设不孕不育症科，进一步对祖传秘方进行研究整理。2004年5月，其祖传治疗女性不孕的中药制剂获国家发明专利证书；2008年8月，祖传治疗男性不育症的中药组合物及其制备方法获国家发明专利证书。2013年开办深圳瑞友中医馆。

张瑞友在看病时，先看人再看病，着眼局部，通观全身。对于一些有心理障碍的病人，通过心理疏导，不用药也能治好病。十多年来，张瑞友共接诊病人2万余人，治愈率达到33.4%，已有4000余人成功怀孕生育。张瑞友家传治不孕不育症的中医医疗技术在理论和实践上丰富了传统的中医学，为不少家庭带来了和谐和幸福，

张瑞友为患者把脉看诊

张瑞友为弟子传授技艺 患者喜得贵子，送来锦旗

在深圳及珠三角地区产生了较大影响。

张瑞友非常重视对家传医术的传承。自1995年起，其女儿张媛跟随他开始学医。2006年7月，张媛在深圳福田中医院跟随父亲张瑞友进入临床实践学习，通过多年学习已经掌握了一定的中医治疗不孕不育的方法和临床辨证经验，可独立进行有效的临床工作。

多年来他还积极参与各类公益活动：自2009年以来每两周一次下景田北景新花园社康中心坐诊；2013年9月在深圳市卫生局举办的中医传承经典班讲"中医治疗不孕不育症的方法和经验"；2013年三次参加深圳市文化局组织的"非物质文化遗产代表性项目"下社区服务的大型活动；2013年11月给新兴社区讲述中医养生的知识讲座。

目前拥有的相关实物和资料主要有13个祖传中医方剂、发明专利证书《一种治疗女性不孕的中药制剂》（中华人民共和国国家知识产权局2004年5月19日颁发）、发明专利证书《治疗男性不育症的中药组合物及其制备方法》（中华人民共和国国家知识产权局2008年8月27日颁发）、吕雪良编著《求子——中医教授不孕不育症专家张瑞友临床治验》一书（中医古籍出版社，2009年7月出版）、召开31次"喜得贵子"座谈会的所有照片资料。

2013年10月，张瑞友被福田区认定为第三批区级非物质文化遗产项目代表性传承人；2014年6月，被深圳市认定为第三批市级非物质文化遗产项目代表性传承人。

陈沛忠

沙井蚝民生产习俗代表性传承人

陈沛忠主持宝安区金蚝文化节

陈沛忠，男，1946年6月生于沙井镇，宝安沙井水产公司经理，宝安区建区20周年优秀人物，"沙井蚝民生产习俗"第三代传承人。

陈沛忠中学毕业后进入沙井水产公司工作，下蚝田跟经验丰富的父亲陈林运、蚝民陈造崧、陈志仔、陈木根等人学习沙井蚝销售、养殖和加工技术。1970年，他发明了螺旋式蒸汽煮蚝器，用两台蒸汽煮蚝器替代了原来二十多个铁锅的煮制生产，不仅效益提高了六倍，而且产品质量稳定，消除了旧工艺处理熟蚝常出现的杂质、碎壳现象。该发明荣获广东省科技大会奖，并被推广使用。1983年起，他先后在阳江、台山等地打造了三个养殖基地，开创沙井蚝异地养殖的新局面。

1984年，陈沛忠开始担任深圳市宝安沙井水产公司经理。他创建了全国第一条沙井蚝油自动化生产线，引进国外烘干设备，改进加工工艺，大幅提高产能和品质，使沙井蚝产品传统的作坊生产转变为现代化的工厂生产。1988年，他在国内首创采用快速管道式预热糊化、超高温瞬时灭菌、真空灌瓶的蚝油加工工艺，取代了以直火锅或夹层蒸汽锅为主的老生产工艺，使生产形成机械化流水作业线，生产加工效率比原工艺提高七倍以上，有效提高产品质量和数量，代表国内先进水平。1994年，参加广东省企业优秀中青年干部培训班，获得全国国有企业领导干部岗位任职资格培训证书。20世纪90年代，当沙井蚝业面临工业污染带来的生存威胁，他率先带领公司走出沙井，到台山等地成功开辟异地养殖基地，传授沙井蚝技术，带动当地蚝民脱贫致富，从而挽救了沙井蚝。现在沙井蚝在台山、汕尾、阳江、湛江等地的养殖基地面积已经超过10万亩。

跨入21世纪，陈沛忠继续努力拓展国内外市场和建设养殖基地、加工基地，公司发展成集养殖、加工、销售和研发为一体的产业化、规模化、现代化的龙头企业。沙井蚝品牌荣获"广东省名牌产品"称号。多年来，他积极呼吁社会各界重视沙井蚝业的发展，打造沙井蚝品牌，弘扬海洋文化和岭南文化，并成为深圳市非物质文化遗产沙井蚝民生产习俗的代表性传承人。现任深圳市宝

陈沛忠展示如何煮熟蚝及蚝油　　　　　　　　陈沛忠示范香煎金蚝

安沙井水产公司经理、沙井水产党支部书记、沙井蚝民俗文化研究会会长、沙井蚝文化博物馆馆长、宝安水产行业协会名誉会长和深圳市水产行业协会会长、广东省水产流通与加工协会常务理事。2012年，陈沛忠荣获"宝安区建区20周年50名优秀人物"荣誉称号。

陈沛忠除了在沙井蚝的生产发展方面倾注了大量心血外，在授徒传艺、沙井蚝生产传承方面也颇费心机。他针对不同的生产环节，挖掘和培养不同的传承人。比如，谭国泰、陈秩棉、曾礼朋、陈锦培、黄立平获得沙井蚝油、蚝罐头、蚝豉制作工艺的传承；陈照根、谭国泰、曾金诺、陈青莲、刘锦秀、陈巧玲等获得沙井蚝烹调工艺（包括鲜蚝、金蚝、蚝豉）的传承；陈照根、曾金诺、陈淦辉、黎妃庚获得沙井蚝养殖工艺的传承；陈炳芬、谭国泰、陈景辉、陈青莲、江冠华获得沙井蚝文化、历史知识方面的传承。

自2004年开始，陈沛忠每年都配合宝安区有关部门组织举办宝安区沙井金蚝节，大力推广和宣传沙井蚝民生产习俗和蚝文化；2010年，成立沙井蚝民俗文化研究会并担任会长；2010年，建成沙井蚝文化博物馆（每天免费开放）并担任馆长；2011年，举办广东蚝业产业发展座谈会（论坛）；2012年5月，承办深圳市文博会首届《老宝安·非遗秀》专项活动；2012年12月，承办沙井金蚝节蚝文化巡游部分并担任主持；2013年5月，承办深圳市文博会第二届《老宝安·非遗秀》专项活动；2013年12月，承办沙井蚝文化研讨会。

宝安区不可移动文物"沙井旧煮蚝部"建筑现由沙井蚝文化博物馆负责保护，他本人为沙井水产公司及博物馆的法人，是文物保护的责任人；收集了沙井蚝的旧生产用具500多件，部分于沙井蚝文化博物馆展出；收集了沙井蚝的相关历史文物资料100多份，部分于沙井蚝文化博物馆展出；制作了沙井蚝标本10份，在沙井蚝文化博物馆展出；参与相关书籍资料的编辑或提供资料：《蚝韵》《千年传奇沙井蚝》《守望合澜海——沙井蚝民口述史》等。

2008年12月，陈沛忠被宝安区认定为第一批区级非物质文化遗产项目代表性传承人；2014年6月，被深圳市认定为第三批市级非物质文化遗产项目代表性传承人。

黄镇光

西乡北帝三月三庙会代表性传承人

黄镇光

黄镇光，男，1959年5月出生于宝安西乡，西乡北帝古庙理事会主任，"西乡北帝三月三庙会"第五代传承人。

黄镇光自幼受家庭长辈熏染，喜爱北帝传说并逐渐萌生信仰。1976年，他从西乡中学毕业；1977年，进入西乡供销社工作，后从事个体经营至2009年。1993年北帝庙重修时，黄镇光全家出资出力，不仅购置庙内神像、神台椅（物品上都刻着黄氏兄弟赞助的字样），而且积极张罗庙内外事务，为北帝庙的重建做出很大贡献。北帝三月三庙会活动恢复后，黄镇光即随父亲黄细梅参与庙会的组织活动，凡重大项目均亲历参与，如庙内请北帝出位、归位等传统仪式皆参与操作。由于对庙会仪式全面熟知，对庙会主持工作充满热情，2012年，经北帝庙董事会一致通过，黄镇光正式担任北帝古庙三月三庙会项目代表性传承人，主持庙会活动。

黄镇光手捧北帝像

黄镇光在主持三月三庙会活动

成为传承人后，黄镇光建立了理事会办公室，并被选为理事会主任。2013 年，他在庙会组织机构中担任指挥长，全面主持庙会的各项活动，组织挖掘、复原失传已久的古老传统项目和仪式，积极地传承和保护西乡北帝三月三庙会。

黄镇光十分重视培养下一代传承人。每年在主持庙会活动时，他和理事会都会先行召集150 人以上的固定团队，教授他们祭祀仪式，并对他们进行分工。由于庙会参与群众众多，所以这 150 多人的核心团队必须对所有事务了然于心，并熟练操作。每年庙会前期准备工作时，黄镇光都会多次组织团队反复培训、模拟、演练所有事项，以确保庙会活动时各项仪式的顺利开展及安全顺畅。

目前黄镇光拥有的实物和资料主要有：家传近四百年历史的原北帝古庙土地公石像，于 20 世纪 90 年代重修时无偿捐赠给古庙；每年庙会的宣传册；每年庙会的光碟；每年庙会的照片册等资料。

2012 年 6 月，黄镇光被宝安区认定为第二批区级非物质文化遗产项目代表性传承人；2014 年 6 月，被深圳市认定为第三批市级非物质文化遗产项目代表性传承人。

巡游活动

曾润棠

狮舞（福永醒狮）代表性传承人

曾润棠

曾润棠，男，1954年4月出生在深圳福永。"福永醒狮"第三代传承人。

曾润棠1963年开始随黄达成大师学武，1964年又随黄飞鸿的嫡系徒孙吴万松师傅学习舞狮、武术。1976年，受香港凤凰影业公司邀请，参与拍摄武侠电影《荡寇群英》。1990年至2006年，担任怀德狮队的领导、教练。2007年至今，任太极醒狮团教练。

曾润堂一方面坚持不懈、努力提高醒狮表演技艺，另一方面积极参加各类社会活动，在实践中成长和提高，并取得不错的成绩。

20世纪90年代担任教练后，曾润棠在吸收和融合黄达成、吴万松两代师傅醒狮技艺精华的基础上，努力研究醒狮技艺，自创了很多高、深、精、尖、难的动作，使得怀德醒狮在众多狮队中脱颖而出。同时，福永醒狮也在与其他村醒狮的不断交流互补中，逐渐形成独特的风格。

获得的奖项有：2005年，接受省市电视台的录访及大型的表演拍摄，并参加了在福永举办的全国龙狮大赛，获得第三名；2007年，荣获全国龙狮大赛季军；2009年11月，参加中山"五城狮王"争霸赛获金奖；2010年1月，参加第八届全国龙狮锦标赛荣获全能南狮排名第四名；2010年，参加"福永杯"首届全国南狮公开赛获冠军；2012年3月11日，参加中华龙狮大赛（深圳站）暨2012年第二届"福永杯"全国南狮公开赛蝉联全能南狮冠军；2012年5月2日，参加中华龙狮大赛（岱山站）暨2012年全国龙狮精英赛荣获高桩南狮亚军；2012年7月27日，参加马来西亚国际高桩南狮锦标赛荣获亚军；2013年3月，参加全国舞龙舞狮争霸赛荣获高桩南狮冠军；2014年5月，参加印尼雅加达国际南狮邀请赛荣获传统南狮第七名、高桩南狮第八名；2014年7月，

传统狮采青练习

看青　　　　　　　　　　　曾润棠向狮队学员展示麒麟步

参加广东省传统龙狮、麒麟等奖赛荣获南师项目一等奖；2014 年 10 月，参加"黄飞鸿杯"第十届世界华人狮王争霸赛暨水上双狮挑战赛荣获高桩南狮铜奖；2014 年 12 月，参加第三届"福永杯"全国南狮公开赛荣获自选南狮高桩项目冠军，传统南狮项目亚军，规定南狮高桩项目季军。

　　组织、参与的活动有：曾润棠带领的怀德醒狮队每年都参加福永从 1993 年起组织的元宵群狮会演，深受当地群众喜爱；2009 年 10 月，代表中国参加比利时"欧罗巴利亚——中国艺术节"开幕式和巡回演出；积极参加台湾文化月交流活动、中华巧艺——中国（深圳）非物质文化遗产百项技艺联展等活动开幕式及巡展表演等。

　　为继承发展民间民俗传统文化，福永的 5 支狮队广招适龄青年参加醒狮的训练，也为学校孩子进行醒狮表演，提高学生对醒狮艺术的爱好。曾润棠自 1996 年起在怀德村至今担任醒狮教练，向本队学徒及福永其他狮队传授经验，培养醒狮艺术传人。在曾师傅的带领下，现在的怀德狮队队员已达 100 多人。

　　曾润棠目前保存该醒狮队实物：鼓 8 个、拔 20 对、狮头 20 只、锣 2 个、旗帜 10 面、高桩 1 套。

　　2008 年 12 月，曾润棠被宝安区认定为第一批区级非物质文化遗产项目代表性传承人；2016 年 2 月，被深圳市文体认定为第四批市级非物质文化遗产项目代表性传承人。

贺 虹

贺氏剪纸代表性传承人

贺虹

贺虹，女，1966 年出生于江西省安福县钱山乡保太村。现为深圳市贺贺文化艺术有限公司董事长、"贺氏剪纸"第三代传承人。

贺虹自幼心灵手巧，对剪纸文化有着极浓的兴趣。1971 年，5 岁的贺虹便开始向父亲贺克安（1933-1988 年）学习剪纸技艺。学生时代的她多次在寒暑假跟随时任宜春文联主席的父亲参加"中国民俗文化三套集成"的收集整理工作。在担任中小学教师的近 20 年间，她一直无偿地进行剪纸文化的教学与传播。

2005 年 9 月，贺虹创办深圳市贺贺文化艺术有限公司。她一方面采用公司 + 基地、创意 + 生产 + 销售的商业模式，推动了中国传统手工剪纸作坊式的经营模式向产业化、规模化、集约化模式的转变，在行业内第一个通过国际化商业渠道沃尔玛、家乐福等大型超市将剪纸销往全国乃至全球。另一方面，她在熟练运用祖传剪纸技法的基础上，勇于创新，主营剪纸及其衍生产品，使得贺氏剪纸作品极具装饰性和艺术美感，愈加贴近大众生活，以家居用品的形式走入了千家万户，推动了剪纸的生活化应用。

近年来，贺虹深切地感受到现代生活方式和人们审美观念的变化给剪纸艺术带来的极大冲击，也深深地认识到作为贺氏剪纸的传承人，保护、传承、发展这类优秀民间美术的责任。她大胆创新，不断将剪纸元素延伸到服装、灯饰、家饰、礼品、吉祥物、名人名画等产业与领域，开发了剪纸元素的防辐射手机贴、开运门帘、剪纸工作艺画等数百种创意产品，获得了二十一项国家专利技术，注册的"贺贺""喜运世家""手工部落"等品牌在剪纸行业成了标杆品牌，剪纸艺术走传统亦时尚的创新发展模式得到国家和省地市领导的肯定，连续多年来获评国家文化出口重点项目、广东省文化出口重点项目，是广东省自主创新企业和深圳市重点文化企业。2014 年 5 月，李长春同志视察贺贺文化时高度评价了贺虹为剪纸的传承和推广所作出的努力，并赞誉贺虹为"中国剪纸皇后"。2014 年 8 月 6 日，贺贺文化在上海股权托管交易中心成功挂牌，成为国内首家挂牌非遗企业。

2013 年香港《领袖人物》杂志第四期专访、2015 年《国际时刊》5 月刊封面人物、同年 6 月 14 日江西卫视《天南地北江西人》首期人物等报道，推动了剪纸在海外市场的中国传统文化推广。2015 年 5 月，联合国文化发展委员会认定首批世界文化使者，国内共有四人入选，分别为唐国强、

贺虹向学生传授贺氏剪纸（刻纸）技法

贺虹向外国朋友传授剪纸技艺

陈凯歌、陈道明和被认定为世界民俗文化使者的贺虹。

贺虹曾作为民间艺术家远赴美国、土耳其、新加坡、阿联酋等国家表演、讲学，在涉外活动上也扮演着越发活跃的角色。2010年，贺虹携带精心准备的毛里求斯国鸟图案剪纸前往毛里求斯，受到该国副总统与外贸部部长的高度赞扬。她的剪纸作品多次参加美国、新加坡、迪拜、马来西亚、毛里求斯等地的国际家居礼品展，被国内外多家艺术机构和众多艺术爱好者收藏。二十余年来，她已传授、培养了来自多个国家的上千名学生、弟子。

贺虹带领的贺贺文化一直热心公益事业，公司所有的员工都注册了深圳义工，每年都参与各种大大小小的公益活动。比如，公司的周年庆就有半天时间是全员参加公益活动。2014年，贺虹获得"宝安西乡公益事业特别贡献奖"。2015年8月8日，贺贺文化微商城开业，商城销售额的1%作为公益基金，一半用于扶持全国的剪纸传承人，一半用于贺氏基金会。

2015年12月，贺虹被宝安区认定为第三批区级非物质文化遗产项目代表性传承人；2016年2月，被深圳市认定为第四批市级非物质文化遗产项目代表性传承人。

陈群妹

第二代传承人陈桂流（左二）与女儿、第三代传承
人陈群妹（左三）向学员传授喜嫁礼饼制作技艺

陈群妹，女，1967年出生于深圳宝安楼村，"喜嫁礼饼（合成号）制作技艺"第三代传承人。2014年至今担任宝安区传统文化协会副会长。

陈群妹1985年开始跟随父亲陈桂流学习喜嫁礼饼制作技艺；2005至2012年，在深圳市金好彩饮食管理有限公司工作；2012至2015年，在深圳市合成号食品有限公司担任总经理；至今一直从事喜嫁礼饼（合成号）制作技艺的推广。

2011年以来，为更好地保护喜嫁礼饼（合成号）制作技艺，她参与组建了深圳市合成号食品有限公司，并出任总经理，致力于研发保护喜嫁礼饼制作技艺，让喜嫁礼饼在保留传统风味的同时，融合现代健康理念，使喜嫁礼饼适应社会的需求，促进喜嫁礼饼的发展。

在项目推广方面，她积极推动喜嫁礼饼走进文博会，参加第八、九、十、十一届"中国（深圳）文化产业博览交易会"，同时举办第九、十、十一届"文博会专项活动"，把本土悠久的小食文化重新展现在世界面前。同时，她多次出资赞助文化活动，率领公司员工参加深圳市非物质文化遗产日等多项公益文化活动；举办多项传统文化专项活动，参加非物质文化遗产展演展示，把喜嫁礼饼送进校园；举办面向全市中小学生关于描写家乡、赞美家乡的征文活动；走进凤凰卫视，让深圳小食文化走向世界。

在项目传承方面，陈群妹自2008年起一直致力于传授喜嫁礼饼的制作技艺，传播深圳传统小食文化，随时随地教学、宣传。她收徒较为严谨。首先注重考核弟子品德，一年后师徒双方互相认可，再正式收为弟子。教学方式一般采取一对一或同时对数人进行传授，因材施教、耐心细致、义务教学，不仅传授喜嫁礼饼制作技艺，而且将深圳传统文化、历史知识以及为人的道理、做事的方法，有机地融会在教学实践之中，使受教者技艺与品德双修。目前已有学徒数十人，弟子们在日常学习技艺中都很认真，并且都能独立制作喜嫁礼饼。

陈群妹建立的喜嫁礼饼制作技艺传习所，设立了喜嫁礼饼用具收藏室，收藏了如下流传下来的用具：制作饼食的饼模、饼锤、铜盆，煮糖用的铜锅，筛粉用的竹筛、木盘、木盆、糖果罐、瓷碗、

第三代传承人陈群妹（中）教授徒
弟制作"合成号"喜嫁礼饼

喜嫁礼饼（合成号）制作技艺代表性
传承人陈群妹（左一）

瓷盆，担饼用的礼篮、桌、台、座椅等 200 多件藏品。还拥有传承族谱、合成号所有包装外观设计专利。

2015 年 12 月，陈群妹被宝安区认定为第三批区级非物质文化遗产项目代表性传承人；2016年 2 月，被深圳市认定为第四批市级非物质文化遗产项目代表性传承人。

刘期培

剪影代表性传承人

2014 年 11 月，刘期培赴美国参加文化交流活动，期间为美国加州州长剪影

刘期培，男，1961 年出生于四川彭州。"剪影"的第三代传承人。

刘期培剪影习自家传。其祖父刘继康于 20 世纪 20 至 30 年代开始从事剪影及各种相关活动，是当地方圆百里最有名气的师傅。除剪影外，刘继康还擅长绘画、书法，常义务为乡民撰联、画房梁、壁画等，加之乐善好施，在乡邻间有"刘大善人"之誉。刘期培之父刘述保从小习医，兼随祖父学习剪影和绘画，逢年过节或遇红白喜事，亦常为乡邻剪影造像，深得邻里喜爱。在耳濡目染之下，刘期培于"剪、画、医"中唯对剪影情有独钟。父亲言传身教，对刘期培进行了严格的训练，用麻绳缠绕钢筋做成铁笔，让他在十厘米厚的沙盘上练功，还训练他用无名指、小指加虎口控制剪刀。经过艰苦的训练，刘期培剪影技艺进步很快，甚至超过其父水平，达到形神兼备、栩栩如生的境界。

刘期培从 1981 年起开始走南闯北，以剪影为生，在全国各大旅游景区留下足迹，并多次在各种重大活动现场表演，深受好评。1993 年，刘期培定居深圳，在中国民俗文化村从事剪影工作。其作品深受中外游客喜爱，各地电视台、报刊常对他的艺术活动进行报道。经过多年的勤学苦练，他已经形成了自己独特的剪影特点：

1. 剪得快。经过多年的历练，刘期培的剪影技法已非常娴熟。剪影时，造型对象在他面前侧身而立或坐。他眼快手快、心手合一，剪如游蛇、一气呵成，不等对象疲劳，作品已在他手。在一般情况下，他约用 30 秒的时间就能完成一幅作品。

2. 抓得准。给人剪影，一定要像。为了达到"像"的目的，刘期培观察人物追求准和细，有过目不忘的本领。等对象刚刚站好或坐稳，刘期培抬眼一看，就记住了对象的相貌特征。下剪勾勒头像侧影时，他注重表现对象的五官曲线之美，眉、眼、鼻、口棱角分明、凹凸起伏，线条匀称流畅。剪出的作品细致到连睫毛、额头上的皱纹都清晰可见，令人叫绝。

3. 韵味神。刘期培剪影追求写意和神似，讲究"抓神"，表现人物的"神韵"。他注重挖掘人像的突出特点，如鼻子、嘴巴、额头、发型等，拿捏其中的比例与分寸，尤其对眼神的掌握，更是他最为注重的环节。国家文化部前部长王蒙曾用"栩栩如生，呼之欲出"来称赞刘期培的剪影作品。

2015 年 5 月，刘期培参加深圳职业技术学院"非遗传承成果展"

2015 年春节期间，刘期培随深圳艺术团访问德国，参加"欢乐春节"大型庆典，柏林电视台现场采访刘期培剪影表演

4.善表演。剪影的过程往往围观群众较多，刘期培敏捷的动作、娴熟的手法、眉飞色舞的神态，总能引起大家连声叫好、掌声不断，现场气氛十分活跃。刘期培喜与观众互动，常常是一边剪影，一边口中念念有词，剪飞纸飘，很有情趣。随着他喊一声"OK"，一件形美、意美、神美的作品即成。这种创作的过程，达到了一种艺术表演的效果。

刘期培积极参加深圳文博会、港澳民间技艺交流、国际旅游文化活动，以及各类非遗展览、展示活动；参加"非遗进校园""非遗进社区"等活动，走进西丽大学城、深圳职业技术学院、南山外国语学校、珠光小学、南头小学等院校课堂，以及月亮湾社区、凤凰山庄等社区进行剪影表演、展示；并多次作为中国民间艺人代表，出访美国、德国、阿联酋、泰国、韩国、马来西亚、香港、澳门等国家和地区进行文化交流，扩大剪影的知名度。刘期培在民俗村徽州街拥有固定摊位，曾为比利时国王、意大利王室成员、坦桑尼亚总统、索马里驻华大使、南非驻华大使、前国家领导人华国锋、前文化部长王蒙、国民党荣誉副主席蒋孝严、前台湾海基会董事长江丙坤、国际大体联主席乔治·基里安等中外各界人士剪影，以身体力行的实践传播剪影艺术的魅力。

作为深圳剪影的代表性传承人，刘期培十分注重对剪影技艺的传承，积极招收徒弟，传授传统剪影技艺。已招收李丽、女儿刘雅洁等为弟子。其中，李丽跟随刘期培学习 7 年，回到老家河南商丘后，专门开店剪影，在当地普及剪影艺术。刘雅洁也在许多才艺大赛中崭露头角，曾在深圳外来青工才艺大比拼中荣获金奖。此外，他还带有一批以台湾人士居多、有美术基础的学生。

2009 年 4 月，刘期培被南山区认定为第一批区级非物质文化遗产项目代表性传承人。2016 年 2 月，被深圳市认定为第四批市级非物质文化遗产项目代表性传承人。

张进枢

张氏传统灯笼制作技艺代表性传承人

张氏传统灯笼制作技艺代表性
传承人张进枢

张进枢，男，1966年出生于广东省兴宁县宁中乡鹅一村。深圳市景观亮苑照科技有限公司总经理，"张氏传统灯笼制作技艺"第三代传承人。

张进枢自小向父亲学习编织箩筐。1978年，12岁的张进枢被父亲送到"灯笼张"第二代传人张焕巨门下，利用课余时间学习张氏传统灯笼制作技艺。经过几年的刻苦钻研，张进枢熟练掌握了该项制作技艺。1984年，张进枢离开家乡，前往深圳寻找发展机遇。他先后在深圳市罗湖区上步、宝安区福永街道、龙岗区坪地镇（今坪地街道）开办了生产传统灯笼的作坊。2011年，张进枢在坪地镇高桥工业区开办了主要以传统工艺生产各式灯笼的公司，并担任总经理。

张进枢指导学员学习制作传统灯笼

张进枢熟练掌握了张氏传统灯笼制作中的破篾、编织灯笼等所有制作工序，并记有数十道编织口诀。他能够以娴熟的手工技艺，制作宫灯（婚庆灯）、伞灯（字姓灯）、吉祥灯、花灯、异形灯等多种类型的传统灯笼。近十五年来，张进枢本人亲自制作并组织他人制作、销售了约 20 万个各式传统灯笼。除此之外，张进枢每年都接受家乡人的邀请，回到老家鹅一村帮助当地制作各式大型传统灯笼，参加兴宁市举行的赏灯节展演。近年，他热衷于使传统工艺制作的灯笼走进普通人家，并利用这些灯笼装点公共场所。他还尽自己所能，制作高水平的传统灯笼参加街道和龙岗区里的各类民俗展演活动。

他热心向年轻人传授技艺，近三年间，他已培养了梅世玲、褚美鹏等十多名弟子与学员。

张进枢目前持有的传统灯笼制作工具有破篾刀、破篾凳、灯笼收口夹，以及传统灯笼制成品等相关实物 50 件。

2015 年 8 月，张进枢被龙岗区认定为第四批区级非物质文化遗产项目代表性传承人；2016年 2 月，被深圳市认定为第四批市级非物质文化遗产项目代表性传承人。

向市民朋友展示张氏灯笼制作技艺

朱其广

道家龙门派（嗣广）点穴牵顿脊椎整复术代表性传承人

朱其广

朱其广，男，1955年出生于山东平原。自幼随祖父习武，内功基础扎实，后拜武当山紫霄宫郭高一道长（武当山龙门派第27代传人）为师，系统习得其武当内家功夫及道家医术真传，为道家龙门派第28代传人，深圳市中医院主任中医师，"道家龙门派（嗣广）点穴牵顿脊椎整复术"第三代传承人。

朱其广20世纪80年代在湖北举办太极拳及内家功法学习班，开班收徒，传授道家龙门派（嗣广）点穴牵顿脊椎整复术，并用此专长为患者疗伤治病。1990年9月起，就读于湖北中医学院中医学专业，学制3年，系统地学习了中医学基本理论知识及现代医学的知识，掌握了中医学的基本技能及相关的现代医学技术。因医术突出，被学院科研处聘为客座讲师，为在校留学生讲授太极、气功课程，传授嗣广点穴牵顿脊椎整复基本技术。同时，举办了12期太极、气功及道家龙门派（嗣广）点穴牵顿脊椎整复术学习班，既重视培养道家龙门派（嗣广）点穴牵顿脊椎整复术的骨干，又注重弘扬传统文化。

1992年底，朱其广从湖北携艺南下深圳市中医院。在运用内功点穴疗法为脊柱疾病患者解除痛苦的同时，推进成立了推拿专科门诊及广东省内第一个推拿病区，为道家龙门派（嗣广）点穴牵顿脊椎整复术的传承建立了基地。2000年以来，他根据脊椎改变导致的不同病种和病情，辨证施治，大胆创新，将点穴牵顿手法运用于治疗"颈椎寰枢关节不稳、半脱位""颈、胸椎小关节紊乱""颈、腰椎间盘突出、变性""脊柱侧弯""肩关节周围炎"等疑难杂症，疗效显著。2009年起，朱其广作为深圳市中医院推拿科学科带头人，成为道家龙门派（嗣广）点穴牵顿脊椎整复术的核心人物。在他的带领下，道家龙门派（嗣广）点穴牵顿脊椎整复术日臻完善，得到海内外医学界的认可，逐渐形成为数不多的正脊流派。

在理论研究方面，朱其广担任国家中医药管理局中医药标准化项目《中医整脊科诊疗指南》评审专家委员会委员，参与编辑出版《推拿宝典》《王岱针灸临床七讲》《中国整脊学》《韦以宗整脊手法图谱》等著作，发表《仰卧位牵顿手法治疗疑难性神经根型颈椎病举隅》《腰椎牵顿法治疗腰椎间盘突出症40例临床观察》《卧位牵顿手法治疗神经根型颈椎病临床研究》等学术论文47篇。

在临床工作方面，朱其广长期致力于道家龙门派（嗣广）点穴牵顿脊椎整复术的传承、创新和发展，将传统中医临床推拿与道家武当内家功法完美结合并用于脊椎整复临床工作，得到脊椎

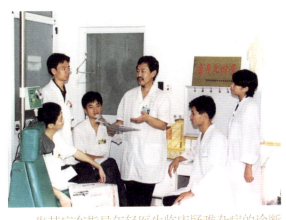

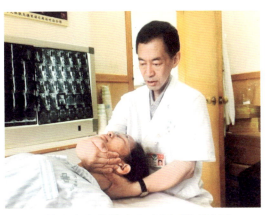

朱其广在指导年轻医生临床疑难杂症的诊断及治疗　　　　　朱其广为患者做点穴牵顿颈椎整复术

疾病患者的青睐和同行的肯定。他曾受邀到北京、西班牙等地进行学术交流或讲学，还多次受邀为在深及中南海的党和国家领导人保健治疗，使道家龙门派（嗣广）点穴牵顿脊椎整复术的知名度不断提升。2010 年因临床开展整脊医术工作成绩突出，荣获中华中医药学会整脊专业委员会特别贡献奖。

朱其广还积极参与社会公益活动。1992 年以来，每年均参与深圳市中医药学会组织的传统中医药日大型义诊活动；作为深圳市整脊专业委员会主任委员，每年组织学科专家举行大型义诊活动；作为学科带头人，每年组织 2 次科室团队参与公益宣传及义诊活动；每年均多次参与学术公益讲座，宣传道家龙门派（嗣广）点穴牵顿脊椎整复术。

目前，朱其广培养的人才已遍及全国 26 个省市地区，并在湖北十堰及广东深圳建立了医疗基地。汤琛、梁伟力等全日制硕士研究生和郭蜀豫等学术经验继承人及其他优秀骨干系统总结朱其广 30 余年学术经验，成为道家龙门派（嗣广）点穴牵顿脊椎整复术传承的后备军。

朱其广拥有龙门派传承谱系及有关书籍等历史资料；独特手法（如仰卧位点穴牵顿颈椎整复术、坐位点穴牵顿胸椎整复术、俯卧位点穴牵顿腰椎整复位术）的相关教学影片及资料；该项目推广及传承活动的资料、图片等。

2015 年 7 月，朱其广被福田区认定为第五批区级非物质文化遗产项目代表性传承人；2016 年 2 月，被深圳市认定为第四批市级非物质文化遗产项目代表性传承人。

李寿亭

李氏筋伤点穴推拿术代表性传承人

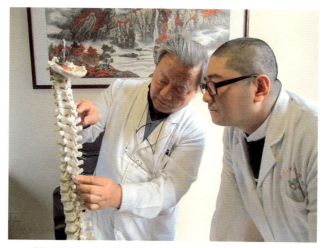

第六代传承人李寿亭（左）向其子李相伟讲解人体脊柱构造及腧穴区位

李寿亭，男，1952年出生于陕西省府谷县皇甫镇。"李氏筋伤点穴推拿术"第六代传承人。

李寿亭为该医术第五代传人李生美之长子，从小受中医熏陶，十六岁时师从父亲学习祖传医术。1968至1971年，李寿亭任内蒙古自治区达旗拖修厂厂医；1971至1976年，就读于陕西医科大学中医学院；1976至1989年，在陕西医科大学中医学院任教；1989至1991年，任深圳特发集团医生；1991年至今，先后创立深圳香蜜湖诊所和深圳颐和门诊部，负责诊断、治疗、康复工作以及医术的传承与教学。两家诊疗机构名声日盛，前来就医者络绎不绝，甚至有外省患者慕名乘飞机前来求治。其中，颐和门诊部每天接诊约50至70人次。

李寿亭四十多年来一直致力于该医术的发展与传扬。他认真整理前辈的医案，总结复位手法的心得，潜心研究祖传秘方在不同患者身上的疗效，尝试治疗方法上的创新。例如，他以祖传点穴推拿医技，结合快针奇穴、药浴熏蒸、穴位放血解压排毒等综合手段，诊治运动性损伤、颈椎病、颈椎间盘突出、骨质增生、腰椎间盘突出、腰肌劳损、骨折脱位等病症。又如，他采用点穴推拿手法治疗腰椎二度以内的滑脱，一至两个疗程就令症状消除。又如，他采用独特的点穴手法复位，治疗女性子宫内膜异位引起的月经不调、痛经等症，数次就可立竿见影。对于一些疑难杂症，李寿亭也有应对绝招：他发明的"骶尾椎疼痛点穴松解法"，对不明亚健康如睡眠质量差之类的神经官能症及无名疼痛等都有意想不到的疗效；发明的有助于患者骨伤病康复的中成药"一身轻"已经过临床试验，并已向国家申请专利。

李寿亭对病患采用的诊治方案，体现出不开刀、不住院、无痛苦、随治随走、愈后不复发等独特优势，患者治疗痛苦小、康复快，治疗成本低且无副作用，因而得到了全国各地特别是港澳地区患者的赞誉与好评。

二十多年来，李寿亭本人在深圳总共已收治颈、腰椎病患者数万人次。为能帮助更多的患者去除病痛，李寿亭除了常年向其子李相伟传授医技，还打破"医术不传与外人"的家规，热心授徒，先后培养了三十多名学生和弟子。

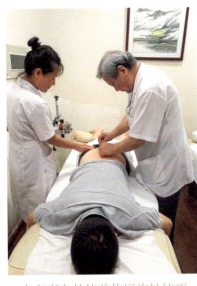
李寿亭向其徒弟传授施针技巧

李寿亭（左）向青年医生讲解人体脊柱构造及腧穴区位

目前，他持有祖传清朝以来李氏各代传承人所治患者赠送的牌匾 5 块；祖传医书 8 本；第五代代表性传承人李生美所记医案 5 本；李寿亭本人所记医案、治疗心得 30 本；李氏筋伤点穴推拿术光碟上百张。

2015 年 3 月，李寿亭被福田区认定为第四批区级非物质文化遗产项目代表性传承人；2016年 2 月，被深圳市认定为第四批市级非物质文化遗产项目代表性传承人。

图书在版编目（ＣＩＰ）数据

深圳市第三批第四批市级非物质文化遗产代表性项目名录、深圳市第三批第四批市级非物质文化遗产项目代表性传承人名录 / 深圳市文化广电旅游体育局主编 . -- 北京 ： 文物出版社，2019.11
ISBN 978-7-5010-6354-3

Ⅰ．①深… Ⅱ．①深… Ⅲ．①文化遗产－深圳－名录 ②民间艺人－人名录－深圳－现代 Ⅳ．① K296.53-62 ② K825.7-61

中国版本图书馆 CIP 数据核字（2019）第 246615 号

责任印制：梁秋卉
责任编辑：智　朴

深圳市第三批第四批市级非物质文化遗产代表性项目名录
深圳市第三批第四批市级非物质文化遗产项目代表性传承人名录

编　　者：深圳市文化广电旅游体育局

出版发行：文物出版社

社　　址：北京市东直门内北小街 2 号楼

网　　址：http://www.wenwu.com

邮　　箱：web@wenwu .com

经　　销：新华书店

印　　制：雅昌文化（集团）有限公司

开　　本：635×965 毫米　1/16

印　　张：13.5

版　　次：2019 年 12 月第 1 版

印　　次：2019 年 12 月第 1 次印刷

书　　号：ISBN 978-7-5010-6354-3

定　　价：280.00 元